U0583649

机 构 评 估

国有林场
基本实现现代化

——原山林场评估报告

中国社会科学评价研究院
中国林业经济学会 ／编著

社会科学文献出版社
SOCIAL SCIENCES ACADEMIC PRESS (CHINA)

淄博市原山林场

经过 60 年营造起来的原山生态林不仅是当地百姓的后花园，
也成为鲁中地区不可或缺的绿色屏障

如月湖湿地公园

原山林场党委书记孙建博深入林区一线进行调研

原山干部职工抓住雨季有利时机开展植树造林和荒山绿化

原山林场发明的"二轮森林防火专用摩托车"
获得国家知识产权局颁发的"实用新型专利证书"

森林防火演习

国宝大熊猫落户原山，引发淄博国宝旅游热

山东原山艰苦创业教育基地远景

各级党政机关到艰苦创业教育基地参观学习

绿水青山间的山东原山艰苦创业教育基地

全国人大代表、原山
林场党委书记孙建博
到淄博市儿童福利院
看望失依儿童

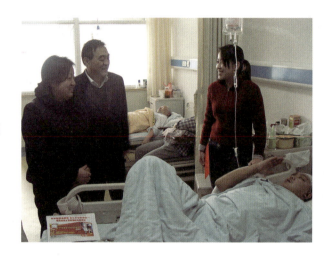

原山林场场长高玉红到
医院看望生病的职工

林场党员干部定期组织
开展主题党日活动

序 言

　　近年来，在以习近平同志为核心的党中央的坚强领导下，全国林业战线广大干部职工深入学习贯彻习近平新时代中国特色社会主义思想和习近平总书记关于林业工作的重要论述精神，大力推进生态文明建设，涌现出一大批先进模范人物，山东原山林场党委书记、全国人大代表孙建博同志就是其中的杰出代表。孙建博发扬"身残志坚、自强不息"的精神，大胆改革，勇于开拓，带领原山林场千余名职工，经过20多年的艰苦奋斗，实现了绿水青山与金山银山的完美统一，成为全国林业系统的一面旗帜和国有林场改革发展的典范。为此，人力资源和社会保障部、全国绿化委员会、国家林业局于2018年1月授予孙建博"林业英雄"称号，孙建博同志成为共和国历史上第三位"林业英雄"。

　　党的十九大报告提出了到2035年我国基本实现社会主义现代化的发展目标。原山林场和孙建博把习近平新时代中国特色社会主义思想与原山发展的实际相结合，开启了"二次创业"新征程，提出了率先"基本实现林业现代化"的奋斗目标，并已着手推动现代化林场体系建设，力争2020年基本建成现代化林场。

　　中国社会科学院中国社会科学评价研究院组成专题项目组对原山林场进行了调研，形成了《国有林场基本实现现代化——原山林场评估报告》。本书坚持辩证唯物主义和历史唯物主义，以党的十九大报告和习近平新时代中国特色社会主义思想为指导，梳理总结了原山林场改革开放以来发展变化的经验和规律，分析研究了原山林场践行习近平新时代中国特色社会主义思想的具体做法，对党的十九大以来开启的"二次创业"再出发的新征程和率先"基本实现林业现代化"奋斗目标进行了分析评价。

本书具有以下三个特点：一是理论创新。本书总结概括了原山林场60年来，尤其是改革开放40年来发展变化的规律和经验，并结合原山林场实际，以森林保护优先、林业产业发展、治理科学高效、基础设施完备、文化底蕴丰厚、职工生活富裕、林场美丽和谐、全面从严治党八个方面为重点初步制定了国有林场基本实现现代化的评价指标体系，为评价国有林场实现现代化提供了评价方法和理论依据。二是实践创新。原山林场是践行习近平同志"绿水青山就是金山银山"（又称"两山"）论断的成功范例。本书对加强制度建设、规范林场管理在林业现代化中的作用进行了深入剖析，总结了原山林场依靠优良的管理文化提升治理体系和治理能力现代化水平的基本经验，并提出了提升治理能力现代化水平需要努力的方向，从实践层面为其他国有林场现代化建设提供了借鉴。三是立足国际视野。本书分析了世界林业发展动态，介绍了世界林业现代化的相关理论，将我国林业现代化建设纳入全球范围去考量，以更大、更广阔的视野推进林业现代化，让我国林业现代化建设从起步阶段起就站在世界前沿。

本书在理论分析上还需要进一步挖掘提升，在语言文字上还不够精练，国有林场基本实现现代化评价指标体系还处于探索阶段，有待实践的进一步检验。

2018 年 11 月 22 日

目　录

第一章

林业现代化及国内外环境

进入21世纪，世界林业发展出现了新的发展趋势。总体趋势是试图让森林在解决人类面临的种种环境和经济问题（如气候变化、生物多样性锐减、能源危机等）中扮演更重要的角色，从而更加科学合理地发展和管理森林资源。世界主要发达国家的林业都已走上现代化发展道路。发达的林业，已成为国家文明、社会进步的重要标志。从日本到澳大利亚、新西兰，从欧洲到北美，林业都进入了可持续发展的新阶段。许多亚洲和南美国家的林业，也在由单一的木材经营全面过渡到森林三大效益，加快中国林业现代化建设，符合世界林业发展潮流和趋势。我们如有迟疑，就会进一步拉大与他们的差距。

一　林业现代化概念解析

（一）现代林业的内涵和特征

费本华和樊宝敏提出，发展现代林业就是要用现代发展理念引领林业，用多目标经营做大林业，用现代科学技术提升林业，用现代物质条件装备林业，用现代信息手段管理林业，用现代市场机制发展林业，用现代法律制度保障林业，用扩大对外开放拓展林业，用培育新型务林人推进林业，努力提高林业科学化、机械化和信息化水平，提高林地产出率、资源利用率和劳动生产率，提高林业发展的质量、素质和效益。[①]

---

① 费本华、樊宝敏：《中国现代林业建设及其产业发展浅析》，《世界林业研究》2007年第5期。

现代林业建设的主要任务是构建三大体系，即完善的林业生态体系，发达的林业产业体系和繁荣的生态文化体系。

一是建设完善的林业生态体系。把握以生态建设为主的发展方向，这是现代林业建设的根本任务。生态产品已成为我国最短缺、急需大力发展的产品，生态产品的发展差距已成为我国与发达国家的主要差距。通过培育和发展森林资源，着力保护和建设好森林生态系统、荒漠生态系统、湿地生态系统，在农田生态系统、草原生态系统、城市生态系统等的循环发展中，充分发挥林业的基础性作用，努力构建布局科学、结构合理、功能协调、效益显著的林业生态体系。

二是建设发达的林业产业体系。研究优化林业产业发展的方向和结构布局，实现一、二、三产业协调发展，全面提升林业对现代化建设的经济贡献率。切实加强第一产业，全面提升第二产业，大力发展第三产业，不断培育新的增长点，积极转变增长方式，努力构建门类齐全、优质高效、竞争有序、充满活力的林业产业体系。发达的林业产业体系，事关我国经济可持续发展和新农村建设的大局。

三是建设繁荣的生态文化体系。林业要做发展生态文化的先锋，尽可能多地创造出丰富的文化成果，努力推进人与自然和谐这一重要价值观的树立和传播，为现代文明发展做出自己独特的贡献。普及生态知识，宣传生态典型，增强生态意识，繁荣生态文化，树立生态道德，弘扬生态文明，倡导人与自然和谐的重要价值观，努力构建主题突出、内容丰富、贴近生活、富有感染力的生态文化体系。

（二）关于林业现代化发展阶段的划分

陈钦等依据森林生态状况、林业产业状况、林业制度、林业科技、林业人才素质、林业市场完善程度等指标，将林业现代化发展阶段划分为5个阶段。[1]

1. 萌芽阶段

这是传统林业向林业现代化发展的一个过渡阶段，其指标综合评价值

---

[1] 陈钦、潘辉、在林盛：《试论林业现代化发展阶段的划分》，《中国林业经济》2006年第6期。

为 50% ~59% 。该阶段已有较少的现代因素进入林业系统，如木材的采运、加工由传统的作业方式部分转为机械作业，林产品开始商品化和市场化。但是，这一阶段林业机械化水平、木材商品率还比较低，资金的投入产出水平较低，林农文化程度和林业管理水平尚处于较低水平，林业科技贡献率低，林业制度不完善，林业为社会创造财富少。森林资源的消费从薪炭林消费为主开始向以工业用材林消费为主转变。此时还处于森林的破坏阶段，生态环境还在继续恶化。这一阶段是为林业现代化发展奠定物质基础的阶段。

2. 开始阶段

这一时期已经从传统林业进入林业现代化阶段，其综合评价值为 60% ~69% 。这一阶段有较多的现代因素进入林业系统。林产品的商品率和林业机械化水平有所提高，现代因素对林业发展已经有明显的推动作用。开始重视林业科技发展和林业人才队伍建设，林业制度改革促进了林业现代化发展，林业市场化体系开始形成。在此阶段，具有林业现代化特征的生产条件开始显露。此时仍处于森林的破坏阶段，但是破坏程度已经明显减少，生态环境总体恶化趋势有所控制。部分地区开始推进林业分类经营改革，整个社会对林业的认识有所提高，认识到森林在生态环境中的作用。人们不仅发展木质利用，而且开始发展非木质利用，林业对社会贡献有所增加。

3. 发展阶段

这一阶段综合评价值为 70% ~79% ，此时林业发展较快。这一阶段林业现代化实现程度进一步提高，不仅林业的机械化水平和林产品的商品率达到了较高水平，而且资本的投入产出水平较高，更多的科学技术应用到林业，提高了林业劳动生产率，林业经营由粗放向集约化转变。林业产业和产品结构趋向合理，林业经济增长质量与效益同步提高。林业制度改革进一步深化，林业人才素质有所提高，林业市场体系进一步完善，林业对社会贡献进一步提高。此时林业已经初步具备现代化特征。人们森林生态环境意识进一步提高，国家对森林生态建设投资增加，生态环境恶化趋势已得到控制，并且逐步确立了林业在生态环境中的主导地位，开始重视林业的可持续发展。全国林业生态工程建设已经开始。

4. 基本实现阶段

此阶段综合评价值为 80% ~ 89%。这一阶段林业投入产出水平进一步提高：资金对劳动和土地的替代率已达到较高水平，林业经营的集约化水平较高；第一、二、三产业协调发展，林业的发展已逐步实现市场化、工业化、商品化和信息化；林业生产组织、林业整体水平、商品化程度与农村现代化处于协调的发展过程中。先进的科学技术开始应用于林业，促进了林业科技贡献率的提高；林业制度比较适应林业生产力发展水平，林业人才素质进一步提高。森林资源已经得到恢复，不仅数量有了增加，而且质量也有了提高。实现了宜林荒山荒地基本绿化，森林覆盖率达到世界平均水平。森林的总体布局基本合理，森林资源结构得到调整和优化，森林多功能利用得到进一步发挥，林业在社会经济发展中作用明显接近国际水平，林业为社会创造了更多财富。此时，生态需求已成为现实社会对林业的第一需求。全国林业生态工程建设已经全面展开。

5. 成熟阶段

本阶段是林业现代化实现程度较高的发展阶段，综合评价值在 90% 以上。这一阶段林产工业发达，林产品附加值高。林业市场体系和林业制度完善，林业科技水平较高，拥有较高素质的林业人才队伍。森林覆盖率超过世界平均水平，全国的林业生态工程建设形成多样化、网络化格局，并且产生明显的社会、经济和生态效益。此阶段我国林业不仅在林业发展的纵向比较中出现质的变化，在与同时期中等发达国家的横向比较中也达到了与其基本一致的水平。科学技术的应用和转化以及管理手段的现代化，促进了林业现代化。林农的知识水平提高，林业的生态、经济、社会三大效益协调发展，林业已进入可持续发展阶段，全面实现了林业现代化。

二　世界林业发展新动态

胡延杰提出，在当前全球化的时代，国际社会日益认识到森林和林业在人类可持续发展和全球绿色发展中的基础性作用。对森林资源进行可持续利用和生态系统经营，已经成为世界各国的理念共识与实践标准，林业的可持续发展已成为国家文明、社会进步的重要理念。当前，世界林业发展呈现七大趋势。①

(一) 林业成为绿色发展的基础

绿色发展是人类共同的价值诉求，人类的文明史就是利用绿色资源来提高人类生活质量的历史。当今世界，各国都在积极追求绿色、智能、可持续的发展。特别是进入 21 世纪以来，绿色经济、循环经济、低碳经济等概念纷纷涌现并付诸实践。随着森林从一个部门产业向奠定人类可持续发展基础的定位的转变，绿色发展成为实现人类可持续发展的重要手段。今后，绿色发展将重点强调投资自然资本，开发资源技术，让可更新的自然资源担负起规避资源与环境约束、创造财富和福利的使命。未来，如何投资和培育自然资本，把发展引向以可更新自然资源为基础的发展，将成为人类可持续发展关注的焦点。森林作为地球上最重要的自然资本之一，林业将在实现全球绿色发展中承担特殊的历史使命。

(二) 全球森林治理 (环境治理) 成为各国林业发展的共同诉求

当前，森林在促进人类可持续发展中的战略作用已经得到国际社会的广泛认可，森林问题因其全球性的影响而引起全世界的广泛关注。在此背景下，有效应对生态危机的全球森林治理，将成为今后世界林业政策新的关注点。此外，国际社会又提出范围更加宽泛的世界生态系统治理以及全球环境治理的理念，并将森林纳入其中，致力于推进全球森林的保护及可持续经营，力促林业在全球可持续发展中发挥重要作用，提升地球的健康水平和人类的福祉。目前，国际社会在建立全球环境治理体系方面已取得诸多积极进展，同时对森林价值和作用的认识也日趋深入，森林承担了大量的经济、社会和生态责任，全球的政治、经济、社会发展事务也日趋集中体现在林业发展中。这是一个推进与适应的过程，特别是随着国际社会对森林问题的共识日益增强，对森林问题做出的政治承诺日渐明晰，建立公平高效的全球森林治理体系将是今后世界林业发展的焦点问题之一。

---

① 胡延杰：《世界林业发展七大趋势》，《中国绿色时报》2018 年 9 月 5 日。

（三）气候智能型林业成为应对全球气候变化的有效途径

气候变化是国际社会普遍关心的重大全球性问题，森林由于在应对全球气候变暖中的独特作用而日益受到国际社会的广泛关注，特别是随着国际气候变化谈判的深入，应对气候变化的国际行动对林业提出了更高的要求，从清洁发展机制下的造林与再造林活动，逐步扩展到关注发展中国家的毁林排放（REDD），再到减少森林退化导致的排放，以及森林的保护、可持续经营和森林存量增加（REDD +），最后到林业部门之外的导致毁林和森林退化的活动（REDD + +）。可见，发展中国家和发达国家都希望在后京都时代充分发挥林业在应对气候变化中的作用，并希望将林业减缓气候变化纳入应对气候变化的国际进程，希望各国通过发展林业来帮助完成减排以便减轻工业、能源领域的减排压力。在此背景下，"气候智能型林业"理念应运而生，充分认识到森林生态系统服务对于人类适应气候变化的至关重要性，将森林可持续经营作为减缓和适应气候变化的基础，要求在林业政策中纳入减缓气候变化的措施，通过提高森林资源可持续利用效率和林业生产适应能力，寻求最高效和最适宜的减缓气候变化的森林经营方式，实现气候减缓和气候适应协同作用的最大化。同时，气候智能型林业还特别强调利益相关方的积极参与，一方面公平分享那些与适应和减缓气候变化行动相关的效益和成本，另一方面也共享各利益方丰富的森林资源相关知识，提高森林生态系统应对不断变化的气候模式的能力，促进森林可持续经营与适应和减缓气候变化的双赢。

（四）森林资源弹性管理成为森林可持续经营新的理论基础

弹性是系统承受干扰并仍然保持其基本结构和功能的能力。弹性思维这种新的资源管理思维方式，是基于可持续发展而提出的新理念，现已被许多学者评价为森林可持续经营的理论基础，为人类管理自然资源提供了一种新方式。人们从弹性思维的角度出发来理解森林资源所依存的社会—生态系统，强调人类是社会—生态系统的一分子，人类生存于人与自然紧密联系的社会—生态系统中，人类的行为不得超越系统的弹性，否则会对系统造成无法弥补的损害。另外，森林资源弹性管理还特别指出，过度提高效率与优化结构会损伤系统弹性。例如，种植单一的速生树种，通过严格控制施肥、防治病虫害等措施，实现了木材产量最大化。但这种做法实际上削弱了整个生态系统的弹性，在外界条件变化时系统会表现得极其脆弱，甚至可能导致严重后果，例如单一树种集约化经营会导致病虫害频发、地力衰退、生物多样性下降等诸多问题。因此，森林资源弹性管理尤其要关注生态恢复力。生态恢复力是一片森林、一种植物或动物的种群在逆境环境中生存甚至发展的能力。一些国际组织将生态恢复力作为森林资源弹性管理的重要指标，积极探索如何通过提高森林生态系统的恢复力来增强其适应外界变化的能力，以维持森林生态系统的稳定性。

（五）多元化森林经营成为世界林业发展共识

联合国粮食及农业组织（UNFAO）归纳了所有森林政策的共同点，提出了多元化森林经营的理念，并且建议将其纳入国际森林政策。该理念虽然有些抽象，目前也缺乏机制支持，实践起来有些困难，但是已经基本获得了国际社会的认可。多元化森林经营是指随着森林用途的日益多元化，使得森林经营目标也日益多元化，不仅包括木材产品生产，还包括饲料生产、野生动植物保护、景观维护、游憩、水源保护等。目前，森林所提供的多元化产品的市场限制降低了多元化森林经营的竞争性。例如，非木质林产品市场有限、规模不够阻碍了其商业化，销售价格往往很低，不仅减少了从业者的利润，也阻碍了森林多元化经营理念的推广。

（六）林业生物经济成为全球生物经济新热点

随着矿产经济的热度减退，生物经济预计将成为全球经济的下一波浪潮。森林作为一种可再生资源，在全球、区域和地区的经济可持续发展中将发挥越来越重要的作用，同时在新兴的生物经济发展中也将发挥关键性的作用。例如，芬兰在林业生物经济发展实践方面走在世界前列。2013年，芬兰的生物经济产出达到 640 亿欧元，其中一半以上来自林业产品。芬兰的就业与经济部、农林部和环境部联合制定了芬兰首个"生物经济发展战略"，旨在刺激芬兰产业与商业的新一轮发展，目标是将芬兰生物经济产值在 2025 年时提升至 1000 亿欧元，并创造 10 万个新的就业岗位。该战略定义的"生物经济"是指通过可持续的方式利用可再生自然资源，生产和提供以生物技术为基础的产品、能源和服务的经济活动，其中林业生物经济占据了主导地位。因此，对林业部门来说，林业生物经济蕴藏了重大机会，是林业部门"走出舒适区"，主导与其他部门深度合作的有利时机。国际林业研究组织联盟（简称"国际林联"，IUFRO）2015～2019年发展战略中就涵盖了生物经济主题，同时将其纳入五大核心研究课题之一。今后，林业将在确保森林可持续经营的同时，最大限度地发挥森林可更新资源的作用，确保在全球生物经济发展中占据主导地位。

（七）民生林业仍是世界林业发展的关注热点

在全球化时代，世界林业政策日益关注将林业作为改善民生的重要手段。2011年2月，联合国森林论坛第九届大会重点讨论了森林为民、森林减轻贫困等议题。随后，联合国环境规划署（UNEP）在全球发布了第一本关于绿色经济的研究报告《迈向绿色经济——通向可持续发展和消除贫困之路》，将林业作为消除贫困至关重要的部门之一。2012年6月召开的联合国可持续发展大会强调以绿色经济来振兴地区经济，强调以人为本、改善民生等。这些发展思路表明今后森林资源作为一种基础性的国民福利，林业的发展将对改善林区居民生计发挥愈来愈重要的作用。

为了顺应国际林业发展新理念，促进我国林业发展与世界接轨，提升我国作为负责任大国的国际形象，胡延杰建议：（1）进一步突出林业在环境治理中的重要地位。我国是世界上土地沙化和水土流失最严重的国家之一。近年来，水旱灾害频繁发生，河流污染、土壤污染、空气污染也愈演愈烈。大力发展林业是改善环境状况、遏制生态灾害的根本手段。因此，应从国家层面将林业作为环境治理的主体部门，充分发挥森林生态系统在环境保护中的中枢和杠杆作用。（2）将森林资源纳入国家战略资源进行统一规划管理，创新森林治理体系，丰富生态文明制度建设内涵。森林不仅是重要的经济资产，而且是巨大的环境资产，是绿色发展重要的战略自然资源。森林资源的质与量，直接关系到我国水土资源、粮食安全，直接影响民生福祉和民族命运。建议按照党的十八届三中全会对加快生态文明制度建设的总体部署，科学评估林业的基础地位，把林业作为经济社会发展的根本问题，创新森林治理体系。（3）探索多种方式，将民生林业落到实处。目前，国家已经将发展林业作为解决"三农"问题的重要途径，特别是通过集体林权制度改革，明晰了林地使用权和林木所有权，赋予了农民经营主体的地位，为发挥林业在改善民生中的重要作用奠定了基础。下一步的关键是，积极探索发展林下经济、林业产业以及生态旅游等，充分挖掘林业在促进社会就业、乡村振兴等方面的潜力。（4）实施森林资源弹性管理，应对气候变化。当前，我国正处于实现工业化进程的关键时期，降低二氧化碳排放量很难在短时期内实现。应抓住当前应对气候变化的有利时机，积极探索林业在应对气候变化过程中的独特作用，深入研究提高森林生态系统恢复力的关键措施，充分发挥森林在减缓或遏制气候变化方面的巨大潜力。（5）全方位深化林业国际合作。在全球化时代，我国需要以全球视野重新审视森林在应对生态危机中的作用，积极参与全球森林治理（环境治理）进程。今后，任何一个国家的林业发展都离不开世界，需要共同分享发展机遇，共同应对各种挑战。因此，新时期我国林业应以更加开放的态度，吸收世界林业发展的新理念、新思路，各国在林业发展道路上的成功经验，同时积极展示我国在林业领域所取得的成果，力争在涉林谈判中争取更大的国际话语权。

三　美国林业发展历程及其管理思想

谷瑶等[①]综述了美国探索有效的森林经营模式的历程，叙述了生态经营管理模式的起源与发展，认为美国林业的发展大致分为 6 个阶段：（1）美国 19 世纪中期以前为森林初期利用阶段；（2）19 世纪中期至 20 世纪 20 年代初，美国内战之后，经济高速发展，因第一次世界大战爆发，森林资源大规模开发，军需物资消耗增加，该阶段美国林业处于森林破坏阶段；（3）20 世纪 20 ~ 60 年代，因"二战"爆发，国家全面干预金融财政、工业、农业等领域，而"二战"后期，国有林场的木材供应成为林区的主要活动，美国林业不断演变成边治理边破坏阶段；（4）20 世纪

---

① 谷瑶、朱永杰、姜微：《美国林业发展历程及其管理思想综述》，《西部林业科学》2016年第 3 期。

60~80年代，美国资本主义迅猛发展，工业发展带来的环境问题逐渐显现，引起了环保人士的密切关注，美国林业逐渐追求森林多目标利用，以实现森林资源利用程度的最大化；（5）20世纪80~90年代，美国林业进入以生态利用为主兼顾产业利用阶段，美国对国有林实施森林生态系统管理，美国林业向可持续发展转变；（6）21世纪开始至今，美国林业发展进入可持续发展阶段。

（一）森林初期利用阶段

最初美国的原始森林面积大约4亿公顷，占美国（包括阿拉斯加州）土地面积的50%，其中大约有3/4的森林位于美国东部地区。据报道，1796年美国森林茂密，有广袤而美丽的森林景观，物种多样化和自然资源丰富。到1803年，路易斯安那购买使得美国国土面积增加了一倍。19世纪开始，土地逐步私有化，人口数量大幅度增加。由于人口增长，需不断开发土地以提供粮食，并砍伐树木以生产能源，导致耕地扩张，森林资源不断地消耗，某些地区出现了森林资源耗尽和木材短缺等现象。1600~1900年，25%~30%的原始林地转化为其他土地使用，大部分转化为农业用地，森林资源大幅度减少。当时美国政府的森林管理主要集中于对森林资源的攫取，以期获得的利润最大化，并没有意识到应对森林资源实施保护。

（二）森林破坏阶段

1864年George Perkins Marsh撰写的 *Man and Nature: Or, Physical Geography as Modified by Human Action* 引起美国民众呼吁耕地保护。美国在南北内战以后，对森林资源的开发利用程度加大，交通运输线路占用了大面积的耕地，森林砍伐的辐射区扩大，自然资源过度开发利用引发了美国森林保护运动。到19世纪80年代薪材仍是森林主要的产品。当时以小规模（2~5人）的木材厂为主，主要集中在林区，随着城市人口的增加，城市建设所需木材的质量要求提高，这对木材砍伐技术和交通运输条件提出了挑战。随着煤、石油等化石燃料的开采，薪材供应量逐渐减少到1920年的供应量，其用量仅占全国能源的10%。内战之后，采矿、伐木、放牧和开发土地资源等活动促进了美国经济的恢复和发展。木材消耗量急剧上升，超过了人口增长速度的两倍。当时美国北部农民和伐木工人习惯将砍伐后树木剩余物烧毁，多次引发了大面积的森林火灾。森林大面积破坏以及过度狩猎导致野生动物数量急剧下降，信鸽（拉丁学名 Columba）、夜莺（Luscinia Megarhynchos）、野牛（Bos Gaurus）以及白尾鹿（Odocoileus Virginianus）成了当时的牺牲品。该阶段林业研究主要集中于乔木和灌木等木材用途、消耗和未来木材供应等。1910 年成立的森林产品试验室寻求方法提供木材产品的利用效率，仍没有重视森林和野生动物的保护。

（三）　边治理边破坏阶段

直至 1920 年，大规模林地转耕地活动停止。20 世纪 30 年代，人们才意识到保护野生动物的关键在于保护野生动物赖以生存、栖息的流域、土地和森林。政府开始意识到森林保护的重要性，针对森林火灾和野生动物保护制定了一系列政策。尽管美国人口数量持续增加，木材消耗量却呈逐步下降趋势。一方面，化石燃料逐渐代替了薪材，钢筋、混凝土取代了木材作为建筑用材。另一方面，木材价格的上涨，加速了这一趋势的发展。"二战"之后，美国科技不断进步，经济发展飞速，木材的综合利用效率受到重视，同时木材防腐技术的发展对减少木材消耗也产生了积极的影响。该阶段，更多的中产阶级对生活环境的舒适度要求提高，女权运动、反主流文化运动、民权运动等社会运动促成了大规模群众性环保运动。另外，自然资源的日益匮乏和日趋严重的环境问题使得民众对现存发展状态感到恐慌，很大程度上激发了美国公众保护环境的热情。

该阶段森林面积也逐步趋于稳定。某些地区仍存在砍伐森林、设立农场的情况，但大量的废弃农场和退耕林地总体平衡了森林面积减少的数据。政府资助保持地力计划、林业激励机制和自然保护区工程等实施，增加了政府造林的总面积。由于交通运输工具的发展、农业化肥的使用和杂交品种的培育，农作物普遍增产，但农业规模并没有进一步扩大，美国的林地资源状况得到进一步改善。

（四）　森林多目标利用阶段

20 世纪 60～70 年代，美国发生了史上规模空前的环境保护运动。人们的环保意识大幅度提高，相应的环保机构和组织也逐步成立，美国环境保护取得了突破性进展，法律逐步演变成环境保护最为重要的手段。环保运动后，各类环境立法间的关联性和系统性备受关注，环境保护逐步规范和法制化，环境立法不断增加，环境保护机构陆续成立。随着美国国有林区观光游玩人数的上升，美国联邦林务局寻求立法授权管理森林资源和与森林有关的活动，认为在维持木材和其他林业产品产量的同时，森林也可以满足公众娱乐和野生动物保护的需求，实现森林的多功能化。1960年第五届世界林业大会的主题即为森林多目标利用。在这之后美国出台了《多用途持续高产法》（*Multiple Use. Sustained Yield Act*），标志着一个崭新但不够稳定的林务局规划时代的开始。该法案包含双重含义：多用途（国有森林可再生资源的管理，用以满足美国公民的需要）和持续产量（在不破坏土地的生产能力的前提下，永恒保持国有森林可再生资源高产）。此法提出了美国国有林场经营的基本理念，强调森林资源的可持续利用，在不降低土壤质量的前提下，森林既能实现林木产品产量的持续提高，又能提供野生动物栖息、水源涵养、牧草和垂钓等服务。1964年，野生动物保护法确保了国有林场364万公顷的林地得到保护。1969年，美国通过了综合性的环境保护法律《国家环境政策法》（*National Environmental Policy Act*），环境质量委员会和国家环境保护署等环保机构成立。美国针对具体的环境问题制定了专门性的立法，包括针对动物保护的《濒危物种法案》（*Endangered Species Act*）和1970年《农业拨款法》（*Agricultural Appropriations Act*）。联邦猎物收容所设立在国有林区，确保野生动物的数量维持在安全范围。环境保护法律体系的建立为野生动物保护提供了坚实的制度基础。该法案的目的是推动鉴别和保护濒危植物和动物及其栖息地，使濒危物种恢复到不需要保护的程度，但该法案的实施对20世纪80年代国有森林的砍伐和道路建设项目管理产生了严重影响。

20世纪70年代以来，美国社会对森林和环境保护的关注度提高，森林旅游业迅速发展，以生产木材为主的国有林经营方针备受舆论谴责。至此，联邦林务局亟须改革和调整经营思想和管理机构，1974年颁布的《森林和牧场可再生资源规划法》（*Forest and Rangeland Renewable Resources Planning Act*，RPA）和1976年《国有森林管理法》（*The National Forest Manage-*

ment Act，NFMA）为美国林业规划提供了可靠的法律依据。另外，1978~
1988 年众多的环保团体试图让内政部美国渔业暨野生动物局将斑点猫头鹰
（Strix Occidentalis）列为濒危物种。1990 年 6 月，斑点猫头鹰在华盛顿西
部、北加利福尼亚和西俄勒冈州的生存受严重威胁，至此斑点猫头鹰同其
他栖息于国有林区的动植物一样得到保护。20 世纪 90 年代中期以后，美
国多功能林业得到很大程度的发展，生态系统管理法律体系替代了原有的
RPA 和 NFMA，将森林管理与美学和休闲融合，开启了国有林生态系统管
理模式时代。

（五）以生态利用为主兼顾产业利用阶段

20 世纪 80 年代以后，美国政府以保护森林动植物为由反对对原始森
林的采伐。在 20 世纪最后 20 年，由于环保运动日趋激烈，专业林业的核
心宗旨面临严峻的挑战，森林不再被视为用于提高美国社会经济进步的自
然资源。21 世纪初期，"生态系统管理"逐步替代原有的国有森林"多用
途管理"。Dale Robertson 在 1992 年提出的生态系统管理，是"将生物与其
他非生物环境紧密连接的生物、化学和物理过程，用于进行人类行动的管
制，以形成理想的生态系统"。《生物多样性公约》（Convention and Biologi-
cal Diversity）是目前对生态系统管理研究更深的国际法律文件。生态系统
管理有明显的尺度特征，是指"基于对生态系统组成、结构和功能，在一
定的时间和空间尺度将社会经济条件和人类价值融入生态系统，用来维持
或恢复生态系统的整体和可持续性"。

为了解决美国西北部长期以来的木材生产和自然保护之间的矛盾，
"森林生态系统管理评价小组"成立，拟对森林生态系统管理进行评价，
旨在解决西北部国有林经营纠纷。最早用生态系统管理综合考虑环境与经
济问题的是在 1993 年 4 月初，美国总统 Clinton 和副总统 Gore。他们就美
国西北部太平洋和加利福尼亚的斑点猫头鹰和伐木情况进行了商讨。森林
会议决定召集顶尖的森林专家提出在西北部太平洋复杂生态管理计划下管
理联邦森林的科学方法，成立了森林生态系统管理评价小组（FEMAT），
制定了一套复杂生态系统管理评价体系和管理方案，发展了《森林生态系
统管理：生态、经济和社会评价》（Ecosystem Management：An Ecological，

Economic，*and Social Assessment*），标志着森林经营思想将从传统的永续经营向生态系统管理转变。20世纪90年代初，美国政府推行行政管理机构改革方案，制定了建立有企业家精神的管理部门，注重节约开支、基层服务和职员责任感培养。联邦林务局作为先行试点单位，首先提出了体制改革方案，确定生态系统管理作为森林管理的主要目标，建议将美国9个国有林区根据生态特征合并成7个，严格实行五级垂直管理体制，并对森林产权和管理权有较为明晰的界定。

（六）可持续发展阶段

针对全球环境保护的浪潮，1985年J. F. Franklin教授提出新林业学说，从生态学角度，确定了林业采伐的新要求。新林业学说认为森林经营的目标是提高森林恢复能力以及减少森林生态系统的干扰程度，促进了林业的多功能效应的发挥，对林业的可持续发展提出了更加明确和具体的要求，强调在林业生产实践中，在突出环境保护价值的同时，森林经营综合发挥森林生态、经济和社会效益。目前，林业实践的前提是确保其可持续发展。根据1992年世界环境与发展大会提出的森林资源和林地可持续经营要求，美国可持续森林经营按照"确保林业资源健康、高效丰产和物种多样化，既能满足现代人民的需求又不损害子孙后代满足其需求的能力"的原则，采用"依法治林、产学研结合、政府支持和永续性利用"的森林经营模式。很多研究单位确定评价林业可持续发展的指标体系，林产品公司和林业主相应提高自身产品的可持续性。1994年美国森林工业界实施"可持续林业发展项目"，以改善生态和保护环境。

农林复合（Agroforestry）是符合现代林业可持续发展的管理模式，充分利用了林业现有土地资源和劳动力，实现了经济收益最大化。1978年，国际农林复合生态系统研究委员会（The International Council for Research in Agroforesty，ICRAF）第一任主席King将农林复合系统定义为"将农作物生产与畜牧业和林业生产在同一土地单位内相结合（可同时或者交替使用）为土地高总生产力的持续性土地经营体系"。美国农业部及其合作组织在农林复合生态系统发挥作用要追溯至沙尘暴年间，建立防风林以减少平原土壤侵蚀。从20世纪80年代开始，农林复合体系的科学和实践在美国得到了很好的发展。1996 年美国农业部机构间农林复合工作集团正式成立，并在农业部可持续发展项目的指导下。这时，农林复合才正式被制度化。北美农林复合生态系统会议每 2 年举办 1 次，重点关注土地的有效利用、生态区域及国家间的林牧复合系统，评价农林复合实践对农场主和社会所做的贡献等。为了提高美国农业部以及合作组织对农林生态系统作为实施美国农业部战略性规划（2010 - 2015）方式的认识以及支持力度，促进农林复合生态系统研究、发展以及技术转移，美国农业部于 2011 年 6 月发布的《美国农业部农林复合生态系统战略框架，2011 - 2016》（USDA Agroforestry Strategic Framework，Fiscal Year，2011 - 2016）。在工业发达国家和地区，农林复合生态系统的主要作用是提供生态功能服务，包括水质控制、碳吸收、生物多样性保护等。因此，农林复合生态系统的建立，可用于协调社会、经济发展与生态系统之间的关系，促使社会环境和经济实现可持续发展。

美国林业管理体制做到了有法可依、有据可循，在制定政策和法律法规时充分尊重部门和学科的合作和协调。林业制度相应的法律体系在不断地发展和完善，并且重视生态系统管理下的林业可持续发展，具有实用性和高效性。中国可借鉴美国的森林管理改革经验，以生态建设为主、分类管理、分级确权，建立完备的法律体系以确保林业的可持续发展。

四　国家林业和草原局关于林业现代化的基本要求

党的十九大发出了开启全面建设社会主义现代化国家新征程的动员令。林业现代化是社会主义现代化的重要内容，是林业发展的努力方向，也是林业建设的根本任务。国家林业和草原局局长张建龙在《全面开启新时代林业现代化》《加快推进林业现代化》，以及《经济日报》的访谈中，从林业现代化建设的指导思想、预期目标、重点任务、必须把握和坚持的基本原则等方面深刻阐述了国家林业局对林业现代化的基本要求。

（一）新时代林业现代化建设的指导思想

以习近平新时代中国特色社会主义思想为指导，以建设美丽中国为总目标，以满足人民美好生活需要为总任务，坚持稳中求进的工作总基调，认真践行新发展理念和"绿水青山就是金山银山"理念，按照推动高质量发展的要求，全面提升林业现代化建设水平。

（二）新时代林业现代化建设的预期目标

到 2020 年，林业现代化水平明显提升，生态环境总体改善，生态安全屏障基本形成。森林覆盖率达到 23.04%，森林蓄积量达到 165 亿立方米，每公顷森林蓄积量达到 95 立方米，乡村绿化覆盖率达到 30%，湿地面积不低于 8 亿亩，新增沙化土地治理面积 1000 万公顷。

到 2035 年，初步实现林业现代化，生态状况根本好转，美丽中国目标基本实现。森林覆盖率达到 26%，森林蓄积量达到 210 亿立方米，每公顷森林蓄积量达到 105 立方米，乡村绿化覆盖率达到 38%，湿地面积达到 8.3 亿亩，75% 以上的可治理沙化土地得到治理。

到 21 世纪中叶，全面实现林业现代化，迈入林业发达国家行列，生态文明全面提升，实现人与自然和谐共生。森林覆盖率达到世界平均水平，森林蓄积量达到 265 亿立方米，每公顷森林蓄积量达到 120 立方米，乡村绿化覆盖率达到 43%，湿地生态系统质量全面提升，可治理沙化土地得到全部治理。

（三）新时代林业现代化建设的重点任务

1. 以改革创新破解发展难题

我国林业改革整体滞后，国有林区林场改革刚刚起步，集体林权制度需要继续完善，林业体制机制创新水平依然很低，已经成为制约林业现代化的最大瓶颈。改革创新是引领林业发展的根本动力，也是破解发展难题的有效途径，更是推进林业治理体系和治理能力现代化的必然选择。解决国有林区林场产权虚置、责权不一致问题，创新森林资源管护机制和监管体制，需要大力推进改革。完善集体林权制度，提升林业发展活力和效益，需要继续深化改革。各级林业部门要牢固树立创新发展理念，全力推进国有林区林场和集体林权制度改革，抓紧完善林业支持保护制度，着力解决制约林业发展的深层次问题，全面增强林业发展动力。

2. 以加强保护落实生态优先

坚持保护优先是中央确定的生态文明建设基本方针，坚持生态优先是实施以生态建设为主的林业发展战略的应有之义。长期以来，一些地方重利用、轻保护，重造林、轻管护，形成了大量低质低效林，生态功能和经济效益都不明显，造林绿化成效与人民群众的期盼还有差距。推进林业现代化建设，必须始终坚持保护优先、生态优先，把保护放在更加突出的位置，全面保护天然林区，全面保护湿地，全面保护野生动植物。要组织实施国家生态安全屏障保护修复、天然林资源保护、湿地保护与恢复、濒危野生动植物抢救性保护等重点工程，加大保护力度，严守生态红线，让森林、湿地、荒漠生态系统和野生动植物充分休养生息，全面增强并充分发挥林业生态功能。

3. 以加快绿化增加资源总量

坚持绿色发展必须有绿色资源来支撑，实现林业现代化必须有资源总量作保障。经过多年努力，我国森林资源虽有明显增长，但总体上仍然缺林少绿，森林资源总量不足，生态产品和木材严重短缺，森林生态安全问题依然突出。我国森林覆盖率只有21.66%，比世界平均水平低近10个百分点，居世界139位。人均森林面积、人均森林蓄积量分别只有世界平均水平的1/4和1/7。生态脆弱区占国土面积的60%，木材对外依存度高达48%。今后要牢固树立绿色发展理念，把加快国土绿化作为林业现代化建设的重中之重，认真实施大规模国土绿化行动、新一轮退耕还林、防沙治沙等重点工程，着力增加资源总量。要创新产权模式和国土绿化机制，深入开展义务植树活动，吸引社会力量参与造林绿化。

4. 以共建共享增进绿色惠民

当前，良好生态环境已成为人民群众最强烈的需求，绿色林产品已成为消费市场最受青睐的产品，就业增收已成为贫困人口最迫切的愿望。要探索形成一种良好的共建共享机制，既能吸引群众积极参与林业建设，又能确保群众公平分享发展成果。要加快建设森林城市和森林乡村，全面改善城乡人居环境，增加人民生态福祉。要高度重视发展林业产业，积极推进供给侧结构性改革，做大做强绿色富民产业，不断扩大林产品有效供给。要尽快提高森林生态效益补偿标准，吸纳有劳动能力的贫困人口就地转成护林员，让其通过保护生态实现稳定就业和精准脱贫。

5. 以强基固本推动协调发展

现代化的设施装备和高素质的人才队伍，是林业现代化的重要标志和根本保障。当前林区基础设施落后，装备水平不高，科技支撑不足，人才队伍紧缺，既与加快林业发展的要求不适应，又与国家整体发展水平不协调。全国4855个国有林场中，仍有486个林场不通公路，170个林场不通电，1575个林场存在饮水安全问题。林业高端人才缺乏，正面临后继无人的窘境。推进林业现代化建设，必须全面提升林业协调发展水平。要实施林业支撑保障体系建设工程，积极完善林区基础设施，大力推进林业装备现代化，提高森林防火和有害生物防治技术装备水平。加快"互联网＋"林业建设和基层站所建设，培养壮大专业人才队伍，增强林业基础保障能力。

6. 以开放合作拓展发展空间

推进林业现代化建设，必须牢固树立开放发展理念，全面提升林业对外开放水平，全力服务经济社会发展大局。要积极培育国家储备林，尽快提高木材自给能力。同时要增强统筹全球森林资源的能力，更好地用好两个市场、两种资源。要加强与发达国家、国际组织的林业合作，着力引进、消化和吸收国外先进技术，主动与欠发达国家分享我国林业发展经验。要认真履行涉林国际公约，积极参与全球生态治理，高度重视林业应对气候变化工作，全面增强森林、湿地碳汇功能，如期实现国家方案中的林业目标，为林业扩大开放合作创造良好条件。

（四）新时代林业现代化建设实践必须把握和坚持的基本原则

1. 把以人民为中心作为根本导向

推进林业现代化建设，要始终坚持发展为了人民、发展依靠人民、发展成果由人民共享，将人民对美好生活的向往作为奋斗目标，着力提升林业综合生产能力，满足人民的个性化、多样化需求，让人民充分享受林业现代化建设成果。最大限度地调动基层群众的主动性和创造性，激励人们自觉投身林业建设，最大限度地维护群众利益，让人民群众在参与林业建设中获得更多实惠，在就业增收宜居中拥有更多的获得感和幸福感。推进实施乡村振兴战略,更好地实现生态美、百姓富。加大深度贫困地区生态扶贫力度,助力精准脱贫,尽快把贫困地区和贫困人口一起带入全面小康。

2. 把人与自然和谐共生作为不懈追求

森林、湿地、荒漠和野生动植物与人类相伴相生,一直以来都是人与自然和谐共生的风向标。推进林业现代化建设,要准确把握生态与产业、保护与发展的关系,始终尊重自然、顺应自然、保护自然,自觉按科学规律和自然规律办事,还自然以宁静、和谐、美丽,让人与自然相得益彰。要提升自然生态系统的承载力,方便人们更好地走进自然,满足人民亲近自然、体验自然、享受自然的需要,推动人与自然融合发展。

3. 把生态保护修复作为核心使命

推进林业现代化建设,要始终坚持保护优先、自然恢复为主的方针,让森林、河流、湖泊得到充分的休养生息。要统筹山水林田湖草系统治理,着力增加林草植被,保护恢复湿地,治理沙化土地,优化生态安全屏障体系,维护国家生态安全。启动大规模国土绿化行动,加快实施重要生态系统保护和修复重大工程,扩大退耕还林、重点防护林、京津风沙源治理和石漠化治理等工程造林规模,创新国土绿化机制,丰富义务植树尽责形式。完善林业法律法规,实行最严格的生态保护制度,抓紧划定生态保护红线,严厉打击破坏自然生态的行为。建立以国家公园为主体的自然保护地体系,实施珍稀濒危野生动植物拯救性保护行动,构建生态廊道和生物多样性网络,保护好重点野生动植物种和典型生态系统。

4. 把发展绿色产业作为重要内容

林业肩负着生产生态产品和保障林产品供给的双重任务,发展林业有利于更好地满足人民对美好生活的需要。推进林业现代化建设,必须牢固树立"绿水青山就是金山银山"的理念,在修复保护好绿水青山的同时,大力发展绿色富民产业,努力实现生态产业协调发展、多种功能充分发挥,既创造更多的生态资本和绿色财富,满足人民对良好生态的需要,又生产丰富的绿色林产品,满足人民对物质产品的需要。发展林业产业,关键要坚持节约资源、保护生态,扩大技术含量,优化产业结构,提升产业素质和资源利用水平。深入推进林业供给侧结构性改革,因地制宜扩大领先型产业，因势利导优化转移型产业，保护性支持培育战略型产业，加快形成优质高效多样化的林业供给体系，在更高水平上实现供需均衡。

5. 把改革创新作为动力源泉

改革创新是激发发展活力、动力的根本举措。推进林业现代化建设，必须把改革的红利、内需的潜力、创新的活力有效叠加起来，加快形成持续健康的发展模式。要敢于在关键领域寻求突破，大胆创新产权模式，推进国有自然资源有偿使用，拓展集体林场经营权权能，健全林权流转和抵押贷款制度，以吸引更多资本参与林业建设。要大力推动林业科技、金融和管理创新，优化要素配置，培育新兴产业，全面增强林业发展内生动力。当前林业改革已经进入攻坚阶段，要着力完善天然林保护制度，深入推进集体林权制度改革、国有林场改革和国有林区改革，大力推进东北虎豹、大熊猫和祁连山国家公园体制试点，开展国有森林资源资产有偿使用改革、湿地产权确权试点，深化林业"放管服"改革。

6. 把提升质量效益作为永恒主题

目前我国林业发展进入了转型升级的关键时期。推动林业转型升级，就是要遵循经济社会发展规律，适应人民群众的新需要，依靠科技进步的新动力，加强政策引导、调控和支持，加强结构和布局调整，推进管理和服务升级，培育新业态和新增长点，提高质量和效益。推进林业现代化建设，必须坚持数量质量并重，质量第一、效益优先，既保持量的扩张，又注重质的提高，在质的大幅提升中实现量的有效增长，推动林业发展由规模速度型向质量效益型转变，走出一条内涵式发展道路。提高林业发展质量，既要靠科技又要靠管理。要加强林业科技创新，继续实施林业科技扶贫、科技成果转移转化、标准化提升三大行动。要全面实施森林质量精准提升工程，着力提高森林、湿地、荒漠生态系统的质量和稳定性，全面提升优质生态产品生产能力。

7. 把夯实发展基础作为有力保障

推进林业现代化建设，必须着力抓重点、补短板、强弱项，提升林业自我发展能力。要加强林业基础设施建设，改善国有林区林场道路、通信和基本公共服务设施，提高林业装备现代化水平，增强生态监测、森林防火、有害生物防治和自然灾害应急能力。加强林业机构队伍建设，强化行政管理职能，稳定并推进林业工作站、木材检查站、科技推广站等林业基层站所标准化、规范化建设。加强人才队伍建设，着力提升队伍整体素质，提高执法、管理和服务能力。

第二章

国有原山林场基本情况概述

历经 60 多年的艰苦创业,昔日的不毛之地已变得郁郁葱葱,过去的"要饭林场"也发展成为全国林业战线的一面旗帜,成为"山绿、场活、业兴、人富"的典范,成为全国国有林场改革的现实样本,实现了从荒山秃岭到绿水青山再到金山银山的美丽嬗变。山东省淄博市原山林场(简称"原山林场"或"原山")几代务林人的伟大实践,既是对习近平同志"绿水青山就是金山银山"伟大论断的生动诠释,也是全国 4800 多家国有林场几十年如一日,战天斗地、植树播绿、建设美丽中国的一个缩影。

一 地理概况

(一) 自然禀赋状况

1. 地理位置

淄博市原山林场位于山东省淄博市博山区西南部的鲁中山区北麓,由原山、瑚山、望鲁山、岳阳山四大山系组成的崇山峻岭之中,为城郊型国有林场。东经 117°44′38″至 117°54′56″,北纬 36°25′10″至 36°34′22″。林场东与淄川区西河镇交界,西与莱芜市莱城区茶叶口镇为邻,南至博山区石炭坞南山一脉,北与淄川区岭子镇接壤。林场呈半包围状散布在博山周边,像一串绿色珍珠簇拥护佑着山城博山的生态。场部驻地设在凤凰山东麓,紧靠博山城区,距淄博市政府驻地张店 40 千米。

2. 自然地理环境概况

（1）地质地貌。原山林场地质以高角度的张力性断裂为主，褶皱次之。地层南、北部为石灰岩，中西部为变质岩。地貌为中低山区，以连绵起伏的山岭为主，北部山岭多为东西走向，南部山岭多为南北走向。境内海拔高度为 200~850 米，是鲁中山区平均海拔较高的区域。主峰黑山为最高峰，海拔 845.3 米，山体相对高差 600 余米。中西部变质岩区地形高峻挺拔，沟谷切割强烈，水土流失较重；西、北部石灰岩地区切割尤剧，沟谷幽深、山势峥嵘，悬崖绝壁随处可见。

（2）气候。原山林场所在地博山区属暖温带季风区半湿润气候区，四季分明，季风气候明显——春季干旱多风，夏季炎热多雨，秋季凉爽多旱，冬季漫长干冷。年平均气温为 12.8℃，1 月份温度最低，平均为 -2.6℃，7 月份最高，平均为 26.1℃。多年平均降水量为 694.1 毫米，最多年降水量为 922.6 毫米，最少年降水量为 510 毫米。年平均日照 2607 小时，年平均无霜期 201 天。全年平均风速为 3.2 米/秒。

（3）水文。原山林场所在区域地下水主要为石灰岩裂隙岩溶水、河流冲积层空隙水、变质岩风化裂隙水及砂岩裂隙水 4 类。石灰岩裂隙岩溶水储存于石灰岩的裂隙、溶洞之中，其分布埋藏与运动规律受地形地貌、地质构造和岩层走向制约，其补给来源主要为大气降水，其富水程度取决于补给条件的好坏和裂隙岩溶的发育程度。水量大小和水位高低皆随季节而变化。河流冲积层空隙水主要分布在淄河 4 条支流及孝妇河中、下游局部河段两侧。变质岩风化裂隙水主要分布在南部鲁山的中低山区，水量微弱对农田灌溉意义不大，仅供人畜生活用水，其余排泄补给了河流冲积层空隙水和石灰岩裂隙岩溶水。砂岩裂隙水分布在孝水北丘陵区的孝妇河沿岸，主要为二迭系奎山层砂岩裂隙含水，具有承压性质，水质良好，对于解决孝妇河沿岸生产生活用水有一定的意义。林场内无大型河流，周边有镇门域水库、淋漓湖、天星湖、大英章水库、五阳湖 5 座水库，淡水湖有如月湖，水资源充足。

（4）土壤。原山林场内的土壤包括褐土和棕壤两类，细分为褐土性土、林地褐土、棕壤性土、林地棕壤 4 个亚类。褐土类俗称黄土，广泛分布在林场石炭坞、北峪、凤凰山、良庄和岭西等林区。分为两个亚类：褐土性土和林地褐土。褐土性土俗称山皮土，山坡地。其成因是由山丘中、上部的石灰岩、中性岩、紫色页岩就地风化而成。土壤浅薄发育不全，含砾石粗沙，肥力低。林地褐土，表层因枯枝落叶等有机质的积聚和淋溶，形成明显的腐殖质层（A层），新成土时间短，土层浅薄，B层不明显，C层即母质母岩，土层呈A—C型。棕壤类土主要分布在林场樵岭前林区和岭西林区的一部分。分为两个亚类：棕壤性土和林地棕壤。棕壤性土分布在花岗岩、片麻岩风化物的残积、坡积物上，俗称岭砂土、马牙土，剖面发育不完全，表土以下为母岩的风化物，通体无石灰反应，呈微酸性、土层浅薄，含有大量的粗砂。林地棕壤分布于人工林地带，表面因枯枝落叶杂草等有机质的聚集，形成了明显的腐殖质层，其他性质如棕壤性土。

3. 自然资源概况

（1）野生动植物资源。根据调查，原山林场有维管植物104科374属730种（含44变种、7变型、2亚种），其中国家Ⅰ、Ⅱ级保护野生植物5种，列入《濒危野生动植物种国际贸易公约》植物2种，列入《中国植物红皮书：稀有濒危植物》植物3种，山东省稀有濒危植物18种。原山林场丰富的植被类型和优越的自然条件，产生了具有山东代表性的动物区系。辖区内共分布有野生动物13纲55目230科1184种，其中脊椎动物5纲28目70科321种，无脊椎动物8纲27目160科863种。国家Ⅰ级保护野生动物3种；国家Ⅱ级保护野生动物34种；山东省重点保护野生动物46种。列入《濒危野生动植物种国际贸易公约》中保护的动物44种；在《中华人民共和国政府和日本国政府保护候鸟及其栖息环境协定》中保护的鸟类132种；在《中华人民共和国政府和澳大利亚政府保护候鸟及其栖息环境的协定》中保护的鸟类31种。

（2）森林资源。原山林场及周边地区植被总体属于天然次生林，大体可划分为四类——针叶林、落叶阔叶林、灌丛、灌草丛。①针叶林，代表类型为侧柏林、油松林和黑松林，下木主要有胡枝子、绣线菊、连翘、小叶鼠李、荆条等，草本植物主要有大披针薹草、黄背草、鹅观草、茵陈蒿等。②落叶阔叶林，主要类型为刺槐、栎类（麻栎、栓皮栎）等，下木主要有胡枝子、荆条等，草本植物主要有野古草、鹅观草、小花鬼针草、荩草等。③灌丛，主要类型有绣线菊灌丛、黄栌灌丛、鹅耳枥灌丛。绣线菊灌丛盖度 0.4, 主要有三裂绣线菊、华北绣线菊和土庄绣线菊, 伴生灌木主要为湖北海棠、天目琼花、卫矛、连翘、胡枝子等; 黄栌灌丛盖度 0.3~0.7, 第Ⅰ亚层几乎全部由黄栌组成, 偶见鹅耳枥、侧柏, 第Ⅱ亚层主要种类有荆条、胡枝子、本氏木蓝、大花溲疏、三裂绣线菊、雀儿舌头、连翘、小花扁担杆、酸枣、柘树等; 鹅耳枥灌丛盖度 0.8~1, 主要为鹅耳枥, 伴生种类有胡枝子、连翘、红叶黄栌、卫矛、大花溲疏、三裂绣线菊等。④灌草丛, 主要类型有黄背草灌草丛、白羊草灌草丛、野古草灌草丛。黄背草灌草丛建群种为黄背草, 和黄背草伴生的灌木主要有荆条、酸枣和三裂绣线菊; 白羊草灌草丛建群种为白羊草, 组成群落的灌木主要是荆条和酸枣; 野古草灌草丛组成群落的种类有野古草、荻、大油芒等。灌木丛不发达, 数量较多的是荆条、胡枝子等。

(二) 社会经济发展情况

1. 山东省概况

山东, 因居太行山以东而得名, 简称"鲁", 省会济南。先秦时期隶属齐国、鲁国, 故而别名齐鲁。山东地处华东沿海、黄河下游、京杭大运河中北段, 是华东地区的最北端省份。西部为黄淮海平原, 连接中原, 西北与河北省接壤, 西南与河南省毗邻, 南及东南分别与安徽、江苏两省相望; 中部为鲁中山区, 地势高突, 泰山是全境最高点; 东部为山东半岛, 伸入黄海、渤海, 北隔渤海海峡与辽东半岛相对、拱卫京畿, 东隔黄海与朝鲜半岛相望, 东南均临黄海、遥望东海及日本南部列岛。2017 年, 山东省常住人口 10005.83 万人。

山东是儒家文化发源地, 儒家思想的创立人有孔子、孟子。墨家思想的创始人墨子、军事家孙子等也出生于今山东。姜太公在临淄建立齐国, 成就了齐桓公、管仲、晏婴、鲍叔牙、孙武、孙膑、邹衍等一大批名人志士; 齐国还创建了世界上第一所官方举办、私家主持的高等学府——稷下学宫。

山东是中国的经济第三大省、人口第二大省、中国温带水果之乡。2017 年, 山东 GDP 占中国 GDP 总量的 8.8%。2013 年, 山东与广东、江苏一起被评为中国最具综合竞争力省区。山东是第十届中国艺术节, 中华人民共和国第十一届运动会，第三届亚洲沙滩运动会，2014 年世界杯帆船赛、世界园艺博览会、2014 年 APEC 贸易部长会议，2015 年世界休闲体育大会、国际历史科学大会，2018 年上海合作组织青岛峰会举办地。

山东东西长 721.03 千米，南北长 437.28 千米，全省面积 15.58 万平方千米。山东省"山水林田湖"自然禀赋得天独厚，山地面积 22726.80 平方千米，占全省面积的 14.59%，水面面积 6988.92 平方千米，占全省面积的 4.49%，林地面积 24894.46 平方千米，占全省面积的 15.98%。种植土地面积 83845.42 平方千米，占全省面积的 53.82%；湖泊面积 1348.55 平方千米，占全省面积的 0.87%。2017 年全省实现生产总值 72678.18 亿元，山东人均 GDP 达到 72851 元。

2. 淄博市概况

淄博，位于中国华东地区、山东省中部，北纬 35°55′20″~37°17′14″，东经 117°32′15″~118°31′00″，市域面积为 5965 平方千米。淄博市地处黄河三角洲高效生态经济区、山东半岛蓝色经济区两大国家战略经济区与山东省会城市群经济圈交汇处，南依沂蒙山区，与临沂接壤，北临华北平原，与东营、滨州相接，东接潍坊，西与省会济南接壤，西南与泰安、莱芜相邻。2017 年，淄博市常住人口 470.84 万人。

淄博市地势南高北低，南部及东西两翼山峦起伏，中部低陷向北倾伏，南北高差千余米。以胶济铁路为界，以南大部分为山区、丘陵，岩溶地貌发育；以北大部分为山前冲积平原和黄泛平原，土地平坦肥沃。北部有黄河、小清河流经，发源于市域内的河流有沂河、淄河、孝妇河等。山区、丘陵、平原面积分别占市域面积的 42.0%、29.9% 和 28.1%。

淄博是一座国家历史文化名城，历史悠久，为齐文化的发祥地、世界足球起源地。作为地域名称，形成于 20 世纪 20 年代初期，原为淄川、博山两地的合称。1945~1953 年，曾设立淄博特区、淄博工矿特区、淄博专区；1954 年，省辖淄博市设立，是新中国成立后山东第三座省辖市（地级市）。

淄博是一座山水结合的组团式城市（组群式城市），有博山国家级风景名胜区；为国务院批准的"较大的市"，是山东省区域性中心城市、山东半岛城市群核心城市之一和省会城市群经济圈次中心城市；被中央文明委评定为第三、四、五届"全国文明城市"。

淄博是一座资源型城市（再生型城市）和全国老工业基地，为全国首批产业转型升级示范区。淄博设有山东省区域性股权交易市场（齐鲁股权交易中心）。淄博高新技术产业开发区属山东半岛国家自主创新示范区；淄博市张店区为国家"大众创业、万众创新"示范基地。2017年，淄博市实现地区生产总值（GDP）4781.32亿元，城镇居民人均可支配收入39410元，全市农村居民人均可支配收入16953元。

3. 博山区概况

博山区，隶属于山东省淄博市，位于山东省中部，鲁中山区北部，淄博市南部，南与沂源县接壤，西南接莱芜市，西北与章丘区交界，东部和北部与淄川区毗邻，位于东经117°43′~118°42′，北纬36°16′~36°31′，南北长49.4千米，东西宽20千米，总面积698.11平方千米。

博山区总体地势为南高北低，南、东、西三面中低山环绕，中间低山、丘陵、山涧、河谷排列，北面为丘陵河谷地带，地势总变化为130~1100米。博山区南、东、西三面为中低山区，面积为334.7平方千米，占全区总面积的47.9%。中部低山、丘陵区包括淄河流域中北部和孝妇河流域的南部，面积297.55平方千米，占全区总面积的42.6%。北部丘陵区位于城区以北，面积49.75平方千米，占全区总面积的7.1%。博山区境内山岭起伏，层峦叠嶂。海拔800米以上的山峰有47个，500米以上的山峰有81个。山脉属鲁中山系，西连泰山，向东蜿蜒深入益都，较大的属鲁山、原山、岳阳山、鹿角山。

截至2017年，博山区辖6个镇、3个街道和1个省级经济开发区，总人口46万人。实现地区生产总值390.4亿元，其中，第一产业完成10.90亿元，第二产业完成206.30亿元，第三产业完成173.20亿元。三次产业比重为2.79:52.84:44.36。城镇居民人均可支配收入35800元，全区农村居民人均可支配收入15876元。

博山区名胜古迹有世界文化遗产长城的组成部分——齐长城，国家重点文物保护单位颜文姜祠，以及碧霞元君行宫、玉皇宫、范公祠、凤凰山等。博山区共有八大景区200多个景点，景区面积达71平方千米，森林覆盖率为43%。景区内有4A级原山国家森林公园和鲁山国家森林公园，有中国最古老的长城齐长城等景区和景点。博山也是一个历史文化名城，拥有许多人文景观和名胜古迹，有唐代木质建筑颜文姜祠，有南方园林特色的因园等一批名胜古迹。博山区是国家级风景名胜区、陶琉古镇、焦裕禄故里、华夏孝乡、中国鲁菜名城、中国鲁菜发源地、中国鲁菜烹饪之乡、中国鲁菜烹饪文化教育基地、中国琉璃之乡、中国陶瓷名城、中国泵业名城、中国优秀生态旅游区、中国有机农业示范区、中国最佳文化休闲旅游目的地。

4. 原山林场概况

淄博市原山林场因所处行政区域、坐落山脉及业务领域而得名，隶属于淄博市林业局，位于鲁中山区北麓，淄博市博山区境内，属泰山山系。"原山"一名最早见于《汉书·地理志》："烟岚苍莽，禅百齐对，千里胜概，表为原山。"据《博山县志》记载："汶水西注，淄水东流，皆源于此。"原山（源山）因其为淄河、汶河、孝妇河、青阳河四条河流的发源地而得名，主峰原山又称禹王山，海拔797.8米。林场所辖范围主要分布在山脊分水岭、山坡中上部及深山峡谷地带，由大小20余个自然地片组成，布局分散，为典型的"帽子林场"。林场境内山峦起伏，沟壑交错，地形复杂，属山丘薄地生态脆弱区域。林场下设石炭坞、樵岭前、凤凰山、岭西、北峪、良庄六个营林区，周边与博山区、淄川区、莱芜市的67个自然村插花交界。因靠近城区，周边村庄密布，林区分布范围广，跨度大，人员活动频繁，管理难度大，森林培育保护任务繁重。

原山林场自建场以来，特别是在国有林场实行事业单位企业化管理期间，通过艰苦创业、改革创新，经济实力不断增强，形成淄博市原山林场、淄博原山集团有限公司（简称"原山集团"）、原山国家森林公园三位一体的管理体制，林场保生态，集团创效益，公园创品牌，相得益彰，共同发展，实现了"山绿、场活、业兴、人富"的目标，职工家庭也提前过上了小康生活。

为维护社会稳定，淄博市政府先后将淄博颜山宾馆、淄博市园艺场、淄博市实验苗圃等4个困难事业单位整建制并入原山林场。原山一班人牢记社会责任，千方百计解决了4个困难事业单位职工的工作岗位和家庭生活来源问题，使他们同林场职工一样，过上了幸福美满的生活。原山根据整合后林场职工各方面参差不齐的实际情况，提出了原山"双联""党员干部为事业干、为职工干，职工为自己干，大家一起为国家干"等科学理念，团结来自不同单位的广大职工"一起吃苦，一起干活，一起过日子，一起奔小康，一起为国家做贡献"，凝聚成了幸福原山"一家人"。

原山林场改革创新的经验得到了中央和省市领导的充分肯定，被称为全国林业战线的一面旗帜和国有林场改革的现实样板。其60多年的奋斗历程被省市组织部门打造成山东原山艰苦创业教育基地，先后被确定为"国家林业局党员干部教育基地"、"国家林业局党校现场教学基地"、"国家林业局管理干部学院现场教学基地"、"中共山东省委党校现场教学基地"、"中共淄博市委党校艰苦奋斗教育教学基地"、"山东管理学院党性教育基地"、中央国家机关党校"首批12家党性教育基地"等。林场先后被授予"全国创先争优先进基层党组织""全国五一劳动奖状""全国青年文明号""全国扶残助残先进集体""全国十佳国有林场"等荣誉称号。

2018年3月4日，原山林场被淄博市机构编制委员会确定为公益一类事业单位。

（三）历史沿革

1. 淄博市原山林场

1957年9月，根据山东省人民委员会（57）鲁林乙字第2923号文件，山东省林业厅林业调查队开始对淄博市国营林场（原山林场前身）进行建场前的调查与设计，规划林场面积为3533.3公顷。12月18日，根据《山东省淄博市人民委员会关于建立淄博市国营林场的报告》［（57）淄农林字第55号］，山东省人民委员会印发《山东省人民委员会关于同意建立国营林场的批复》［（57）鲁林乙字第4974号］，在博山区西南部正式建立"淄博市国营林场"。1958年10月，林场面积扩大到7333.3公顷。

1959年6月24日，根据《山东省淄博市人民委员会关于更换"淄博市国营林场"与"博山县鲁山林场"名称报告的批复》［（59）淄市办字第437号］，同意将原淄博市国营林场更名为"淄博市原山林场"。1961年，原山林场将1958年扩大的大部分土地退还给人民公社生产大队，将城区内的白石洞、白虎山、青龙山、峨眉山等地的15公顷土地划归博山区建设科作为城市绿化用地。1962年6月,原山林场将东、西黑山划给八陡公社,改为社办八陡林场。1968年10月,根据《淄博市革命委员会关于实行精兵简政和企事业体制改革的试行方案》[淄革发(68)第238号],原山林场交博山区革命委员会管理。1980年2月9日,根据淄博市人民政府《关于同意将鲁山林场、原山林场收归市林业局领导的批复》(淄政发〔1980〕24号),原山林场收归淄博市林业局领导。

1988年11月23日,根据《中共淄博市委常委会议决定事项通知》(淄通字〔1988〕10号),原山林场被确定为副县级单位。1996年11月8日,根据《中共淄博市林业局委员会 淄博市林业局关于对市园艺场管理体制进行改革的决定》(淄林发〔1996〕15号),淄博市林业局把市园艺场内的林果业和种植业分离出来,作为林场的一个新工区。有170名职工和退休人员划归林场管理。2001年11月17日,原山林场接收淄博市实验苗圃。2011年4月18日,淄博市委、市政府做出《关于市原山林场等4家事业单位进行资源整合的决定》,将淄博颜山宾馆整建制并入林场,不再保留淄博颜山宾馆建制。

2018年3月4日,淄博市机构编制委员会印发《淄博市机构编制委员会关于淄博市林业局所属国有林场有关机构编制事项调整的通知》(淄编〔2018〕15号),将淄博市园艺场和淄博市实验苗圃整建制并入淄博市原山林场。

原山林场于2002年7月25日投资成立"淄博原山宾馆",于2014年12月3日投资成立"淄博美庐快捷酒店",于2015年6月18日投资成立"淄博博林园林绿化有限公司"。现三个场办企业均实行独立法人运作。

2. 原山国家森林公园

1992年12月11日,根据林业部《关于建立浮山等四处国家森林公园的批复》(林造批字〔1992〕222号),在原山林场内建立原山国家森林公园,总面积25588亩。原山国家森林公园与原山林场实行"两块牌子、一套班子"的管理体制,原隶属关系、山林权属和经营范围不变。

3. 淄博原山集团有限公司

1997年7月24日,根据淄博市经济委员会《关于同意成立淄博原山集团的批复》(淄经企字〔1997〕17号),在原山林场内成立"淄博原山集团有限公司"。淄博原山集团有限公司现下设"淄博原山绿地花园绿化工程有限公司""淄博博山金牌房地产开发有限公司""淄博原山旅行社有限公司"三个二级企业。

二　改革开放与森林管护、经济社会发展协同推进

（一）1978～1985 年发展情况

1978 年以前，原山林场干部职工秉承"先治坡、后治窝，先生产、后生活"的工作理念，发扬"爱原山无私奉献，建原山勇挑重担"的精神，心里只想着尽快让荒山秃岭绿起来，全身心扑在荒山绿化上，组织开展了大规模的植树造林。截至 1977 年底，历经 20 年累计造林 3377 公顷。为防虫保苗，自 1974 年开始，原山林场在樵岭前林区松林内设置黑光灯诱杀松毛虫成虫。1973 年、1975 年和 1977 年曾进行过三次飞机灭虫。山上绿了，人却依然是穷的。至 1978 年，原山林场仍在博山凤凰山东麓玉皇宫破庙内办公，职工仍旧住在破庙里、石头房里。"文革"期间"五七干校"留给原山林场的几十间平房成为当时原山林场最豪华的职工宿舍。原山林场仅有的经营项目就是 1977 年购进的 2 台脚蹬手拉木旋床，生产木制刀把子和蒜槌子之类小木制品。

1978 年 12 月 18～22 日，中国共产党第十一届中央委员会第三次全体会议在北京举行，拉开了中国改革开放的帷幕。沐浴着党的十一届三中全会的春风，原山林场开始了全面发展的艰难探索。1979 年 10 月，原山林场在玉皇宫门前下侧建成二层办公楼，建筑面积 297.6 平方米。工作人员从此告别了在庙内办公的历史；1980 年 12 月，接收博山区食品商店 17 头奶牛，建立奶牛场；1981 年 2 月，建成木材加工厂，厂房 400 平方米，主要从事带锯加工木材，粉碎木渣片；1982 年 7 月，在博山大街南首建成陶瓷经营门市部；1983 年 1 月，在大街南头购三户民房，自筹资金建成冰糕厂；1984 年 5 月，在场部所在地凤凰山东麓建成三层办公楼，建筑面积745.8 平方米；1985 年 3 月 8 日，林场自筹资金建成印刷厂。1983 年 7～12 月，淄博市国营林场森林经理调查队对原山林场进行了森林经理二类调

查，林场总面积为 2705.8 公顷，活立木总蓄积 34113 立方米，森林覆盖率 73.05%。

1978～1985 年，在全国改革开放大潮涌动下，原山林场结束了建场 20 年一贯制的历史，每年都有新发展（见图 2-1），为后来的发展奠定了良好的基础。

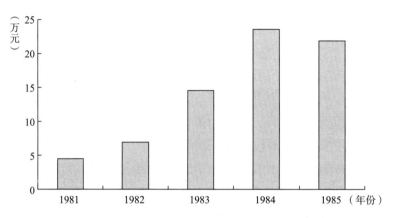

图 2-1 原山林场自 1981 年开始产生利润至 1985 年利润额变化情况

资料来源：《原山林场志》。

（二）1985～1996 年变化情况

1985 年 3 月 8 日，原山林场自筹资金建成印刷厂，成为林场的支柱产业，主要生产各种规格的精细瓦楞出口彩盒、出口纸箱及内销工业产品的各类包装箱盒，成为一家集创意设计、图像处理、照相制版、彩色印刷、上压光、自动裱胶、模切一条龙服务的综合型专业化包装企业，为促进林场经济建设做出了突出贡献。印刷厂的建成投产，标志着林场工副业项目进入一个快速发展期。

1986 年 1 月，原山林场建立淄博市原山林工商公司，主要开展木材和染化料经营业务；5 月，在博山大街南首建成综合服务楼。1987 年 6 月，在凤凰山东麓建成办公楼一栋，面积 670 平方米；10 月，在凤凰山东卧龙坡建成职工宿舍楼 3 幢，总面积 1404 平方米；12 月，在石炭坞营林区建成两个奶牛场，奶牛最多时 120 头，当时为半个博山城的市民供应鲜牛奶。1988 年 7 月 19 日，成立原山陶瓷经营部，年底改为原山陶瓷批发公司；

11 月，在凤凰山东卧龙坡建成职工宿舍楼 2 幢，总面积 1077 平方米。1989 年 4 月，在凤凰山营林区建成淄博鸟展馆并对外开放。鸟展馆建筑面积 825 平方米，馆内陈列鸟纲标本 23 目 61 科 364 种，两栖、爬行类 6 目 21 科 53 种，兽类 28 种。著名书法家武中奇题写鸟展馆正门两侧对联"风定花犹落，鸟鸣山更幽"及"淄博鸟展馆"馆名。1991 年 7 月，原山陶瓷批发公司成立张店分公司。1992 年 10 月，在凤凰山东卧龙坡建成职工宿舍楼 4 幢，总面积 3040 平方米，在场部职工宿舍区打机井一眼，井深 400 米；12 月 11 日，经国家林业局《关于建立浮山等四处国家森林公园的批复》（林造批字〔1992〕222 号）批准，在原山部分林区建立原山国家森林公园。1993 年 1 月 5 日，经博山区劳动服务公司批准，原山林场成立博山原青经营开发公司；11 月，原山林场在陶琉大观园内建成淄博陶瓷大世界营业大楼，总面积 3300 平方米。1995 年 1 月，在樵岭前营林区打机井一眼，井深 112 米，水质为矿泉水系列；3 月 17 日，林场投资修复玉皇宫，总面积 485 平方米；5 月 28 日，将 1987 年 6 月在凤凰山东麓建成的办公楼改为玉皇宫大酒店并对外营业。1996 年 6 月 30 日，在凤凰山营林区建成游泳池并对外开放。场办企业和多种经营项目一度发展到 17 个。

这十多年间，真正发展成为林场经济支柱产业的只有林业印刷厂和原山陶瓷批发公司。林业印刷厂最初主要是为 1983 年建成的冰糕厂配套印制冰糕包装纸，同时对外印制信笺、账簿、表格等铅印产品。1987 年，开始实施产品调整和技术革新计划，购进了单色胶印机、平版印刷机，拥有了彩色印刷技术，具备了生产各类包装纸盒、烫金精品的能力。1991 年，购进了单面瓦楞纸生产线，开始生产纸箱。1992 年，转变经营策略，生产从以内销产品包装盒为主转向以对外出口产品包装盒为主，拓宽了经营渠道，扩大了生产规模，并获得了山东省商检局核发的首批出口包装许可证。1997 年购置双色胶印机。2002 年，购置多色平板印刷机，不断提升生产技术现代化水平，使其具备了生产各类高档包装产品的能力。林业印刷厂先后荣获 1980～1990 年度北京国际包装技术展览会中国包装十年成果银奖，1994 年 9 月第四届国际包装技术展览会金奖，2003 年山东省包装行业先进单位等荣誉称号。

原山陶瓷批发公司的前身为市原山待业青年门市部、原山陶瓷经营部。1986年，残疾青年孙建博进场后挑头承包，专门经销陶瓷。1987年创建陶瓷彩烤厂，进行白瓷彩烤。1988年12月，在陶瓷经销门市部、彩烤厂的基础上更名为陶瓷批发公司，并与全省108家县级以上土产公司建立了供销关系，还同外省10地市建立了业务往来。1993年实行易货经营策略，有效地避免了三角债对企业经营带来的不良影响，进一步加强了与陶瓷生产厂家的伙伴关系。1996年先后在张店、青岛、济南、潍坊、东营、广州等地设立了驻外办事处。

1985~1996年，原山林场出现了过山车似的重大变化。从20世纪80年代中后期至90年代初期的事业蒸蒸日上，先后被授予"全国林业企业整顿先进单位"、"全国国营林场先进单位"、"全国林业系统国营林场500强"、全国"1990—1992年无森林火灾先进单位"、"全国国营林场100佳单位"、"山东省农口'事改企'达标先进单位"等荣誉称号。但是，从90年代初期开始，除原山陶瓷批发公司和林业印刷厂两大支柱产业外，其他企业和多种经营项目由于市场运作不良、管理不善等出现大面积亏损，致使办企业上项目造成的负债2000余万元无力归还，至1996年，职工连续3个月领不到工资。此时，市政府又将更加困难，负债2009万元，职工连续13个月没有发工资的淄博市园艺场交给原山代管，两个"老大难"共负债4009万元，126家债主轮流上门讨债，原山林场发展到了举步维艰的地步，陷入徘徊不前的状态。当时的经济状况，从图2-2可见一斑。

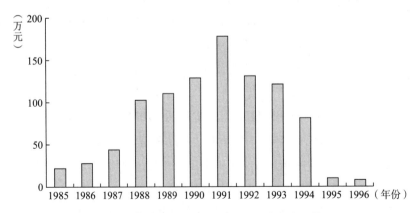

图2-2 原山林场1985~1996年利润额变化情况

资料来源：《原山林场志》。

（三）1996～2018 年发展变化情况

1996 年 12 月 31 日，上级任命时任原山陶瓷批发公司经理的孙建博同志为原山林场场长、党总支副书记，任命时任林业印刷厂厂长孔宝华同志为原山林场党总支书记。孙建博出任场长后，即召开全场职工大会，根据形势和林场状况做了题为"稳定大局、再接再厉、同心同德、开拓创新"的报告，号召全场干部职工更新观念，改革创新，大步前进。关、停、并、转了在市场经济条件下竞争力薄弱的林工商公司、原青实业公司、精工实业公司、冰糕厂、汽车修理厂、仿瓷厂六家企业，在实施旅游带动战略过程中逐步对林场的产业布局和结构进行了调整，形成了涉及园林绿化、森林旅游、餐饮服务、旅游地产、生态文化等行业，原山林场与淄博原山集团有限公司、原山国家森林公园实行"三块牌子，一套班子"的管理体制，走出了一条"林场保生态、集团创效益、公园创品牌"的科学发展之路。

1996～2018 年，共历经"九五""十五""十一五""十二五""十三五"5 个时期，是原山林场加快新旧动能转换，推进产业转型升级，实现科学发展、高质量发展，阔步迈向新时代的二十多年。这一时期利润及职工年人均收入见图 2-3 和图 2-4。

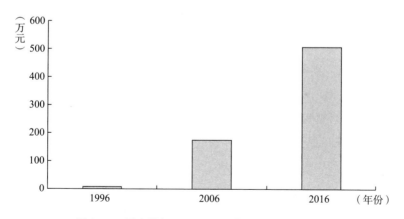

图 2-3　原山林场 1996～2016 年利润额变化情况

资料来源：《原山林场志》《原山林场志（2006-2016）》。

1. "九五"期间

1997 年，原山林场在凤凰山营林区西卧龙坡建成长青林公墓，开始对

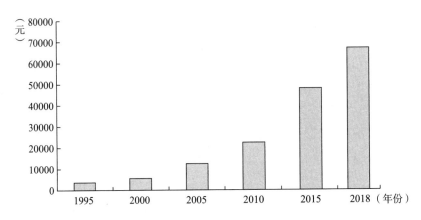

图 2 - 4　原山林场 1995～2018 年职工年人均收入变化情况

资料来源：《淄博市原山林场"十一五"发展规划》《淄博市原山林场"十二五"
发展规划》《淄博市原山林场第十三个五年规划纲要》，以及原山林场计财科据实测算。

林区散落坟头进行迁移集中管理，消除森林火灾隐患；完善游泳池配套设
施，建成了 80 米长大排档；淄博市经济委员会批准成立淄博原山集团有限
公司，与原山林场、原山国家森林公园实现三位一体。1998 年，原山保龄
球馆落成。1999 年，原山森林乐园建成开园；原山卡丁车俱乐部建成营
业；原山旅游度假村建成开业。2000 年，原山民俗风情园建成开园；博山
区旅游局管辖的凤凰山 7 个景点交林场管理；原山鸟语林建成开业；建成
原山网球场；建成长 180 米的云步桥。

2. "十五"期间

2001 年，原山欢乐恐龙谷建成开园；原山旅游宾馆落成开业；长青林
至泰山行宫庙环岛路建成投用；原山国家森林公园被国家旅游局评定为国
家首批 AAA 级景区。2002 年，林场改造"颜灵塔"并更名为"望海楼"；
玉皇宫至保龄球馆道路拓宽工程竣工；森林防火监控中心落成投用。2003
年，红门至玉皇宫道路拓宽工程竣工；宿舍楼 1 栋 48 户、连体住宅 11 户
建成，总面积 7988 平方米；山东省森林防火物资储备库在原山建成并投入
使用。2004 年，文化广场停车场建成，面积 9844 平方米；修筑了淄博鸟
展馆至原山文化广场的公路；修筑了原山文化广场至泰山行宫的台阶路
570 米，并冠名为"长寿路"；大型山体滑草场、齐鲁古战场遗址建成并对
外开放；建成假日宾馆。2005 年，完成生态园改建工程（一期）、石炭坞

营林区道路工程；建成山东省林木种苗繁育中心原山基地。

3. "十一五"期间

2006 年，原山阆苑门建成启用；完成生态园改建二期工程。2007 年，完成森林博物馆工程建设，开工建设原山大厦工程；硬化良庄营林区小宝山防火道路 700 米。2008 年，中国森林博物馆正式启用，机关科室迁入博物馆办公区办公；完成原山大厦主体工程；完成石炭坞营林区五七干校度假区一期工程；开工建设 80 户职工住宅楼工程（原山青年公寓）。2009 年，完成原山大厦续建工程；完成 80 户职工住宅楼工程（原山青年公寓）。2010 年，原山青年公寓分房，80 户职工拿到了新居钥匙；原山大厦完成装修并试营业；建成"森林之歌"雕塑广场；原山林场艰苦奋斗纪念馆落成；完成石炭坞营林区五七干校度假区二期工程建设；开工建设 66 户小高层住宅楼；建成岭西工区新护林房及禹王山景区石牌坊大门工程。

4. "十二五"期间

2011 年，建成如月湖小湖区（一期工程）；如月湖湿地公园建成开园；按照市委市政府的决策部署和要求，对淄博颜山宾馆进行了资源整合，妥善安置了原颜山宾馆职工，解决了他们的工作和生活问题，维护了社会稳定；完成 66 户职工小高层住宅楼建设，开工建设危旧房改造一期工程；完成石炭坞营林区五七干校度假区三期工程建设；对原山旅游宾馆进行升级改造并更名为贵宾楼；完成艰苦奋斗纪念馆布展及原山大厦、森林博物馆亮化工程。2012 年，建成高空滑索、峡谷漂流、大熊猫馆、野猪林、危旧房改造一期、淄博林业科技示范园智能温室、原山大会堂、林火监控中心升级改造、长青林公墓石炭坞分墓区等工程；开工建设了危旧房改造二期工程，启动了三期工程建设规划；国宝大熊猫"双儿""珍大"先后入住如月湖湿地公园大熊猫馆，成为历史上首次落户淄博的大熊猫；根据孙建博自传文学《火凤凰》改编拍摄的电影《完美人生》首映新闻发布会在北京人民大会堂举行；由国家新闻出版广电总局电影局主办的"颂歌——迎接党的十八大国产重点影片推介典礼"在北京全国政协礼堂隆重举行，《完美人生》被定为重点献礼片。2013 年，建成如月湖大湖区（二期工程）；建成动物园区，引进中华猕猴和环尾狐猴入住原山如月湖湿地公园；

建成危旧房改造二期、阆苑旅游度假区大桥、文化广场宿舍区车库、原山友谊馆、如月美庐度假区大门、红外雷达探火一期等工程；完成林区派出所标准化建设、如月湖友谊馆至大熊猫馆道路拓宽硬化、北大门道路拓宽硬化及景观照明灯安装、保龄球馆改造等工程；开工建设危旧房改造三期、阆苑旅游度假区、森林公园管轨式滑道、原颜山宾馆一号院改造等工程。2014年，凤凰山景区管轨式滑道项目顺利通过验收并正式对游客开放；完成原颜山宾馆1号院升级改造，更名为淄博美庐快捷酒店并对外营业；完成如月湖湿地公园湖面扩建工程；建成如月湖湿地公园景区新大门暨道德广场；完成中国北方种苗花卉研发中心工程。2015年，新建两处星级旅游公厕、一处旅游服务中心；完成2幢学员公寓楼主体工程；开工建设山东原山艰苦创业纪念馆；建立"淄博原山集团有限公司院士工作站"；在石炭坞营林区建成850立方米蓄水池1个；完成阆苑旅游度假区一期工程。

5."十三五"以来

2016年，建成如月湖新湖区（三期工程）；山东原山艰苦创业纪念馆建成并正式开馆；完成3幢学员公寓楼装修并对外营业；建成生态功能检察室和森林防火专业队兵营；建成2处小塘坝及以水灭火输水管道2000米；新建4处森林防火热成像和高清可见光双光谱探测前端监控点；全面完成危旧房改造三期工程及配套设施；危旧房改造房屋顺利分配到户。2017年，完成4座双层防火瞭望台建设；完成如月湖迎宾大门、原山创业大道工程；完成望海楼改造和爱晚亭、文化长廊整修工程；新装修5栋学员公寓楼并投入使用；建成可容纳500人同时就餐的山东原山艰苦创业教育基地学员餐厅。2018年上半年，完成如月湖湿地公园"绿水青山"号森林小火车工程；建成原山创业大道西侧水系工程。

1996~2018年，原山林场先后荣获"全国林业行业思想政治工作优秀单位""全国森林防火工作先进单位""全国青年文明号""全国企业文化建设工作先进单位""全国扶残助残先进集体""全国十佳国有林场""全国旅游系统先进集体""山东省富民兴鲁劳动奖状""全国五一劳动奖状""淄博市先进基层党组织""山东省先进基层党组织""齐鲁先锋基层党组织""全国创先争优先进基层党组织"等荣誉称号。

三 40 年变化展雄姿

（一）森林资源管护能力达到新水平

改革开放 40 年，原山林场始终把森林资源管护放在优先位置，积极采取措施，森林资源管护能力得到不断提高。先后成立了山东省第一支基层林场森林防火专业队伍，建立了专业防火队兵营，防火期内集中食宿备勤；建设了森林防火物资储备库和森林防火微波监控系统；升级改造瞭望台 4 座并配套太阳能发电装置，用上了电地暖，解决了瞭望台冬季供暖问题，使护林员在防火期严寒季节能够安心在瞭望台上工作；配备了对讲机、风力灭火机、以水灭火水泵，以及防火队员看守火场宿营、防护设备；安装智能图像采集语音警示卡口 40 处。森林防火工作初步实现现代化，与 40 年前的报告森林火警信息靠步行，扑救火灾靠扫帚、树枝有着天壤之别。发生森林火警次数也由当初的每年四五十起到目前连续 20 多年零火警。同时森林病虫害防治、森林保护管理也得到了不断加强，连续 30 多年实现有虫有病不成灾，连续多年实现无乱砍滥伐、毁林开荒、放牧牛羊、乱采乱挖等破坏森林资源的行为，通过实施森林抚育管理，林相整齐，森林健康，森林覆盖率由 40 年前的不足 70% 发展到目前的 94%。

（二）经济建设取得新成就

40 年发展巨变的基础在原山林场经济建设，特别是国营林场实行"事改企"的 30 年间，财政断粮断奶，林场被"逼上梁山"，凝聚各方面力量，大力发展多种经营，上项目办企业。虽历经坎坷，也曾有过陷入低谷、举步维艰、徘徊不前，但通过资源整合和总结经验教训，实行了原山林场、原山国家森林公园、淄博原山集团"三块牌子，一套班子"的管理体制，最终走出了一条"林场保生态、集团创效益、公园创品牌"的科学发展之路。从 1978 年到 2018 年的 40 年间，林场经济从实现零的突破，发展到现在拥有总资产 10 亿元，年收入过亿元的"全国十佳国有林场"。

（三）职工精神状态达到新境界

40 年间，林场职工从日出而作日落而息，常年居住生活在封闭的深山老林，到全场干部职工山上一套房，城里一套房，家家户户有私家车，想住山上就住山上，想住城里就住城里，职工工资从 40 年前的每年三四百元到现在的每年六七万元，职工没有了后顾之忧，家家过上了美满幸福的生活，林场文化也深入人心，融入全体原山人的血脉。"爱原山无私奉献，建原山勇挑重担""特别能吃苦、特别能战斗，特别能忍耐、特别能奉献""一家人，一起吃苦、一起干活、一起过日子、一起奔小康、一起为国家做贡献""党员干部为事业干、为职工干，职工为自己干，大家一起为国家干"等已不是一句句口号，而已经内化于心外化于行，全体原山人践行了习近平总书记"天上不会掉馅饼""撸起袖子加油干"的金句。全场干部职工共同凝练成了"对党忠诚，勇于担当的政治品格；珍爱自然，和谐共生的生态理念；廉洁勤勉，奉献人民的职业操守；不忘初心，艰苦奋斗的优良传统"的新时代原山精神。

第三章

原山林场是我国林业系统改革开放
40 年发展的缩影

建场 60 年来，特别是改革开放 40 年来，几代原山人在"群山裸露，满目荒芜，十年九旱"的"石头山"上艰苦奋斗、无私奉献，用青春乃至生命书写了我国北方石灰岩山地荒山变林海的绿色传奇。原山人以生动的实践，充分证明了"绿水青山就是金山银山"这一论断持久旺盛的生命力。

一 宜林荒山全部实现森林化

党的十八大提出，要把生态文明建设放在突出地位，融入经济建设、政治建设、文化建设、社会建设各方面和全过程，努力建设美丽中国，实现中华民族永续发展，并将生态文明写入党章。生态林业在贯彻可持续发展战略中具有重要地位，在生态建设中发挥主体作用，林业建设要为祖国山河披上美丽绿装，为科学发展提供生态屏障。

改革开放 40 年来，特别是党的十八大以来，国家对林业的高度重视和支持，给林业人无比的信心和力量，为原山提供了更加广阔的干事创业的平台。原山林场深入贯彻"创新、协调、绿色、开放、共享"发展理念，以实际行动诠释了习近平同志"绿水青山就是金山银山"这一伟大论断，成为建设生态文明、推进国有林场改革的先锋和典范。

原山林场、原山集团、原山国家森林公园是承担《国有林场改革方案》确立的保生态、保民生两大政治责任,实行"林场保生态,集团创效益,公园创品牌""一场两制"创新发展模式的国有事业单位,是全国绿化委员会、国家林业局确定的全国绿化、林业战线的一面旗帜和国有林场改革的现实样板。

(一) 构建培育森林资源长效机制,森林覆盖率接近 100%

1. 遵循使命至上

原山林场建立于 1957 年,石灰岩山地到处是石头,森林覆盖率不足 2%,全部家当只有"百把镐头百张锨、一辆马车屋漏天",生产生活条件极其艰苦。来自四面八方的林业人发扬"先治坡后治窝,先生产后生活"的创业精神,石缝扎根,百人传水,60 年来一张蓝图绘到底,终于使座座荒山变成了绿山,被林业专家赞叹为"中国北方石灰岩山地模式林分",成为鲁中地区不可或缺的一道生态屏障。

2. 坚持以林为本

1980 年,国家实行事业单位企业化改革,原山林场作为首批试点单位,把只会种树、看树、管树的林业人逼上了市场,原山林场人不等不靠,开始积极探索"以林养林""以副养林"的新路子,将源源不断的资金反哺到生态保护和林业基础建设中。原山人一贯坚持"三三一"工作制,场部机关人员三天办公、三天支援一线建设、一天休息,星期天或节假日全部在一线植树绿化、支援生产;遇到春节、清明节等市民集中祭祀时间,别的单位分福利,原山人分坟头,干部职工每人负责一片,确保人们上坟祭祀中森林防火不出任何问题。

3. 创新造林机制

孙建博同志十分重视造林机制创新。过去,由于原山林场经济条件差,职工人心涣散,森林火灾和侵占林地等现象时有发生。特别是在计划经济思想影响下,植树造林缺乏强有力的机制保证,年年栽树不见林。孙建博上任后,把宜林地分段编号,每人承包一块,包期 3 年,拿出工资的 20% 作为抵押金,验收成活率达到 85% 以上才补发并兑现年底奖金。造林机制活了,调动了职工积极性,造林成活率达到 90% 以上。

4. 加强依法保护

作为全国人大代表,孙建博在长期基层调研的基础上,提出了建立生态检察室的建议。山东省检察院在原山林场建立了省内第一家生态功能检察室。原山林场与检察院、林区派出所、专业防火队一起走村串巷进行宣传教育，"小手拉大手"，切实增强了全民防火的意识，周边侵占国有林地、林木的现象基本绝迹。

1996～2017 年，原山森林覆盖率从 82.39% 增长到 94.4%，活立木蓄积量从 6.8 万立方米增加到 19.7 万立方米，林区内连续 20 年实现零火警，相当于再造了一个新原山。生态原山已经成为淄博的绿色名片，在全国旅游城市、全国文明城市、全国森林城市、全国绿化模范城市、全国生态文明先行示范区等历次创建活动中都发挥了不可替代的作用。

（二）大力提升森林质量，美丽森林成为人民群众生态福祉

改革开放以来，原山林场在加强生态资源保护的基础上，依托得天独厚的生态资源优势，大力发展森林旅游，积极推进国有林场改革。经过 40 年的发展，这家既无名气又无资源的国有小林场，发展成为国家级森林公园、国家级风景名胜区、国家 AAAA 级旅游景区、全国旅游先进集体、全国青年文明号、全国森林文化教育基地……年接待国内外游客 103 万人次，成为淄博旅游的龙头和省内旅游行业的排头兵。

1. 得天独厚的自然原山

原山国家森林公园动植物种类丰富，自然资源得天独厚，山、水、林、泉、洞、谷俱全，按其资源功能特点，涵括壮丽的山岳风景、奇特的天象水文景观和丰富的动植物景观。

原山大陆度为 61.3，属暖温带季风区半湿润气候，雨量丰富，四季分明，温度适中，季风气候明显。春季二月兰、油菜、迎春、连翘、杜鹃等各种山花开满山间，一丛丛，一簇簇，把整个原山装扮得绚丽多彩。夏季山间云雨变幻，雨雾缥缈，如烟似云，浸润了山光，山色空蒙。一阵山风吹过，云已开而雨未住，漫山松柏绿浪起伏，仿佛万斛珍珠倾覆其上，博山新八景之一的"小顶雨雾银珠霰"，即指此处。秋季，林区的黄栌、火炬、山榆和五角枫使整个原山层林尽染，苍劲的松柏点缀其间，呈现"万红丛中一点绿"的美景。冬季山顶气温多在 0℃ 以下，常有雾凇、冰挂等自然奇观。而在山顶背阴面的岩石缝中积雪常年不化，因而自古就有"禹

王积雪阴无日"的说法。

原山，因其核心景区——凤凰山坐落在城郊，有着"淄博市后花园"的美誉。公园生态环境优越，PM2.5 等空气颗粒物含量均达到国家一级标准。每逢盛夏，当城区内酷暑难耐时，景区内绿荫浓绿，空气湿润，漫步景区内，呼吸着富含高浓度负氧离子的空气，使人心旷神怡，是名副其实的"森林氧吧"。

林区内森林资源丰富，满山遍布常年绿（侧柏），早春金黄遍山间（连翘），五月花开白如雪（刺槐），深秋似火红满山（黄栌、苦楝、山榆、火炬等），夏季婷婷似少女（黄荆），秋季红果到处见（酸枣、娃娃拳等）。大自然的恩赐形成一道道壮观的森林景观。

2. 历史厚重的人文原山

原山不仅有着清新宜人的自然风光，而且有着古朴凝重的人文景观，自古以来就是文人墨客流连忘返的地方。清代诗坛领袖、现实主义诗人赵执信著有《原山考》《原山狼》等作品，皆流传至今。

（1）文化底蕴深厚。古老的齐长城是春秋战国时期齐国为了防御楚国和鲁国而修建的。据《史记·齐纪》记载："（齐）宣王（公元前319～前301年）乘山岭筑长城，西起济州，东至海，以备楚。"齐长城途经长清、泰安、历城、莱芜、博山、诸城等县市，起伏绵延618.9千米，是世界上修建年代最早的长城，其遗址于2002年被国务院命名为国家级重点文物保护单位。齐长城遗址在原山境内蜿蜒出没近5千米，依山取势，因险设塞，就地取材，多由青石、黏土堆砌而成，虽然历经2000多年的风雨侵蚀，但主体保存仍相对完整。据《博山县志》记载："自峨岭之脊，东逾秋谷，接荆山，迤逦岳阳山以东，逾淄水，接临朐沂水界之东泰山。""自（峨岭）脊西行，跨凤凰岭达原山、王大岭，出青石关之西，接莱芜山，皆长城岭也。"这里面所提到的"凤凰岭""原山"等地都是今天原山国家森林公园的主要山峰。为了真实地再现春秋风采，后人本着"尊重历史，修旧如旧"的原则，在其原址上恢复了一段，全长680米，建有烽火台、颜门关、藏兵洞……犹如一条巨龙亘贯景区东西。徜徉于高低起伏的山峦丘陵之间，不难想象齐长城当年的巍巍雄姿。

中国四大民间传说之一，孟姜女哭长城的故事流传千古，民间大多认为哭倒的是秦始皇修建的万里长城。而在《左传》中有这样的记载：春秋时，有一个齐国的大夫叫作杞梁，他的妻子叫孟姜。公元前 550 年，齐庄公举兵伐莒，杞梁任先锋战死，庄公使人在城外吊丧，孟姜拒不接受，庄公于是亲自到其家中吊唁。很多资料研究表明，杞梁应当就是万喜良人物的原型，在博山周边的一些村庄中至今流传着"孟姜女千里寻夫送寒衣"的唱腔，曲调凄惨而婉转，由老辈人口口相授流传至今。2006 年，孟姜女哭长城的故事被命名为国家首批非物质文化遗产，并确定故事的发源地就在淄博。

（2）历史古迹众多。原山自古以来就是当地重要的宗教活动场所。宋代的玉皇宫、明代的碧霞元君祠、清代的吕祖庙等众多的庙宇古刹，构成了"淄博市最大的高山古代建筑群"。在玉皇宫殿外墙壁上嵌有宋太祖、宋太宗、宋真宗、宋仁宗的"四帝御押"石碣，具有极高的文物鉴赏价值。"山腰灵阙隐仙家，城郭如烟静不哗。画壁龙文腾紫气，香炉宝影起丹霞。问年但指阶前树，听法唯参镜里花。欲觅蓬瀛何处是，会心咫尺即天涯。"这是清秘书院大学士、一代帝师孙廷铨描写玉皇宫的一首诗，短短 56 个字便把玉皇宫的建筑特色、神秘虔诚的宗教气氛、山中庙宇的景色、四代皇帝的御押，以及对道法的参悟都十分传神地描写了出来。值得一提的是，除了以上介绍的文物古迹，坐落在凤凰山脚下的颜文姜祠，是我国仅存的三座唐代木质结构建筑之一，孝妇颜文姜的故事家喻户晓，崇仁重孝之礼在"华夏孝乡"蔚然成风。

（3）深度挖掘内涵。勤劳、智慧的原山人在有效保护境内自然和人文资源的基础上，依托森林公园这个平台，深入挖掘生态文化资源，在森林湿地资源保护、现代生态文明建设、生态文化产品开发、教育实践活动开展等方面做了大量的工作，先后建起了突出生态文明主题的鸟语林、云步桥、森林乐园、齐鲁文化名人园等近百处景点。森林博物馆、淄博鸟展馆等场馆全部免费对公众开放。国宝大熊猫也首次在淄博落户。

每年举办中国原山生态文化旅游节、红叶节、登山节、健康文化主题游、少儿科普夏令营等活动。北京林业大学、国家林业局管理干部学院、山东农业大学等全国 50 多所大专院校在原山建立了教学实践基地。中国书法家协会、中国散文家协会、中国林业书法家协会、山东省森林文化研究会等先后在原山设立创作基地。

原山不仅吸引着国内外的游客朋友纷至沓来，对于广大淄博市民来讲更是一个幸福和美好的所在。每天爬原山，已经成为生活在这座城市里的人民的一种习惯。茶余饭后，大家三三两两聚在一起，或唱戏吊嗓子，或跳舞练身板，抑或什么也不做，只是在森林中走走看看……人与自然构成了世上最和谐、最美好的画卷。据统计，每天到公园内锻炼的市民逾万人次。

一座山，一座城，城中有山，山在城中。对于淄博市民而言，原山早已超出了"山"的概念，更像是一种精神寄托和心灵慰藉。

（三）建立社会治安防范体系，森林资源得到有效保护

1. 林地管理

长期以来，原山林场按照国家、省、市的有关规定，特别是《中华人民共和国森林法》和《林地管理暂行办法》，切实保护林地，严格林地管理，科学合理地利用林地资源，保障林业发展，改善生态环境，促进社会经济可持续发展。在发展中，如果基础建设项目需要占用林地的，均按照有关规定办理林地占用手续。

2. 采伐限额

根据1984年颁布的《森林法》确定的限额采伐制度，自1986年开始，国家开始编制森林采伐限额，每5年调整一次。30多年来，已进行过7次编限。原山林场严格执行森林采伐限额编制技术规定，每次都按照要求积极提报本单位采伐限额编制基础数据。采伐限额指标下达后，都严格执行，采伐量远远低于采伐限额。

3. 依法护林

林区内发生的毁林行为一般有盗伐林木、采石、挖砂、挖土、垦荒、幼林地放牧拾柴等形式。近年来，毁林行为有了新变化，侵占林地、蚕食林区边缘搞建筑、搞旅游，在林区内刨卖大树苗等不法行为屡有发生，侵害案件的数量也不断增加。由于原山林场1990年进行了林木确权发证工作，2000年进行了森林资源三项调查，2008年配合淄博市博山区进行了变更地籍调查等工作，逐步明确了地邻地籍关系，消除了矛盾和争议。场林

政科、派出所在处理案件过程中有理、有据，及时打击和惩处了不法行为。

2006～2014 年，原山林区派出所的办公地址在森林博物馆 110 室。2014 年 6 月，迁至位于文化广场的新办公楼（在假日宾馆旧址改造），总建筑面积 1200 平方米，共三层，一层为值班室、办案区，二层为办公区，三层为防火一、二队宿舍及会议室，执法护林的办公条件得到了很大改善。2013 年，被公安部评为二级派出所。2013 年 1 月，原山林场被山东省政府森林防火与林业有害生物防控指挥部授予"全省森林防火能力建设达标示范国有林场"称号。

4. 加强各类资源调查

（1）资源连查（即一类调查）。森林资源连续清查是以掌握宏观森林资源现状与动态为目的，以省（自治区、直辖市）为单位，利用固定样地为主进行定期复查的森林资源调查方法。原山林场共设有 2 块固定样地，根据省市林业主管部门的统一部署，每 5 年连续清查一次。截至 2017 年，共组织专业队伍对林场内的固定样地进行了 9 次调查，每次调查样地、样木都能实现复位，上报连查成果全部顺利通过业务主管部门的检查验收。

（2）林木种质资源调查。2011 年 6 月～2013 年 8 月，按照山东省林业厅《关于开展全省林木种质资源调查工作的通知》（鲁林种质字〔2011〕156 号）、《山东省林木种质资源调查工作方案》的要求，原山林场制定了《淄博市原山林场林木种质资源调查工作实施方案》和《淄博市原山林场种质资源补充调查方案》，开展林木种质资源调查工作。

此次调查，共设计调查山地线路 11 条，设置野生林木种质资源样地 9 个，调查珍稀濒危树种 3 处，填写栽培树种调查表 41 份、山地丘陵调查表 47 份、古树名木调查表 25 份，制作标本 300 份，拍摄照片 500 余张。根据调查汇总，野生林木种质资源共 71 科 123 属 226 种，在全场六大营林区都有分布；栽培树种种质资源共 28 科 35 属 41 种，集中分布在凤凰山和石炭坞营林区；古树名木种质资源共 8 科 9 属 9 种，分布在凤凰山、樵岭前、石炭坞营林区。

调查结束后，撰写文章《林木种质资源保护及开发利用对策》被《山东林木种质资源概要》收录。

（3）森林资源规划设计调查（即二类调查）。1983 年 7～12 月，淄博市林业局抽调技术力量组成的国营林场森林经理调查队，在山东省林业勘察设计院的指导下，对淄博市原山林场进行了 Ⅱ 类森林经理调查设计工作。本次调查全场共挖土壤剖面 469 个，设 100 平方米小样园 834 个，调查面积为 125.1 亩，设簇状圆形标准地 527 簇，调查面积为 263.5 亩，方型标准地 61 块，调查面积为 19.6 亩。总计调查面积为 27.35 公顷，占人工林及未成林造林地面积的 1.3%。本次调查原山林场总面积 2705.8 公顷，活立木总蓄积 34113 立方米，森林覆盖率 73.05%。

2000 年 6～10 月，根据上级林业主管部门的统一部署，原山林场抽调部分林业技术骨干组成专业调查规划队伍，开展了森林资源清查等三项调查规划工作。本次调查原山林场总经营面积 2864.5 公顷，活立木总蓄积 99170 立方米，森林覆盖率 85.87%。

2014 年 7 月～2015 年 4 月，根据省市有关通知要求，原山林场抽调技术骨干组成外业调查队伍，开展了森林资源普查工作。此次普查原山林场总经营面积 2935.06 公顷，活立木总蓄积 197443 立方米，森林覆盖率 94.43%。

（4）林地变更调查。2015 年 9～11 月，根据国家、省市文件要求，原山林场在林地"一张图"的基础上，参照《全国林地变更调查技术方案》和《山东省林地年度变更调查操作细则》，通过搜集林地变化资料、遥感判读区划、现场调查核实等途径，开展林地变更调查工作，更新林地"一张图"数据库。本次调查，以林地保护利用规划林地落界数据为基础，对林场的林地范围、林地保护利用状况及林地管理属性等内容进行更新，变更时点截止到 2014 年 12 月 31 日。根据 2015 年度林地变更数据，林场总面积为 2935 公顷，林地面积为 2900.94 公顷，其中有林地面积 2294.68 公顷，疏林地面积 79.61 公顷，灌木林地 470.98 公顷，苗圃地 55.67 公顷；其他用地面积 34.06 公顷。森林覆盖率 94.23%。林场活立木蓄积量为 197098.73 立方米。

2016 年 12 月，根据国家、省有关文件要求，原山林场在 2014 年度林地变更调查结果的基础上，参照《山东省 2016 年度林地年度变更调查技术细则》，通过获取的高分辨率遥感影像资料进行内业判读区划，结合必要的外业现地调查，开展 2016 年度林地变更调查。这次调查以 2014 年度林地变更调查成果为基础，对 2015 年及 2016 年两年内林地利用变化情况进行更新，变更时点截止到 2016 年底。

（5）林木种质资源采集。2015 年 9～12 月，根据省市有关文件要求，原山林场按照《山东省野生树种及重要栽培树种资源信息采集技术规范》，开展林木种质资源采集工作，并于 12 月 10 日将采集种子上交，完成了采集任务。

本次采集种子 41 种，约计 21 余万粒，包括：元宝枫、紫穗槐、臭椿、毛梾、栾树、侧柏、荆条、黄荆、杜仲、枫杨、火炬树、酸枣、苦楝、扁担杆子、白蜡、黄连木、百日红、连翘、国槐、君迁子、山东山楂、山楂、野柿、丁香、杜梨、合欢、海棠、玉兰、蜡梅、海州常山、山荆子、皂角、流苏、黄栌、香椿、银杏、花椒、山茱萸、麻栎、榔榆、刺楸。

5. 科学制定发展规划

（1）荒山造林调查规划。2008 年 3～5 月，根据淄博市林业局的统一部署，林场组建专业调查规划队伍，对全场进行荒山造林调查规划。查清宜林荒山和疏林地的面积及其分布，调查宜林荒山、疏林地等造林地的立地条件。根据"适地适树适林种"的原则，确定造林地规划林种、树种和主要造营林技术措施。

这次调查规划的主要成果有：①淄博市原山林场荒山造林规划方案说明书。②淄博市原山林场荒山造林调查规划统计表。③淄博市原山林场荒山造林现状图、规划图；营林区荒山造林规划。④小班档案簿。

（2）薛家顶度假区规划。2009 年 9 月，原山林场与淄博市规划设计研究院编制《原山国家森林公园薛家顶生态、养生、健身度假区规划》，分为规划说明书和规划图纸两部分，按照《森林公园总体设计规范》，将原山国家森林公园薛家顶（即如月湖）生态、养生、健身度假区划分为八个分区，分别是出入口区、游览游乐区、度假生活区、接待服务区、野营区、农家乐区、农业观光区和滑雪场区。

（3）森林经营方案。2010 年 10 月，根据《森林法》和《森林法实施条例》的有关规定，同时依据《森林经营方案编制与实施纲要（试行）》（林资字〔2006〕227 号）精神，原山林场组织专业技术力量编制《淄博市原山林场 2011~2020 年森林经营方案》。

方案以 2000 年森林资源二类调查区划为基础，通过对区划小班的重新调查，将森林资源数据进行更新，以更新后的森林资源数据作为方案编制的依据。方案由林场基本概况、森林资源、上期森林经营评价、经营方针与目标、森林区划与经营类型组织、森林经营规划设计、非木质资源经营规划、森林保护规划、基础设施建设规划、投资概算与效益分析、保障措施共 11 部分及有关附件组成。

（4）林地保护利用规划。2011 年 6~8 月，根据省市有关通知要求，原山林场成立林地保护规划编制小组，开展林地保护利用规划工作。工作技术标准执行《山东省县级林地保护利用规划编制实施细则》，并参照林场原有小班资料进行规划调查。小组成员共 13 人，分为 3 组对六大营林区进行外业调查。7 月，转入内业工作。8 月底，全面完成林地保护利用规划工作，以林地保护利用规划林地落界数据为基础，对林场的林地范围、林地保护利用状况及林地管理属性等内容进行更新。本次工作配备了各种测量仪器及工具，购买高配置笔记本电脑 2 台、台式机 2 台、MAPGIS 软件 2 套。

调查结果显示，林场总面积为 2867.5 公顷，林地面积 2852.5 公顷。其中，有林地 2464.9 公顷，疏林地 164.3 公顷，灌木林地 190.2 公顷，苗圃地 33.1 公顷，其他用地 15 公顷。森林覆盖率 92.6%。活立木蓄积量为 153353 立方米。

（5）森林公园总体规划。2011 年 12 月，由山东省林业监测规划院、济南新绿豪设计有限公司、山东原山国家森林公园共同编制《山东原山国家森林公园总体规划（2011-2020 年)》。2013 年 10 月 10 日，国家林业局下发林规发〔2013〕166 号文《国家林业局关于四川福宝等 7 个国家森林公园总体规划的批复》，同意《山东原山国家森林公园总体规划（2011-2020 年)》，规划总面积 1705.87 公顷。

（6）森林防火体系建设规划。2011 年 3 月，根据《山东省省级森林防火资金管理办法》（鲁财农〔2004〕45 号）和山东省林业局、省财政厅《关于编报〈山东省 2011-2015 年省级森林防火体系建设规划〉的通知》精神，原山林场组织人员编制《淄博市原山林场 2011-2015 年省级森林防火体系建设规划》。本规划分为 7 个部分，分别是基本情况，森林防火体系建设现状，指导思想、原则和目标，规划方案，投资估算及资金筹措，效益分析，保障措施，并附有《山东省森林防火工程现状统计表》等13 个表格。

（7）贫困林场扶贫规划。2011 年 3 月，根据《山东省国有贫困林场扶贫资金管理暂行办法》（鲁财农〔2005〕58 号）和山东省林业局、省财政厅《关于组织编报〈山东省 2011 – 2015 年国有贫困林场扶贫规划〉的通知》精神，原山林场组织编制了《淄博市原山林场 2011 – 2015 年国有贫困林场扶贫规划》。

（四）强化林区病虫害治理，有害生物连续 20 多年未成灾

原山林场对森林病虫害实行提前预防、群防群控、属地管理、专业除治的办法。由于措施科学、组织有力、责任制落实得当，病虫害防治工作长期处于自然控制阶段。

1. 测报与普查

2006～2016 年，进行了 15 虫 2 病（赤松毛虫、美国白蛾、松阿扁叶蜂、悬铃木方翅网蝽、舞毒蛾、侧柏松毛虫、侧柏毒蛾、侧柏红蜘蛛、大袋蛾、黄连木尺蛾、双条杉天牛、松墨天牛、星天牛、光肩星天牛、花布灯蛾、松材线虫病、松烂皮病）的监测和预测预报。年监测面积 2.08 万公顷。监测情况及时向淄博市林业局森保站、山东省林业厅测报科、国家森防总站测报中心、中国森防网报告。

2014 年 12 月，根据省市有关通知要求，制定原山林场《林业有害生物普查工作实施方案》《林业有害生物普查技术方案》，成立林业有害生物普查工作领导小组，组建有李北镇、张爱斌参加的专业普查队，开展林业有害生物普查工作。

此次普查，设计踏查路线 30 条，设置了普查标准地。根据林场常发性有害生物的发生规律，制定适合本区域情况的调查时间安排。按要求填写踏查记录表、标准地调查表等。重点调查、监测各营林区林业有害生物 20余种，共采集标本 165 种 355 件，制作 133 种，拍摄照片 530 张 159 种。虫情全面调查 8 次，为生产防治提供可靠依据。归纳总结主要林业有害生

物的分布、发生及防治措施，尤其是松阿扁叶蜂的相关情况。择片防治
24.66 公顷，达到有病有虫不成灾的目标。本次普查，在淄博市 7 区 3 县 2
个林场 12 个调查单元中，原山林场综合成绩排名第三。

2. 病虫害除治

原山林场在辖区内进行防治的有害生物和病种包括：美国白蛾、松阿
扁叶蜂、悬铃木方翅网蝽、星天牛、缀叶丛螟、松材线虫病等。

（1）美国白蛾。根据相关信息及有关虫情通报，2008 年 8 月 15 日，
下发原林字〔2008〕44 号文《关于加强森林病虫害防治工作的实施意
见》，制定防治美国白蛾的具体措施。9 月 14 日，在文化广场发现第一个
幼虫网幕。9 月 16 日，下发原林字〔2008〕49 号文《关于立即开展美国
白蛾监测防治工作的通知》，在全场范围内进行虫情调查和除治。2009 年
9 月 30 日，下发原林字〔2009〕36 号文《关于加强美国白蛾除治工作的
通知》。采取的监测方式是：成虫期定点定时悬挂 10 台黑光灯诱集成虫，
幼虫期调查网幕检测发生量与发生期，为生产防控服务。采取的防控措施
是：人工剪除网幕；高大树木树干捆草把诱集老熟幼虫；成虫期悬挂黑光
灯诱杀成虫；对已扩散的幼虫择株生防（1% 苦参碱、灭幼脲 3 号悬浮剂
1000 倍液）。11 月 20 日，林场中心测报点上报《2009 年发生情况及 2010
年的趋势预测》，详细说明美国白蛾发生和除治情况，阐明美国白蛾在原
山的发生情况得到了良好控制，没有发生灾害。2011 年至今，林场范围内
再没有发现美国白蛾。

（2）松阿扁叶蜂。2012 年 6 月 30 日，首次爆发松阿扁叶蜂虫害。
2013 年 6 月 9 日进行飞防，使用机型为 AS350 直升机（俗称：小松鼠），
超低量飞防 5 个架次，防治面积 533.33 公顷，实际作业面积 600 公顷。飞
防采用药剂为仿生物制剂 300 亿孢子/克球孢白僵菌可分散油悬浮剂和
48% 噻虫啉微乳剂（天锉）混合药液，用尿素做沉降剂，均对环境无污
染，对农作物无药害，但对蚕、蜂、鱼、虾有一定的影响。因此，飞防工
作开始前，发布《关于松阿扁叶蜂飞机防治工作的通告》，告知可能受到
飞防作业影响的群众，提前做好防范避让措施，搞好安全保护，未对相关
养殖户造成任何经济损失和社会负面影响。2014 年以后，主要采取密切监
测、注重保护天敌等措施，使其保持自然控制状态，增强生态自我协调能

力，实现有虫不成灾。

（3）悬铃木方翅网蝽。2012 年，在石炭坞和凤凰山两个营林区的悬铃木上轻度发生。2013 年开始防治。防治重点为凤凰山营林区广场、行道树和石炭坞营林区行道树。防治时间为每年的 6 月、8 月、9 月。防治用药剂为 1% 苦参碱加灭幼脲 3 号悬浮剂 1000 倍液常量喷雾。施药机械选取轻便灵活的 160 公升药箱四驱细雾机，喷药高度可达 8 米～10 米，超过 10 米的大树采取加长喷药杆，特别高的几株大树，采取上树喷施。喷药以叶片背面为主。年防治作业面积约 23.34 公顷。通过防治，有效降低了虫口，没有造成危害。

（4）星天牛。2014 年春季，接收周村南郊镇红枫苗圃（4.67 公顷），5 月，调查发现苗圃内星天牛为害严重，约 7000 株 10 年生苗木，危害致死的已有近 700 株，单株最高羽化孔 27 个（光肩星天牛 23 个、星天牛 4 个）。此次防治，一是清理并集中销毁星天牛危害致死木，减少虫源；二是树干基部 50 厘米涂刷 16.5 倍氧乐果（加 7.25 倍敌敌畏及少量机油）水溶液，涂药部位缠地膜杀虫，干基培土利于生根复壮；三是成虫期人工防治（此方法适宜虫口较低的地片），时间是 7 月 10 日～9 月 20 日上午 10 时前下午 4 时后，采取人工振落捉拿成虫；四是成虫期化防，虫口密度过高时，可采取 3% 高效氯氟氰菊酯 1000 倍液常量喷雾防治，最少防治三遍（7 月下旬、8 月中旬、9 月中旬），防治机械使用四驱细雾机。防治重点部位树干、树冠中下部枝条。发现有产卵刻槽后，在药液中加进 2000 倍渗透剂，增加杀卵效果；五是打孔注药，防治时间为成虫期结束后，使用临沂三禾 DK430 打孔注药机，使用药剂 40% 氧乐果 12.5 倍液，干基打 0.8 厘米 45 度斜孔注药；六是对生长势较弱的苗木，采取留干 4.5 米，缩枝一半的措施促壮；七是加强苗圃管理，及时除草、浇水、施肥促壮苗木。

（5）缀叶丛螟。2013～2015 年，在林场凤凰山营林区路边黄栌上零星发生。防治措施为人工剪除缀叶网幕及择株防治。防治用药剂为灭幼脲 3 号悬浮剂 1000 倍液常量喷雾。施药机械为四驱细雾机。

（6）松材线虫病。为防止疫情传入，2010 年 4 月下旬，组织专业队伍对全场松林进行普查。对发现的个别死树，邀请山东省野生动植物保护站高级工程师李东军现场鉴定，排除了松材线虫病的可能。为做好后续防控，向各营林区发放宣传张贴画、松材线虫病防治技术手册等材料，在进入林区的要道路口设立两处检疫检查站，对进入林区的松材制品严格把关。对林区内的死亡松树及时伐除并进行无公害处理，同时，采取措施加强对疫情传播媒介松褐天牛的防治。

（五）调动场内外一切力量防火，连续多年实现零火警

林场立足"预防为主、积极消灭"的方针，经过长期的防火实践，在全国率先探索出"防火就是防人"理念，即防防火的人和防用火的人，有效地保护了森林资源。

2016年3月11日，山东省春季造林绿化暨森林防火工作现场会在淄博召开。副省长赵润田率全省十七地市代表来到原山林场，考察森林防火工作，现场观摩森林防火扑救演练。赵润田对原山专业防火队员过硬的专业技能和灵活高效的团队协作给予高度评价，并表示，原山林场多年来一直坚持"防火就是防人"的理念，并积极推行"大区域防火"战略，对山东省森林资源保护贡献很大，值得进一步学习和推广。

1. 扩大宣传

向群众宣传森林防火的重要性、必要性和森林法规，不断提高人民群众的防火意识，从源头上管好火种，预防和减少火警、火灾的发生。一是每年森林防火期，各营林区在主要路口、道路两旁书写或悬挂醒目的森林防火标语，起到警示作用；二是出动宣传车，在林区边缘村庄巡回宣传有关森林防火的法规和知识；三是在林区附近的村庄张贴森林防火宣传单等材料；四是利用村庄黑板报、宣传栏、高音喇叭等进行多种形式的宣传活动；五是每年在清明节到来之前，举办"争当护林防火宣传员"活动。

2. 积极预防

从历年发生森林火灾的起因看，上坟烧纸排在第一位。由于原山的林区具有布局分散和全开放的特点，管理难度大，火灾隐患控制困难。所以，把林区内坟头和林区外缘作为重点部位，采取不同的措施预防。一是杜绝林区内的乱埋乱葬行为；二是动员搬迁林区内的部分坟头；三是防火期内，安排专人看守坟头较密集的林片；四是清明、除夕等重大节日，实行分坟头到人，安排机关、工副业、旅游业人员死看死守；五是在林区外

围打烧防火线，隔离外来火源。

3. 加强联防

积极推行"大区域防火"战略。一是与博山区森林防火指挥部实行信息、装备、队伍等资源共享，加强跨权属、跨区域森林火灾的联防联治，取得良好的效果；二是将周边的乡镇、行政村纳入原山山脉防火体系，在全国第一个提出"大区域防火"理念，与周边 3 个林业局、9 个镇办和 53 个行政村签订防火责任状，共同建立森林防火联防组织，经常召开联防会议，交流情况，商讨防火措施，特别是加强与偏远林片相邻村庄的联防；三是通过对上争取和自行购买，累计为周边乡镇、行政村免费配备防火物资 2000 多台套。

4. 实施"四网两化"

（1）通信网。先后配备对讲机信号发射台、座式电台、对讲机、移动电话等，强化通信网络。

（2）瞭望网。在营林区设立瞭望台 10 座，防火期设专人进行瞭望，瞭望面积占林区面积的 90% 以上。2002 年 9 月，设立远程防火视频监控系统，监控中心设在凤凰山望海楼，分别在 5 个营林区设 5 个监控点。2012 年 10 月，在全国率先安装"雷达探火"监控系统，监控面积达到全场的 70% 以上，实现一线瞭望、视频监控和雷达探火监控三重保障。2015 年，对监控系统进行扩容改造，将中心监控室改造为大屏幕，改造 4 个前端监控设备，采用目前先进的双光谱（可见光＋热红外）森林防火自动报警一体化前端设备。2016 年，增加 4 个前端监控设备。

（3）隔离带网。2006 年以来，继续坚持打烧防火线。每年秋末冬初，以防火队为主要力量，各营林区配合，沿林区周边与 67 个自然村接壤的防火重点部位打烧防火隔离带 60 多千米。2006～2016 年，新修筑防火路 20 千米。一路两用，既行车又隔火。

（4）信息网。防火人员每天收看当地电视台播报的气象和森林火险等级预报。

（5）专业化。1997 年组建专业防火队以来，队员们长期奋战在第一线，已经成为原山防火不可缺少的重要力量。2001 年以后，又组建防火二队，进一步增强了防火力量，实现了防火队伍专业化。原山专业防火队先后出色地完成林区周边和省内的增援扑火任务 300 多次，被老百姓亲切地称作"春雨"，2006 年被评为"淄博市十大新闻人物"。

（6）现代化。2004 年建成防火物资储备库，并为防火队配备灭火机、灭火弹、防火车、防火专用摩托车等防火装备。

5. 科学调度

一是设立森林防火指挥部，顾问由党委书记兼任，总指挥由场长兼任，副总指挥由两位副场长兼任，实施统一调度。二是设立防火防汛值班室，实行 24 小时值班制度。三是在每年的防火期开始前和结束后，召开森林防火工作会议，总结和部署工作，逐级签订责任书。

6. 督导检查

2006～2015 年，由林区派出所和场督查室进行防火督导检查。

2016 年 2 月 19 日，任命郑良星为安全管委会书记，李华生为安全管委会主任，负责全场安全管理。同日，任命王昱为森林旅游安全质量和场纪执法队队长，与林区派出所和场督查室一起，共同开展安全保障工作。各部门交叉行使职能，采取日常检查和突击巡查的方式，重点加强对防火、旅游、餐饮等人员的纪律督查，落实"防火就是防人"理念，确保林场出台的文件精神得到高效贯彻执行，这成为建设"法治林场"的重要保障之一。

二 经济社会协调发展取得显著成效

改革开放 40 年，特别是党的十八大以来，原山继续保持着迅猛发展的势头，在国有林场改革的关键时期，原山利用自身发展的经验，创新性地走出了一条"一场两制"的路子。林场一班人始终坚持"改革永远在路上"的发展理念，坚持"防火就是防人"的生态保护理念，坚持"群众路线从'双联'做起""法治林场从建章立制做起"的管理理念，在国有林场改革实践中率先实现了"山绿、场活、业兴、林强、人富"的目标。原山的发展，也得到了国家和省、市、区各级领导的一致认可。

2015 年 3 月，《国有林场改革方案》发布后，原山林场立即成立改革发展领导小组，围绕生态保护、产业发展、民生建设等多次召开改革发展领导小组会议，系统谋划改革发展之路。为进一步推广原山改革创新经验，在各级党委政府大力支持下，建成了省内第三处党员干部教育基地——山东原山艰苦创业教育基地。原山坚持创新发展理念，在全面推进国有林场改革的进程中始终走在全国前列，永葆国有林场改革的旗帜地位。

2017 年 5 月 10 日，为进一步激发绿化、林业系统广大干部职工改革发展的工作热情，全国绿化委员会、国家林业局做出了《关于开展向山东省淄博市原山林场学习活动的决定》；2017 年 6 月 9 日，中共淄博市委、淄博市人民政府发出了《关于开展向原山林场学习活动的决定》；2017 年 6 月 14 日，中共博山区委、博山区人民政府发出了《关于深入组织开展向原山林场学习活动的通知》。2017 年 8 月 14 日，山东省委书记刘家义到原山调研，对原山的发展做出了充分的肯定，强调原山林场的改革发展正是对习近平同志"两山"论的生动诠释。2017 年 12 月 14 日，国家林业局局长张建龙到原山视察，对原山林场建场 60 年来所取得的"山绿、场活、业兴、林强、人富"的成就给予高度评价，对原山"一家人一起吃苦、一起干活，一起过日子，一起奔小康，一起为国家做贡献"的一家人理念表示赞同，对原山"一场两制"改革所取得的丰硕成果表示肯定。2013 年初，孙建博同志高票当选第十二届全国人大代表。2018 年初，连选连任第十三届全国人大代表。履职 6 年，就推动国有林场改革和现代林业发展不遗余力地建言献策。

（一）林场经济建设与地方的协调发展

长期以来，原山林场始终坚持政治站位，在思想上、政治上、行动上与党中央保持高度一致，牢牢把握党的大政方针政策，不断把原山融入地方发展大局。党委书记孙建博经常在党委会上强调：原山能有今天，根本在于践行了"绿水青山就是金山银山"的重要思想，根本在于党的统一领导，根本在于始终坚持习近平新时代中国特色社会主义思想，根本在于党管一切的英明决策。改革开放 40 年来，特别是党的十八大以来，淄博市原山林场通过实施资本运作、产业转型升级和内部挖潜改造，在经济下行压力持续加大的大环境下，形成了林业产业、生态旅游、餐饮服务、旅游地产、文化产业齐头并进、互为依存、协调发展的良好局面。

1. 林业产业

党的十八大以来，原山林业产业尤其是绿化产业不断做大做强。2015年，原山绿地花园绿化工程有限公司通过创新运作模式、加强硬件建设、充实队伍力量、提升工程质量，被国家住建部批准为"城市园林绿化一级资质企业"，成为淄博市四家一级资质企业之一。为进一步做大做强绿化产业，在市政府驻地张店设立了绿化公司总部。进一步完善了绿化公司体制机制，把各行各业的优秀代表组建成绿化公司新的领导班子。通过租赁、购买周边村庄的荒山坡地进行造林绿化和科学培育，原山打造了2000亩的淄博林业科技示范园，并建设了集科研、展览、培育苗木等功能为一体的2000平方米的高科技智能温室。

2. 生态旅游

党的十八大以来，原山一班人"坚持高标定位、提振精神、勇于担当、开拓进取"，在经济"新常态"下不断加快5A级旅游景区创建步伐。2013年4月，由淄博市政府主持的原山国家森林公园创建国家5A级景区启动仪式举行，拉开了原山创建淄博首家5A级景区的序幕。2014年10月，原山国家森林公园被国家林业局、中国绿色时报、《森林与人类》杂志授予首批"中国森林氧吧"称号。2015年4月，国家旅游局局长李金早一行到原山调研，对原山国家森林公园对齐长城遗址、北国石海等景点的保护和利用工作给予充分肯定，对原山发展大区域旅游、打造"淄博生态文化游"品牌和争创国家5A级景区提出了宝贵的指导意见。为贯彻李金早局长的指示，原山启动了"淄博生态文化游"活动，联合淄博市A级景区10家，与省内50家重点旅行社签约，向省内17个城市游客赠送"淄博生态文化游"一卡通、"博山旅游一卡通"门票30万张，总价值超过6000万元，一举打破了传统门票经济的藩篱，将陶瓷、琉璃、生态农业、红色文化等淄博独有的旅游文化元素有机地串联起来，集中优势资源创建国家5A级景区。2016年3月1日，淄博市人民政府办公厅印发文件，成立创建原山国家森林公园、周村古商城国家5A级旅游景区工作领导小组。7月，原山国家森林公园创建国家5A级旅游景区提升规划评审会召开，《原山国家森林公园创建国家5A级旅游景区提升规划》通过评审，原山在创建5A级景区的道路上逐步推进。原山的生态旅游发展得到了外界的一致认可。

12 月，原山国家森林公园荣获"全国旅游系统先进集体"荣誉称号。

3. 餐饮服务

党的十八大以来，原山在开发生态旅游的同时，不断完善旅游配套服务设施，通过发挥原山旅游品牌优势，加强与旅游景点的合作，原山旅游实现了从经营景点到经营品牌的跨越，也成功完成了旅游服务业收入由"四三三"向"六三一"的转变，即 60% 住宿餐饮，30% 旅游产品，10% 景区门票。党的十八大以来，原山建成了集商务、会议、演艺于一体的地标性建筑原山大会堂；利用原颜山宾馆闲置资产升级改造成淄博美庐快捷酒店；依托原山艰苦创业教育基地建成了学员公寓（浩林宾馆）。至此，原山旅游饭店管理公司旗下拥有各种档次宾馆 5 个、旅游度假区 2 个、分时度假村 1 个、演艺中心 1 个。淄博原山宾馆通过积极参与政府采购招标的竞投标，连续荣膺党政机关、事业单位会议定点接待酒店。成功接待博山区的党代会、人代会、政协会和国家、省、市重要会议。

4. 旅游地产

党的十八大以来，原山旅游地产经过经验积累和规范运作，与其他产业齐头并进。经过科学运作，多年来的存量土地得到盘活、利用。在传统地产业泡沫危机不断加剧的背景下，原山逆势而为，依托自身得天独厚的旅游资源，在地区打出了旅游地产和分时度假新概念，集旅游、休闲、度假、居住为一体，使旅游业与地产业无缝连接，合作开发了阆苑旅游度假区，御景园等项目。淄博原山金色年华颐养中心、5A 级游客综合接待中心等项目前期工作正在积极向前推进。旅游地产成为原山经济整体发展中新的支柱和增长极。

5. 文化产业

党的十八大以来，原山文化产业发展成果显著，原山文化多年的积淀成就了原山文化产业的迅速发展。原山成立了 4567 了艺术馆、影视制作中心、网络销售中心等。参与了迎接党的十八大献礼影片《完美人生》，孙建博命运三部曲《追寻太阳》《浴火凤凰》《白发亲娘》，歌曲《原山美》《原山一家人》等一大批影视、书籍、曲艺作品的策划、制作。拍摄的微电影《不忘初心》上报参加全国社会主义核心价值观主题微电影征集展示活动。全国国有林场改革纪录片《生态树》开机仪式在原山举行。开通了原山微信公众号，对外宣传原山企业文化，利用"互联网＋"将原山文化产业不断做大做强。

（二）林场经济建设与资源环境的协调发展

生态林是林场的立场之基、发展之本，必须始终不渝地坚持绿色发展、生态保护优先的原则，保护和发展绿水青山。

资源保护方面。原山始终坚持把森林资源保护作为全场重中之重的工作来抓。根据森林防火工作实践，原山在全国创造性地提出了原山山脉"大区域防火"理念。原山与林区周边3个林业局、9个镇办和53个行政村共同签订防火责任状，并连续三年为周边67个自然村配备防火物资2000多台套，牵头帮助他们培训防火队伍，对大区域内的所有火警做到了第一时间发现、第一时间报警、第一时间处置。2015年，支持博山区检察院建立了全省第一家生态环境检查室。2016年，建立了原山山脉大区域防火监控中心，新上了热成像报警系统。2017年，对4处防火瞭望台进行改造，新建雷达探火系统4处。原山防火队经常组织各种实战演练，多次参加林业防火技能竞赛。

资源管理方面。完成了森林资源"二类"调查、全省林业有害生物普查、林地变更调查、第九次森林资源连续清查等。原山森林覆盖率由2012年的92.6%上升至94.4%，活立木蓄积量由2012年的153353立方米，增加到197099立方米。

林业有害生物防治方面。继续保持着"有病有虫不成灾"，对林业有害生物实行提前预防、群防群控、属地管理、专业治除的办法，通过国家级森林病虫害中心测报点，继续加强了对监测对象的监测防控及虫情信息上报等工作，2013年6月，针对松阿扁叶蜂危害情况首次采用直升机喷洒高效低毒药物防治，取得了良好的防治效果。2015年10月，原山国家森林公园被授予首批"中国森林氧吧"称号。

产业发展方面。原山已经形成五大发展板块：林业产业、生态旅游、餐饮服务、旅游地产、文化产业。这些产业均与高能耗、高污染绝缘。这些年来，随着改革开放的不断深入，原山林场周边不少人受经济利益驱使，有的希望合作建矿开采石料，有的希望租赁原山林场的土地建设化工厂，都被原山林场断然拒绝了。

对外合作方面。2014 年，与五台山林业局合作进行场外造林，增大了森林面积，增加了森林资源。

（三）林场经济建设与社区群众、职工民生的协调发展

1. 发展惠及职工，诠释为民不忘初心

改革开放 40 年来，在以孙建博同志为首的领导班子带领下，原山林场不仅逐步归还、消化了所有的内外债，而且让职工吃上饭，过上了好日子。从 1996 年代管第一家困难单位开始，每接收一家困难单位，都面临解决人员安置、偿还债务、理顺关系、盘活资产等诸多难题，林场以实际行动诠释了"责任"二字的深刻内涵。原山在发展经济的同时，几十年如一日的坚持"一切为了职工，发展成果惠及职工"的理念，把来自不同行业、不同层次的 5 个困难事业单位和 1 家企业人员聚合成幸福原山一家人。

（1）民主议事。凡是关系到职工切身利益的改革、发展、福利待遇等重大决策，场党委、场委会都会召开职工代表大会，广泛征求职工意见、建议，让职工参政议政，与原山同甘苦、共荣辱。自 1996 年底至 2016 年，共召开职工代表大会 26 次，审议、通过议案 113 个，其中惠及职工的议案 51 个，涉及职工增长工资的议案 14 个。

（2）整合困难单位。1996 年以来，先后按照组织要求，整合了不同行业、不同层次的 5 家困难事业单位和 1 家企业，累计为近千名职工安置就业、理顺保险，也从根本上解决了职工看病难、就医难的问题，按时缴纳在职职工各项保险，使退休职工能够按时领取退休工资，改善职工生活水平。

（3）提高职工生活待遇。1996 年以来，每年平均两次增加工资，职工的年均收入由 1996 年的 5130 元提高到 2016 年的 56000 元，增长了近十倍。为改善职工居住条件，新建职工住房 28 栋 539 户，团购职工住房 5 栋 179 户，职工人均住宅面积由 1996 年的 16.8 平方米增加到 2016 年的 60 平方米，增加了 43.2 平方米，林场实现了户均两套住房。

2. 坚持"一家人"理念，奔小康路上不让一名职工掉队

近年来，场党委坚持在全场范围内开展"双联"工作。"双联"可以

说是原山坚持"一切为了职工，发展成果惠及职工"理念的延续和升华。充分发挥了党员干部、职工代表、机关人员联系职工群众的作用，以联系职工群众工作作为切入点，积极践行原山"一家人"理念，带领全体原山人共走富裕路，一起奔小康。

改革开放40年，原山旧貌换新颜。如今的原山，彻底摆脱了过去贫穷落后、"要饭林场"的形象，职工们过上了幸福安定的生活，原山实现了小康路上不让一名职工掉队的美好愿景。改革开放40年，原山"一家人"行走在一起吃苦，一起干活，一起过日子，一起奔小康的康庄大道上，原山"一家人"勠力同心，继续前进，为努力实现中国梦、林场梦而不懈努力。

3. 爱心帮扶救助，书写原山大爱无疆

（1）帮扶困难职工。针对疾病、家庭变故、子女上学等造成的特殊困难职工，开展送温暖活动，帮扶困难职工群体。通过走访慰问和爱心救助，帮助困难职工顺利渡过难关。坚持"职工利益无小事"的工作理念，关心职工疾苦，做到婚丧嫁娶、职工生病住院、家庭出现矛盾"三必访"，使职工切实感受到集体的关怀和温暖。

（2）关心职工子女升学、就业问题，解决职工后顾之忧。职工子女上学从小学到高中，如出现困难由场工会出面协调。他们上的都是当地最好的学校。允许子女参加中考、高考的职工放假陪考，每年组织参加高考的职工及子女召开座谈会，赠送书籍、箱包等，勉励他们早日成才，回馈社会。1996～2016年，共184名职工子女考入大学，有的在国家林业局、审计署等重要部门就职，有的大学毕业后自主创业成立了自己的公司。

在社会就业形势严峻的情况下，部分职工子女大学毕业后一直没找到合适的工作，有的在外地漂了几年，工作不稳定，收入不高，单位不能为其缴纳各项保险等。20年来，原山林场先后为120多名职工子女、家属在场办企业办理了就业手续，安排了合适的岗位，职工子女们拿到了博山区最高的工资，场里为其缴纳了五项保险。

（3）关心离退休人员。坚持每年重阳节邀请全场退休职工到场里参观、座谈，发放纪念品，将尊老、爱老、敬老、孝老的传统付之行动。成立了"爱心原山"书屋、原山老年合唱团、老年歌舞团，举办老年书法大赛等系列活动，让退休职工在学习、唱歌、跳舞中充实生活、老有所乐、愉悦身心、安享晚年。

三　经济建设与生产力发展水平得到大幅度提升

（一）经济发展基础条件、森林土地资源等得到根本改变

1996 年以来，经过不断发展，原山林场的基础建设已初具规模。

基础建设投资。20 年前，全场几乎没钱用于基础建设投资。而近年来，基础建设投资规模每年达到 8000 多万元。20 年前，全场自备供水机井 5 口，而现在增加到 9 口；20 年前，全场用电总负荷 665KVA，而现在增加到 6510KVA，用电量 20 年增长了近 9 倍。

宾馆饭店。20 年前，只有玉皇宫大酒店对外营业，建筑面积只有 670 平方米，没有住宿床位。截止到现在，拥有宾馆饭店 5 处，总建筑面积 38273 平方米，床位 675 张，餐位 1300 个，能同时接待 500 人以下的各种规格会议。宾馆饭店总建筑面积 20 年增长了 56 倍。

职工住宅楼。20 年前，全场职工住宅楼只有现在场部老宿舍区的 1~8 号楼，总建筑面积只有 4841.3 平方米。而现在，全场职工住宅楼总建筑面积达到 13.354 万平方米，20 年增长了 26 倍。

景区建设。（1）凤凰山景区。20 年前，凤凰山景区仅有的碧霞元君行宫、齐长城、颜灵塔等 7 处景点全归博山区旅游局管理，没有一处归原山林场管理。而现在，不仅这 7 处景点全部移交原山林场管理，还建设了山东省第一家森林乐园、滑草场、恐龙谷等景点。20 年，凤凰山景区从 0 景点增加景点 20 余处。（2）如月湖湿地公园。20 年前这里还叫石炭坞营林区。那时只有一座 2 层小办公楼、五七干校留下的散落平房、2 个奶牛场和一条途经向阳村通往林区驻地的砂石道路。而现在，如月湖湿地公园已拥有山东原山艰苦创业教育基地，以及大熊猫馆等动物互动区、峡谷漂流等游乐设施；新建了经过和平村通往公园的宽阔道路，正在建设如月湖景区大门。20 年，原来的石炭坞营林区已经旧貌换新颜。

（二）科技成为森林资源培育、管护的主导力量

长期以来，原山林场坚持走生态优先、产业支撑、文化引领的科学发

展之路，在有效保护森林资源的前提下，大力开展名优树种繁育和城市绿化美化，不断做大做强林业产业。

2014 年 9 月 26 日，由北京林业大学支持建设的"中国北方种苗花卉研发中心"、原山与中国林业科学院合作建设的"淄博院士工作站"相继在原山林场石炭坞营林区成功揭牌，成为先进国有林场（林业企业集团）与国家林业最高科研单位优势互补、强强联合的又一成功样板。

作为全国林业战线的一面旗帜，近年来，原山在国有林场改革、林业产业发展等诸多方面始终引领着我国现代林业发展的方向。从 2013 年 9 月，"中国北方种苗花卉研发中心"项目成功签约，到研发中心、院士工作站顺利落成、揭牌，短短 1 年时间，原山人又一次用实际行动诠释了原山速度、原山精神的真切内涵。同时，随着两个项目的揭牌、科技元素的注入，原山又树立了规模发展与高端科研完美结合的典范，为原山产业大发展打造了新的引擎。

随着中国北方种苗花卉研发中心、淄博院士工作站的建立，一大批林业顶尖专家陆续在原山落户，不仅有利于原山集团的森林经营、林业科技创新，还将进一步推动淄博林业产业做大做强、转型升级，在科学建设、人才培养、学术交流等方面开展有益的探索和实践，促进科技成果的孵化和转化，为淄博乃至全省的生态林业建设提供有力支撑。

林场党委书记孙建博说："建设现代林场，绝不是像以往那样搞简单、粗放的产品开发，而是通过科技力量的支撑，大力发展高端产业、稀有产业，这样才能不断增强林场核心竞争力。"在《2018－2020 三年奋斗目标规划纲要》中，林业科研人员的引进、林业技术的研发、林业高端产业的发展以红头文件的形式得以明确。

通过科技的引领，原山各产业形成了强大的聚合效应。林业产业、生态旅游、文化产业、餐饮服务、旅游地产等其他板块也都不断拓展、稳步推进。

（三）职工队伍的知识素养和技能成为生产力水平提高的关键

1. 人才招录

人才是事业永续发展的基石。原山林场十分重视各类人才的培养，每年通过淄博市人社局公开招考录用大中专毕业生。1997～2016 年，共招收中专以上学历人员 239 人，其中研究生 4 人，占比 1.7%；本科 59 人，占比 24.7%；大专 119 人，占比 49.8%；中专 57 人，占比 23.8%。涉及林学、园林、财会、经济、信息技术、计算机、文秘等 20 几个专业，为林场的持续健康发展储备了人才。

为充实护林防火队伍后备力量，分别于 2010 年 12 月、2013 年 10 月面向社会公开招聘 35 名护林员，接收安置 8 名退伍士官，在一定程度上优化了防火队伍的年龄结构。

2. 队伍培养

每年举办全场集中学习班 2 次以上，通过党性教育、市场营销、企业管理、服务技能等方面的培训，对职工进行教育和引导。组织岗位技能比赛、技术大练兵、外出考察学习等活动，培养一专多能的职工队伍。

3. 考核任免

2006～2016 年，按照上级主管部门的要求，每年对在职在编人员进行思想工作考核，其中优秀 617 人次，合格 3143 人次。同时，对人事任免推荐、考察、谈话、文件起草等工作，严格按照国家的有关规定和程序办理。

对所属经营单位按照"安全生产、按时足额发放职工工资、按时上缴利润"三项考核指标进行考核，根据考核结果确定奖惩。

4. 人员聘用

按照《事业单位人事管理条例》的相关规定及程序，实现用人关系由身份管理向岗位管理转变，由行政管理向合同管理、契约管理转变，逐步形成职务能上能下、待遇能高能低、人员能进能出、内部活力较强的人事管理制度。从 2007 年 7 月开始，与全体在职在编人员签订事业单位工作人员聘用合同，三年一签。

5. 职称评审

2006～2016 年，共有 54 名专业技术人员通过职称评审，晋升为助理级工程师，聘任中、高级工程师共 10 人。

6. 人事制度改革

每年为全场事业单位工作人员办理晋升薪级、职务变动等正常工资业务。

2013 年 9 月，按照市属事业单位清理规范津贴补贴与调整津贴补贴等工作要求，报送相关清理核查材料，完成在职人员、离退休人员的津贴补贴调整工作。

2014 年 10 月，根据国家、省、市事业单位人事制度改革的相关政策，按市人社局相关要求报送审批增资材料，完成事业单位工作人员基本工资标准、离退休人员退休费调整工作。

2016 年 9 月，根据鲁人社发〔2016〕33 号文件精神，按照市人社局相关要求，自 2016 年 1 月 1 日起，调整事业单位退休人员基本养老金。

2016 年 11 月，根据国办发〔2016〕62 号文件精神，按照市人社局相关要求，自 2016 年 7 月 1 日起，调整事业单位工作人员基本工资标准。

7. 党员发展

原山林场党委严格按照程序，进行党员发展工作。截至 2016 年 12 月，原山林场有党员 182 名。2007~2016 年，共发展党员 43 名，其中，2007年 4 名，2008 年 4 名，2009 年 5 名，2010 年 5 名，2011 年 5 名，2012 年 5名，2013 年 6 名，2014 年 4 名，2015 年 5 名，2016 年 6 名。

8. 教育培训

党校学习。从 2008 年 10 月起，高玉红、王延成、李薇、孙建博、吴卫东、花健、张宏伟、郑良星、徐立刚、阚兴慧共 10 人，先后进入中国共产党国家林业局党校，参加为期 3 个月的党校学习。

场外培训。据不完全统计，仅 2009~2015 年，原山林场干部职工就参加党性培养、旅游管理、资源调查、科学管理等各级场外培训 400 多人次，组织开展党员干部培训、森林防火技能、礼仪接待服务等各类场内培训5000 多人次。

9. 专题活动

（1）作风效能建设。2007 年 4~10 月，围绕"认真专业务实"主题，组织各单位、科室开展作风效能建设活动，进行岗位练兵、技能比武，锻炼党员干部的工作能力。通过征求意见和自我剖析，对存在的问题整改落实。

（2）学习科学发展观。2008 年 10 月，围绕"一个目标、做好四项工作、实施五大工程、建设和谐林场"，开展深入学习科学发展观活动。各单位、科室共写出调研报告9篇，收集"金点子"10余条。建立为民办实事台账，为民办实事5件。

（3）创先争优。从2010年6月起，开展创先争优活动。设立创先争优党员活动室，在原山网站开通创先争优和党务公开专栏，制定《党员五星级管理办法》《党员五星级管理实施细则》，按照"荣誉定星、群众议星、违纪摘星"的考核机制，对全场党员实行动态管理。

（4）廉政风险防范管理。2010年，开展廉政风险防范管理工作。按照"标本兼治、综合治理、惩防并举、注重预防"的要求，对党员干部和职工进行不同形式的廉政预防教育和防控，查找出思想道德、岗位职责、制度机制、业务流程4大类的风险点43个。

（5）党务公开。2011年4月12日，召开党务公开工作动员大会。下发《中共淄博市原山林场委员会党务公开工作实施方案》，成立党务公开工作领导小组，除依照法律法规需要保密的事项外，要求能公开的全部公开，增加党建工作和党内事务的透明度。

（6）党的群众路线教育实践。2013年7月15日，结合中央开展党的群众路线教育实践活动"照镜子、正衣冠、洗洗澡、治治病"的总要求，贯彻党的十八大精神，下发《关于成立批评与自我批评工作领导小组的通知》，开始组织开展党的群众路线教育实践活动。2013年12月13日，下发《关于建立批评与自我批评长效机制的决定》。2014年3月31日至9月，制定《原山林场领导班子深入开展党的群众路线教育实践活动实施方案》。活动分为学习教育、听取意见，查摆问题、开展批评，整改落实、建章立制三个阶段。

（7）"三严三实"教育。2015年6月3日，根据上级工作部署和要求，制订《原山林场"三严三实"专题教育工作方案》，召开党委扩大会议，每位党委委员都作"三严三实"专题教育学习报告，党委书记孙建博逐一进行点评。6月21日，下发《关于在各支部开展"三严三实"专题教育活动的通知》，各支部委员按照党委委员的报告模式，找出自身存在的不严不实问题，由支部书记进行点评。10月，组织全场党员干部开展"解放思想 艰苦创业"大讨论活动。以党支部为单位，组织在岗党员进行学习，以强化"三种意识"、做到"四破四立"、实现"五个新发展"为主旨，围绕"三个林场"建设及全场总体任务目标，探索改革发展中解放思想的方法，继续发扬艰苦创业精神。全场6个党支部90多名在岗党员参加活动，顺利完成了"动员学习、对照查摆、总结提升"三个阶段的任务。

（8）"两学一做"学习教育。2016年4月29日，召开全场"两学一做"学习教育动员大会，制定《实施方案》，对活动进行部署。印发学习专刊16期，出版《原山旅游报》特刊1期，在原山微信平台开设专栏。先后推出身边的优秀共产党员（党支部）12个，在全体党员中开展对照《党章》查摆问题，举办"'两学一做'我先行"手抄党章硬笔书法比赛，通过"四对照四争当"，实现"三个结合"。组织开展"最美原山人"评选活动，以微信投票形式发动职工进行民主评选，并在建党95周年庆祝大会上进行表彰。组织开展"两学一做"学习教育知识竞赛活动，既加深了党员对党章党规、习近平总书记系列重要讲话精神的理解和认识，也进一步坚定了党员的理想信念，加强了党员的学习意识和自觉意识。组织开展"向自以为是宣战"活动，全场每位党员查摆自身存在的"自以为是"现象，并在各支部中进行评议。

四　林场治理体系建设取得重大进展

（一）建章立制与管理制度日臻完善是建设现代化林场的坚实基础

建成现代化国有林场，首先要实现治理能力现代化。提高治理能力，管理制度先行。原山林场十分重视建章立制，强化内部管理体系建设，强调"法治林场从建章立制做起"。1999年1月，在林场系列管理制度的基础上重新修订、颁布了《管理制度汇编》。根据形势发展变化及新的管理要求，场党委、场委会研究，又于2006年1月、2014年11月组织进行过2次大的修订，管理制度条文也由原来的59项增加到745项。自《管理制度汇编》颁布以来，对推进林场各项管理的科学化、规范化、制度化、程序化，实行依法治场、依制度治场发挥了积极作用。

按照《淄博市原山林场第十三个五年规划纲要》提出的提前三年建成道德林场、法治林场、小康林场（简称"三个林场"），永葆全国国有林场改革发展旗帜地位的目标定位。经过达标验收，"三个林场"目标于 2017 年底初步实现。

迈向中国特色社会主义新时代，原山林场又于 2018 年 1 月编制了《淄博市原山林场（淄博原山集团）2018－2020 三年奋斗目标规划》，提出在 2017 年原山林场（原山集团）初步建成"道德林场、法治林场、小康林场"的基础上，到 2020 年，初步建成"森林保护优先、产业发展充分、基础设施完备、文化底蕴丰厚、治理科学高效、职工生活富裕、林场和谐美丽、全面从严治党"的社会主义现代化国有林场，继续走在全国国有林场改革发展前列。

按照这一思想，原山林场组织修订了 2018 年版的《管理制度汇编》。以 2014 年版《管理制度汇编》的篇章结构为基础，充分体现习近平治国理政新理念新思想新战略，充分对接十八大以来我国出台的法规政策和党内法规制度，充分考虑淄博市原山林场产业布局和实现高质量发展的方向，充分吸纳近几年来其在管理制度创新方面的最新成果，通过对 2014 年版《管理制度汇编》进行改、增、删编制而成。2018 年版《管理制度汇编》分为上下两卷，共 78 章，涵盖了党务和群团制度、行政事务管理制度、人事管理制度、财务审计制度、林业建设制度（含自然保护区管理制度）、餐饮及工副业管理制度、绿化产业管理制度、旅游业管理制度、房地产和物业管理制度、文化产业制度、工程建设类制度、森林防火和安全生产、法律合同管理制度十二大方面，涉及管理制度 941 项。2018 年版《管理制度汇编》符合新时代形势变化、符合原山事业发展实际、符合原山文化传承要求。

（二）内设机构科学合理与岗位职责具体明确是现代化林场发展的必然要求

十年树木，百年树人。作为一家 1957 年建场的国有单位。长期以来，原山林场在推进艰苦创业、深化改革、科学发展的进程中，始终坚持把加强职工思想政治教育作为一项重中之重的工作来抓，全场上下形成了党政工团齐抓共管的干事创业的良好局面，凝聚人心、提升素质，建立起以"守法、诚信、奉献、创新"为核心的价值观，着力建树"爱心原山"道德实践品牌，不仅使一家负债 4009 万元、职工 13 个月发不出工资的"要饭林场"发展成为全国林业战线的一面旗帜，并且把来自不同行业、不同层次的 5 个困难事业单位和 1 家企业人员聚合成"一起吃苦，一起干活，一起过日子，一起奔小康，一起为国家做贡献"的幸福原山一家人。

1. 党务方面

2004 年 12 月 28 日，淄林发〔2004〕32 号文通知，经市委组织部批准，将中国共产党淄博市原山林场总支委员会改建为中国共产党淄博市原山林场委员会。截至 2017 年 12 月，场党委设立原山集团党总支和林业、副业、良庄、旅游、绿化、餐饮、新区、老年等 10 个党支部，共有党员 186 名。按照《党章》和"两学一做"学习教育要求，场党委、集团党总支和党支部定期召开党员大会，进行换届。场党委设书记、副书记和纪委书记各 1 名，并建立了专门的党委办公室、老干科等常设机构，具体负责日常党务管理。

2. 场务方面

原山林场场委会由场长、副场长组成。

（1）管理科室。1998 年 2 月 19 日，淄博市机构编制委员会淄机编〔1998〕8 号文件批复，同意淄博市原山林场内设办公室、政工科、计财科、生产技术科、总务科、经营科、森保站、派出所、林政科、森林公园旅游管理处共 10 个场部科室。

（2）林业单位。营林区设立于 1958 年 4 月，曾冠名分区，负责人为队长、副队长。后改为工区、营林区，负责人为主任、副主任。

（3）生态产业。设立了淄博原山绿地花园绿化工程有限公司、淄博博林园林绿化有限公司、博山金牌房地产开发有限公司等。

（4）驻外办事处。先后在北京、济南、滨州、东营等地设立了办事处。

（5）旅游服务单位。设立了原山饭店管理公司（原山餐饮服务公司）、原山旅游宾馆（贵宾楼）、原山生态园宾馆、原山假日宾馆、原山大厦、配送中心、原山旅行社。

（三）党的领导和党的建设是林场治理能力现代化的根本保障

建场 60 年来，特别是党的十八大以来，原山人始终坚定一个信念："千难万难，相信党、依靠党就不难"。没有党的好政策、没有组织的信任和帮助，就不会有林场改革发展的好局面，就不会有原山人今天山绿、场活、业兴、人富的幸福生活。原山林场党委坚决贯彻落实党的各项决策部署，深入推进党的建设，不断增强全场党员的政治意识、大局意识、核心意识和看齐意识，旗帜鲜明地提出了"不作为、慢作为就是不担当，就要追其责"，并重点把抓好党建工作作为各项工作的突破口，在全场形成了"有困难找支部，怎么干看党员"的良好氛围。

原山林场在艰苦创业、推进改革的进程中，始终以党建文化作为林场文化的核心，以发挥共产党员的先锋模范作用和基层党组织的战斗堡垒作用为基点，用朴实的语言教育党员干部牢记"千难万难，相信党、依靠党就不难""作为一名共产党员，对党最好的报答就是让职工过上更好的日子，让社会更加和谐稳定"，原山要想走出困境、获得发展，关键在党，全场 186 名党员人人都应当是旗帜和标杆。一是在全场党员中实行"五星级管理"，"荣誉定星、群众议星、违纪摘星"，使干部群众学有榜样，赶有目标，争有标杆。把工作重心放在落实"坚持三个不能、做到三个带头、坚守五条底线"总体要求上来。二是通过实施"五大工程"，着力打造过硬党支部，切实达到领导班子过硬、党员队伍过硬、党内生活过硬、基础保障过硬、功能发挥过硬，重点打造机关支部、新区支部、林业支部，在 10 个支部中以点带面，以新思维、新动能、新作为，积极开创全场工作的新局面。三是坚持党性体检常态化，全场党员每季度进行一次党性体检。站在原山党性体检馆里，对照党章、党规、党纪和习近平总书记系列重要讲话，全场 186 名党员都把自己摆进去，一项一项进行对照检查，发现"病情"，找准"病根"，切实达到"有什么问题解决什么问题，什么问题突出重点解决什么问题"，努力打造一支"四讲四有"的党员队伍。

通过全场党员的战斗堡垒作用，凝聚起原山干事创业的强大动力。不仅使原山逐渐走出困境，而且按照组织的要求，先后接管、代管了淄博市园艺场、市实验苗圃、林业培训中心和市委接待处颜山宾馆 4 家困难事业单位，使下岗职工得到了妥善安置。近年来，原山先后获得"全国创先争优先进基层党组织""全国五一劳动奖状""全国青年文明号""全国旅游先进集体""全国扶残助残先进集体""全国十佳国有林场"等荣誉称号。

在突出抓好党建工作的同时，原山始终注重工会、团委等基层组织建设，在干事创业、改革发展的过程中形成了党、政、工、团齐抓共管的良好局面。近年来，原山充分借鉴市人大"双联"工作典型经验，创造性地提出了企业"双联"工作思路，建立党员干部联系职工的"双联"网络，每一名党员联系 5～10 个普通职工家庭，全场 186 名党员架起了 1000 多个家庭的彩虹桥。"有困难找'双联'"，职工有任何问题和困难都不过夜。全场上下"党员干部为事业干、为职工干"的良好氛围成为职工向心力、凝聚力的力量源泉。

五 原山品牌享誉全国

（一）林业英雄孙建博是原山品牌的引路人和造就者

1. 主要成就及影响

作为一名Ⅰ级甲等残疾人，腿脚的不便，并未妨碍孙建博同志在思想领域攀登的高度、在实践上推进的深度。孙建博同志在平凡的岗位上取得了辉煌的成绩，是林业战线优秀基层干部的杰出典范，是建设生态文明、美丽中国的楷模和标兵，展示了当代务林人的高尚情操和昂扬斗志。

他所创造的"林场保生态、集团创效益、公园创品牌"的"一场两制"改革模式，为推动我国 4855 家国有林场的改革发展提供了鲜活、有说服力、有学习借鉴价值的现实样本，为进一步破解我国国有林场发展困局，实现山绿、场活、业兴、人富、林强提供了宝贵的经验。

2005 年 9 月，原山改革创新的经验得到了时任国务院总理温家宝的重要批示：山东原山林场的改革值得重视，国家林业局可派人调查研究，总结经验，供其他国有林场改革所借鉴。

2014 年 3 月，中共山东省委党的群众路线教育实践活动领导小组确定焦裕禄、孔繁森、孙建博等 10 个新、老先进典型，在第二批教育实践活动中进行重点宣传，为全省干部树立一面反"四风"的镜子。

2017 年，全国绿化委员会、国家林业局，山东省林业厅，淄博市委、市政府相继下发向原山学习的决定，并在国家林业局举办了"学习原山精神，做合格林业干部"的主题联学活动，充分发挥原山典型经验的引领作用和原山时代精神的鼓舞作用。

2017 年 8 月，山东省委书记刘家义在原山调研后强调，原山林场的改革发展正是对习近平同志"两山"论的生动诠释。孙建博同志具有坚定的信念、坚强的决心和顽强的意志，这就是共产党员钢铁般的意志，是山东人民奋斗精神和坚强意志的体现。

2017 年 12 月，国家林业局局长张建龙到原山林场调研时指出，原山林场和塞罕坝林场一样，是我国国有林场的先进典型。

2018 年 1 月，人力资源和社会保障部、全国绿化委员会、国家林业局授予孙建博同志"林业英雄"称号，成为继马永顺、余锦柱之后，共和国历史上第三位"林业英雄"。

2. 主要事迹

孙建博，男，1959 年 10 月出生，山东昌乐人，汉族，中共党员，研究生学历，高级工程师，现任山东省淄博市原山林场党委书记，第十二届、十三届全国人大代表。

孙建博同志幼年因病致残，1981 年参加工作，1986 年调入原山林场，1996 年被任命为原山林场场长，2005 年担任原山林场党委书记。上任之初，整个林场负债 4009 万元，职工 13 个月不发工资。凭着"千难万难，相信党、依靠党就不难"的执着信念，孙建博同志团结带领原山林场千名职工大胆改革，艰苦奋斗，勇于开拓，一举甩掉了"要饭林场"的帽子，使原山林场发展成为森林覆盖率达到 94.4%，活立木蓄积量 19.7 万立方米，集林业产业、生态旅游、文化产业等多产业并举的新型林场，在全国率先走出了一条保护和培育森林资源、实施林业产业化发展的新路，实现了从荒山秃岭到绿水青山再到金山银山的美丽嬗变，成为全国林业系统的一面旗帜和国有林场改革发展的典范。为推动我国国有林场的改革发展提供了鲜活、有说服力、有学习借鉴价值的现实样本，为进一步破解我国国有林场发展困局，实现山绿、场活、人富、林强提供了宝贵的经验。

2005 年 9 月，时任国务院副总理回良玉亲自视察原山，对原山发展给予充分肯定。孙建博先后获得"全国优秀党务工作者""全国五一劳动奖章""全国自强模范""全国道德模范提名奖""全国国土绿化突出贡献人物""全国林业系统先进工作者""中国十大国有林场管理奖""山东省百位英模人物"等荣誉称号，受到了江泽民、胡锦涛、习近平等党和国家领导人的亲切接见。2011 年 1 月，孙建博同志被中宣部确定为全国重大典型"时代先锋"，新华社、人民日报、中央电视台、中央人民广播电台等主要媒体对其先进事迹进行重点报道，在社会上引起强烈反响。2017 年 8 月 14日，山东省委书记刘家义同志到原山调研，强调原山林场的改革发展正是对习近平同志"两山"论的生动诠释。原山发展到今天，就是靠原山人——特别是孙建博同志坚定的理想信念、坚强的决心、顽强的意志。

（1）对党忠诚，勇于担当，打造"两山"论成功样板

对党忠诚是加强政治意识、大局意识、核心意识和看齐意识的前提，勇于担当是立党为公、执政为民、爱岗敬业、做好工作的前提。面对发展中的各种实际困难和突出矛盾，孙建博同林场党委一班人始终坚信："千难万难，相信党、依靠党就不难"。孙建博在全场职工大会上发誓："我孙建博从今以后豁上这条命和大家伙一块干了，为了咱原山人过上好日子，就是累死在工作岗位上我也心甘情愿！"

孙建博同志上任的第一天就是到市里去接访。当时，他租了两辆大客车赶到张店，园艺场的 100 多名职工已经在市里待了一夜，孙建博让人买来了两簸箩热气腾腾的大包子，招呼大家先上车吃饭，让大家一边吃饭一边反映自己的诉求，最终带着大伙儿回到了园艺场。临近年关，身为一场之长，孙建博考虑的头等大事就是如何帮助职工度过年关。他硬着头皮到博山区粮食局，找到当年在民政局时的一位老同事，以个人的名义，赊了200 多桶花生油，200 多袋面粉，带着场领导起早贪黑为职工分发粮油。对年龄大行走不便的老同志，孙建博就与同志们挨家挨户地送过去。漫天大雪盖住了地面，本就崎岖不平的山路变得更加难走，他硬是坚持把关怀送到了每一位职工的家中。

（2）生态优先，科学管理，有效保护和培育森林资源

"森林是我们的立场之本，也是我们的发展之本，保护好这片生态林是我们对全市人民的保证。"孙建博同志坚持把生态保护作为立场之本，

狠抓植树造林、抚育管理、护林防火和森林病虫害防治等工作，积极保护和发展森林资源，林场的生态效益得到有效释放。

孙建博同志十分重视生态建设。孙建博上任后创新造林机制，创造性地提出了"三三一"工作制，场部机关人员三天办公、三天支援一线建设、一天休息，星期天或节假日全部在一线植树绿化、支援生产。孙建博同志十分重视森林防火工作。通过大力发展林业产业，采取集团购买林场服务的办法，以林养林，以副养林，每年在人员、物资、道路等防火基础建设方面投入 1000 万元。上任之初，林场周边坟头林立，每年都要发生几十起森林火警、火灾。为了更好地保护生态资源，原山在全省成立了第一支专业扑火队，投资 200 多万元，建成防火物资储备库，新建了 8 处瞭望台，配备了风力灭火机、对讲机，建成了山东省第一支防火专用摩托车队。建起护林防火微波图像监控通信指挥系统，对林区的森林防火和林区治安进行动态监控，实现了森林防火报警系统的现代化。为有效地控制火源，建起长青林公墓，将林区内散落的 2000 多座坟头迁入长青林，消除了林区内因上坟烧纸造成的火灾隐患，最大限度地保护了森林生态资源安全。2014 年在全国率先提出了"大区域防火"理念，对大区域内的所有火警做到了"早发现、早报警、早处置"。原山林区内连续 20 年没有森林火灾。这一做法得到了国家林业局的肯定，全国大区域防火试点、国家森林防火指挥部专家组会议相继在原山举行。

（3）深化改革，情系职工，创造林场事业春天

实践证明，只有改革才能发展，只有改革才能进步。孙建博同志上任之初，原山林场已是职工 3 个月不发工资、外欠债务 2000 多万元。此时上级部门又将园艺场划归原山林场管理，两个"老大难"外欠债务高达 4009 万元。126 个债主轮流上门讨债，有的职工交不起水电费，只好在电灯泡下点蜡烛，有的甚至靠卖血供孩子上学，职工集体上访时有发生。

孙建博没有被困难吓倒，而是在艰难中创业，在困境中求生，积极解放思想，改革创新。他创造性地实行"一场两制"、事企分开，坚持林场、集团互补，探索闯出了一条林场保生态、集团创效益、公园创品牌的科学发展之路，制定了在职职工岗位责任制工资分配办法；推行职工竞争上岗制度；打破干部终身制，实行能者上、平者让、庸者下；绩效同岗位挂

钩，不干不行，干不好不行。一系列的改革措施，攻坚克难，化解矛盾，突破难题，为原山林场的发展增添了强劲动力和蓬勃活力，职工收入和生活水平逐年提高，干事创业的积极性被最大限度地激发出来。

每天早晨 7 点，孙建博准时出现在办公室里，而每天下班最晚的也往往是他，常常是伴着万家灯火往家赶，这个工作习惯他坚持了整整 20 年。如此算来，他 20 年干了别人 30 年的活。

为了更好地弘扬艰苦创业精神，让更多的党员干部受教育，2016 年 7 月 1 日，由山东省委组织部、淄博市委市政府主办的"弘扬原山艰苦创业精神 凝神聚力推动绿色发展"座谈会在原山举行，山东原山艰苦创业纪念馆成为全国第一家系统展现国有林场艰苦创业、改革发展、敬业奉献的大型展馆。"国家林业局党员干部教育基地""国家林业局党校现场教学基地"相继在这里揭牌。

2017 年以来，全国绿化委、国家林业局，山东省林业厅，淄博市委、市政府，博山区委、区政府相继下发决定，并在国家林业局举办"学习原山精神 做合格林业干部"主题联学活动，充分发挥原山典型经验的引领作用和原山时代精神的鼓舞作用，深入推进"两学一做"学习教育常态化、制度化，进一步激发广大党员干部群众干事创业的内生动力。10 月 13 日，山东省林业厅党组下发《关于认真贯彻落实刘家义同志重要讲话 深入学习原山林场艰苦创业精神的通知》，要求全省各级林业部门要把贯彻落实刘家义同志重要讲话，深入学习原山林场艰苦创业精神，把加快推动全省林业改革发展作为当前林业工作的重要任务。

（二）长期艰苦奋斗形成的原山精神是原山品牌的支柱和灵魂

艰苦创业不是哪一个时代的产物，而是成就任何事业、任何时代都不可缺少的精神动力，尤其是作为共产党人，更要始终保持艰苦创业、艰苦奋斗的优良传统。2013 年 5 月，习近平总书记在"五四"讲话中强调，我们距离实现中华民族伟大复兴的目标越近，就越需要锲而不舍、驰而不息的艰苦奋斗。原山建场 60 年，特别是自党的十八大以来全面深化改革的具体实践表明，没有艰苦创业的精神支撑，原山林场不可能克服改革发展过程中的各种困难和问题，不可能凝聚起各项事业不断向前发展的强大动力。艰苦创业，在 1957 年建场、到处荒山秃岭的年代需要发扬，在 1996 年事业发展陷入停顿、职工 13 个月发不出工资的改革困境时期需要发扬，在贯彻落实五大发展理念，提前 3 年建成"道德林场、法治林场、小康林场"目标时期需要发扬，在全面贯彻落实习近平新时代中国特色社会主义思想、在全国林业系统率先基本实现现代化的今天更需要发扬。

实践证明，只有解放思想、改革发展，才能创新、创造性地破解前进道路上的一切难题；只有坚持艰苦创业、自强不息，才能不断凝聚起干事创业的强大动力，确保原山的事业始终走在前列。

（四）原山品牌在中国特色社会主义新时代具有巨大感召力和影响力

长期以来，在全国"林业英雄"孙建博的带领下，原山林场通过苦干、实干，不仅在鲁中淄博将荒山秃岭变成了绿水青山和金山银山，而且在长期干事创业过程中逐步形成了具有时代特色的原山精神：对党忠诚、勇于担当的政治品格，珍爱自然、和谐共生的生态理念，廉洁勤勉、奉献人民的职业操守，不忘初心、艰苦奋斗的优良作风。在原山精神的鼓舞和感召下，原山一班人为淄博、为国家创造了一片宝贵的绿水青山，为社会创造了更为宝贵的精神财富。

今天的原山已经成为全国林业战线的一面旗帜和国有林场改革的现实样板，孙建博同志也成为共和国第三位"林业英雄"、全国务林人的楷模和标兵。原山各项工作在取得巨大成就的同时，也为全国生态文明和国有林场改革做出了巨大贡献。长期以来，原山人不仅创造了原山旅游、原山绿化、原山餐饮等具象的品牌，成为山东省著名商标，更主要的是在干事创业的过程中创造了原山人和原山精神，这是在社会上响当当、硬邦邦的金字招牌。

1. 原山精神的教育作用

原山精神深深地影响了全国几代国有林场的务林人，他们学习和借鉴原山精神，以林为本，艰苦奋斗，砥砺前行，为国家保护生态、发展产业、改善职工民生。原山精神的力量是最难能可贵的，具有教育、感化、引领作用。

2. 原山成就的鼓舞作用

全国 4855 家国有林场，大多同原山一样，是在新中国成立初期建立起来的，面对荒山秃岭依靠艰苦奋斗绿化荒山。进入 20 世纪八九十年代，由于机制、体制的变化，全国大多数林场同原山林场一样陷入经济危困。原山依靠创新改革，发展林业产业，走出了困境，原山走到今天取得的成就深深地鼓舞、带动、影响着全国国有林场。

3. 原山典型的引领作用

原山创新发展的典型经验对全国国有林场改革方案的制定做出了巨大贡献。同时，原山改革的成功实践，对全国 4855 家国有林场提供了可学习、可借鉴、可复制的现实样板。

4. 原山平台的培训作用

原山不满足于自己的发展，而是勇于担当，无条件地为全国各地参观学习的国有林场提供培训服务。近年来，共接受 17 个省区的 56 位林场场长到原山挂职锻炼。原山用"一家人"理念对前来培训的同志传、帮、带，很多同志把原山的经验带回去了，把林场搞富了。这就是原山对全国国有林场发展的巨大贡献。

5. 原山发展的宣传作用

这么多年来，原山林场接待了来自全国的大量的参观、学习者。艰苦创业纪念馆落成开馆以来，已先后接待包括中组部地方党政领导干部森林防火专题研究班在内的学习培训团体和参观者 20 余万人次。各级领导、社会各界通过到原山参观学习，更加关注、了解我国的国有林场，支持我国的国有林场。

第四章

原山林场全面从严治党成效显著

多年来，原山林场始终注重坚持党的领导，党的基层组织不断完善，党员队伍不断壮大，党组织的政治核心作用不断加强，"千难万难，相信党、依靠党就不难"已经成为全场上下的共识。改革开放以来特别是党的十八大以来，原山林场党委一班人坚持以人民为中心的发展思想，以保生态、保民生为根本目标，形成了"党员干部为事业干、为职工干""有困难找支部，怎么干看党员"的浓厚氛围，党的基层组织的战斗堡垒作用的发挥愈发突出，广大共产党员愈发成为原山林场干事创业的先锋力量，以党委书记孙建博为代表的全场党员干部被称为"原山脊梁"。

一　加强党委自身建设，率先垂范

（一）认真学习贯彻十九大报告精神，坚持党对一切工作的领导

2017 年 10 月 18 日，党的十九大在北京人民大会堂开幕。林场广大党员干部收看了大会开幕式盛况。大家认真听，认真记，3 个多小时的报告结束后还意犹未尽，特别是习近平总书记提到"党政军民学，东西南北中，党是领导一切的"。大家深有感触。回想原山走过的路，正是始终秉持了党对林场一切工作的领导，原山林场事业发展才能始终保持正确的前进方向，原山的改革开放才能始终与共和国同步，原山的广大党员干部和职工群众才能始终保持正确的世界观、人生观、价值观，原山才能形成良好的社会环境和风清气正的政治环境。

十九大闭幕后,林场党委一班人把学习贯彻党的十九大精神作为重中之重的工作,采取多种形式深入学习贯彻。2017 年 10 月 26 日,召开学习贯彻党的十九大精神会议,对全面迅速学习贯彻党的十九大精神进行动员部署。会上,集体观看习近平总书记在十九届中央政治局常委同媒体见面会上的讲话视频,传达学习《人民日报》时评《把握新要求　跟上新时代》《中共山东省林业厅党组关于认真贯彻落实刘家义同志重要讲话　深入学习原山林场艰苦创业精神的通知》《中共淄博市原山林场委员会关于在全场全面迅速贯彻党的十九大精神的决定》等文件。就全面迅速学习贯彻党的十九大精神,党委书记孙建博提出四点要求:一是学习贯彻党的十九大精神,就是要结合原山的实际工作,从思想认识上得到升华,从具体行动上得到提升;二是学习贯彻党的十九大精神,必须认真学习和严格遵守新修订的《党章》,率先垂范,带领广大职工完成改革发展的新任务;三是不忘初心,牢记使命,继续以党的十九大所制定的目标任务践行"绿水青山就是金山银山"的理念;四是按照党的十九大所确定的在新时代必须要有新作为、新思维,谱写新篇章,亲力亲为带头干,撸起袖子拼命干。孙建博强调,全场干部职工以贯彻落实十九大精神为契机,紧密团结在以习近平同志为核心的党中央周围,继续发挥党员的核心作用和标杆作用,率先垂范、凝聚力量,团结带领全场职工亲力亲为带头干、撸起袖子加油干,全面完成各项工作任务,用新思维谱写新篇章,继续担当起践行"绿水青山就是金山银山"理论的重任。

2017 年 11 月 6 日,林场党委组织全场党员、科级助理以上干部和机关人员集体收看了中央宣讲团党的十九大精神宣讲会直播,认真聆听了中央宣讲团成员、中央政法委秘书长汪永清的宣讲报告和省委书记刘家义的讲话。收看宣讲会后,党委书记孙建博强调,要把学习贯彻党的十九大精神作为当前和今后一个时期的首要政治任务,进一步在全场上下掀起学习贯彻党的十九大精神热潮,切实做到层层传达落实,使每个人学深悟透、把握要义、融会贯通,坚决在思想上行动上与以习近平同志为核心的党中央保持高度一致,不断推进各项工作开展。大家纷纷表示要认真学习好、宣传好、贯彻好党的十九大精神,切实统一思想和行动,始终在场党委的带领下继续努力践行习近平同志"绿水青山就是金山银山"这一科学论断，再创佳绩。

2017年11月14日，原山林场第二十三期党员干部培训班在山东原山艰苦创业教育基地召开，全场党员、科级助理以上干部和部分机关人员参加。党委书记孙建博发表了题为《全面学习贯彻落实党的十九大精神，科学推进今后三年奋斗目标，全面实现中国特色社会主义新时代的现代化林场目标任务》的开班动员讲话，淄博市委讲师团副团长于涛做了题为《不忘初心，牢记使命，高举旗帜，不懈奋斗》的十九大精神宣讲报告。于涛围绕十九大的精神内涵，从十九大召开的两个重要时间节点、十九大的主题、五年来的历史性变革、中国特色社会主义进入新时代、新时代的社会主要矛盾等方面，结合原山改革发展实际，观点深刻、内容丰富、深入浅出地进行了宣讲，使大家深入、完整、系统地领会了党的十九大精神。培训期间，还学习了党的十九大报告单行本、《党的十九大精神传达提纲》、淄博市林业局党委《关于认真学习宣传贯彻落实党的十九大精神的通知》、原山林场党委《关于认真学习贯彻落实党的十九大精神的通知》等文件，集体观看了国防大学金一南教授《百年沧桑——从东亚病夫到民族复兴》专题讲座。通过为期两天的培训，大家一致表示听有所思、观有所感、学有所获、受益匪浅，不仅对党的十九大精神有了更深入的认识，而且对习近平新时代中国特色社会主义思想有了更系统的了解，对党的历史使命、奋斗目标、治国方略、行动纲领有了更深刻的理解，并决心要继续听党话、跟党走，将思想和行动统一到以习近平同志为核心的党中央决策上来，统一到场党委、场委会的部署上来，在各自岗位上努力工作、奋发作为，共同朝着建设现代化林场的目标努力奋斗。2018年春节过后，又举办了为期5天的第二十四期党员干部培训班，继续认真学习贯彻十九大精神，以习近平新时代中国特色社会主义思想为指导，总揽林场工作全局，党组织的凝聚力、向心力、战斗力进一步增强。

（二）坚持全面从严治党的创新做法

1. 认真坚持民主集中制，发挥党委的领导作用

民主集中制是民主基础上的集中和集中指导下的民主相结合。它既是党的根本组织原则，也是群众路线在党的生活中的运用。长期以来，林场党委始终认真执行党的民主集中制，坚持党员个人服从党的组织、少数服从多数、下级组织服从上级组织、全党各个组织和全体党员服从党的全国代表大会和中央委员会的基本原则，建立了党委议事制度、党委集体领导制度、党务公开工作制度、党员密切联系群众制度等党务工作制度，场党委经常听取场属党支部和党员群众的意见，及时解决他们提出的问题。凡涉及"三重一大"等重大问题都按照集体领导、民主集中、个别酝酿、会议决定的原则，由场党委集体讨论、做出决定。为使党员群众对党内事务有更多的了解和参与，林场党委按规定实行党务公开制度，各党支部建立了党员活动室、党员示范岗，全体党员"把身份亮出来，把承诺亮出来，把贡献亮出来"，自觉接受民主监督。在原山林场，岗位重要、条件艰苦、工作困难的地方，都是共产党员岗，全场各级党组织和广大党员的积极性、创造性得到充分发挥，政治意识、大局意识、核心意识、看齐意识进一步树立，场党委充分发挥政治核心作用，党内政治生活的政治性、时代性、原则性、战斗性不断增强，党内政治文化积极健康，政治生态风清气正。形成了既有集中又有民主、既有纪律又有自由、既有统一意志又有个人心情舒畅的生动活泼的政治局面。

2. 严肃党内政治生活，开好民主生活会

开展严肃认真的党内政治生活，是中国共产党的优良传统和政治优势。在长期实践中，中国共产党坚持把开展严肃认真的党内政治生活作为党的建设的重要任务来抓，形成了以实事求是、理论联系实际、密切联系群众、批评与自我批评、民主集中制、严明党的纪律等为主要内容的党内政治生活基本规范，为巩固党的团结和集中统一、保持党的先进性和纯洁性、增强党的生机和活力积累了丰富经验，为保证完成党在各个历史时期的中心任务发挥了重要作用。多年来，原山林场严格执行《关于党内政治生活的若干准则》《关于新形势下党内政治生活的若干准则》等党内准则，积极开展严肃认真的党内政治生活。以党的组织生活为重要内容和载体，出台了三会一课制度、主题固定党日制度、党委民主生活会制度、支部组织生活会制度、支部民主评议党员制度等多项党内政治生活制度。为加强和规范党内政治生活，场党委坚持率先垂范，以上率下。场党委民主生活会坚持不懈地把批评与自我批评这个武器用好，坚持实事求是，讲党性不

讲私情、讲真理不讲面子，查摆问题认真，剖析根源深刻，整改方向明确。党委民主生活会上，按照"照镜子、正衣冠、洗洗澡、治治病"的要求和"团结——批评——团结"的原则，批评与自我批评坚持见事见人，不搞"隔山打虎"，真正做到"红红脸、出出汗"。在场党委的示范下，各党支部的党内政治生活开展得有声有色，基层党组织的战斗堡垒作用和广大党员的先锋模范作用显著增强，为原山林场各项事业持续、健康、快速发展奠定了政治基础。

3. 严明党的纪律，从严要求

加强党的纪律建设是践行全面从严治党的治本之策。习近平总书记强调，党要管党、从严治党，靠什么管，凭什么治？就是要靠严明的纪律。长期以来，原山林场党委通过严格落实党章党规和强化监督执纪问责，不断增强全场党员干部的政治意识、大局意识、核心意识、看齐意识，坚持理想信念宗旨"高线"，守住党的纪律"底线"。

（1）全面从严治党，从严管好干部。党的十八大以来，场党委向全场党员干部明确提出了"坚持全面从严治党，从严选好用好干部，确保'三个林场'奋斗目标全面完成"的总体要求，在全体党员中深入开展了"向自以为是宣战"活动，启用《党员追责问责记录本》，要求党员干部切实把"遵规矩、守纪律、讲道德、有担当"挺在前面、刻在心上，下大力气解决党员中的关键少数突出问题。

（2）强化担当作为，加大问责力度。实行党委成员《督办事项通知单》和场属各支部《党建工作督办单》制度，对重点工作进行场党委挂图督战。由场纪委牵头，成立了专门的场纪执法队，维护好党内政治生态，对查出的问题及时通报处理，对不履行或者不正确履行职责、不作为乱作为慢作为的党员干部从严问责追究，为现代化林场的建设提供坚强的政治保障。

（3）加强制度建设，建立长效机制。党的十八大以来，场党委旗帜鲜明地提出了法治林场建设，大力倡导"法治林场从建章立制做起"，在2018 年新修订的《管理制度汇编》中，关于原山党员干部纪律、制度方面的内容就有 16 章、170 余项。

4. 认真落实主体责任和监督责任

党的十九大报告指出，中国特色社会主义进入新时代，我们党一定要有新气象新作为。打铁必须自身硬。党要团结带领人民进行伟大斗争、建设伟大工程、推进伟大事业、实现伟大梦想，必须毫不动摇地坚持和完善党的领导，毫不动摇地把党建设得更加坚强有力。多年来，原山林场党委认真落实主体责任，始终把抓好党建责任作为最大政绩，坚持抓主业、担主责、唱主角，全面落实领导班子的集体责任、党委（党组）书记的第一责任、班子成员的"一岗双责"。每年场党委书记都要与上级党组织——淄博市林业局党委签订《党建工作目标责任书》《党风廉政建设目标责任书》。同样，场党委书记每年都与场属各党支部签订《党建工作目标责任书》《党风廉政建设目标责任书》，责任层层落实，压力层层传导，使"一把手"真正把责任担起来，把从严治党第一责任人责任履行好，一级带一级，把党风廉政建设真正摆上突出位置，与经济建设、改革发展稳定工作同步考虑、同步部署、同步实施、同步检查，建立了党委党建工作制度、党员五星级管理制度、党员党性体检制度等党务工作制度。同时，场纪委认真落实监督责任，建立了廉政建设管理制度、述德述职述廉制度、党员谈话诫勉制度等。场党委书记与班子成员、各支部书记之间，班子成员与分管部门负责人之间，部门负责人与部门职工之间每年都开展2次谈心谈话。班子成员之间、班子成员和党员之间、党员和党员之间经常开展谈心谈话，坦诚相见，交流思想，交换意见。对思想、组织、作风、廉洁等方面出现违纪苗头的党员干部，场纪委及时对其进行约谈，使广大党员干部警钟长鸣，确保大家的政治安全和家庭幸福，确保原山事业健康发展。对场外合作单位、长期供货单位、来场建设单位，由场纪委同其签订《廉洁从业责任书》或《安全及廉政责任协议书》。上述单位每年末都要向场纪委报送1次廉政书面报告。场纪委每年约上述单位主要负责人进行1~2次廉政谈话，营造风清气正的合作环境。

5. 把政治建设放在首位

党的十九大报告指出，党的政治建设是党的根本性建设，决定党的建设的方向和效果。新时代伟大工程的实践说明，加强政治建设就是要促进广大党员提升政治能力、锻造政治品格、保持政治定力，从而把稳政治方向，坚定政治立场。在长期的工作实践中，林场党委认识到：基层党组织是政治组织，加强党的政治建设，必须增强其政治领导力，强化方向引领。

（1）坚持组织引领。为进一步发挥场属各支部的战斗堡垒作用，推动基层党建全面进步、全面过硬，原山林场党委以"五项机制"为抓手，在场属各支部中深入开展打造过硬党支部活动。采取支部自评和党委评议相结合，努力使场属各支部都成为政治坚定、团结协作、担当实干、群众信任的过硬党支部。

（2）坚持思想引领。场党委始终坚信：对党忠诚首要的一点是认真学习贯彻党中央和各级党委的指示精神，执行上级的决策部署不打折扣。近年来，特别是党的十八大以来，坚持把学习宣传贯彻习近平新时代中国特色社会主义思想放在首位，利用理论中心组学习、全场党员大会、党员干部专题培训班、支部集中学习等形式，教育引导党员干部和人民群众增强对中国特色社会主义的政治认同和思想认同，增强"四个自信"，强化"四个意识"，打牢中国特色社会主义事业发展的政治基础，做到忠诚于党的信仰、忠诚于党的事业、忠诚于党的组织，确保任何情况下政治信仰不变、政治立场不移、政治方向不偏。

（3）坚持文化引领。习近平总书记在党的十九大报告中指出，坚定文化自信。这是着眼于新时代坚持和发展中国特色社会主义、实现中华民族伟大复兴而提出来的，体现了我们党高度的文化自觉，彰显了我们党鲜明的文化立场。原山林场坚持以党建文化统领全场文化建设，一方面，场党委每年组织开展党员干部培训班，通过邀请省委党校、省委讲师团、市委党校、市委讲师团的专家、教授到原山授课，系统解读党的十八届五中全会、党的十九大精神，使每一名党员干部切实在学通、弄懂、做实上下功夫；另一方面，围绕党建工作，场党委和各支部组织开展了党史知识竞赛、手抄党章书法比赛、优秀共产党员先进事迹报告会、"我与原山十二五"演讲比赛等一系列内容丰富、形式多样的党员主题活动。通过以上活动的开展，使党员干部在先进文化的熏陶下切实加深了对党的理论、指导思想、组织建设等方面的认知和理解，以党建文化引领原山事业正确发展的方向，以党建文化凝聚干部职工队伍，以党建文化增强原山林场核心竞争力，以党建文化促进原山林场创新发展、走在前列。

6. 制度建设创新做法

习近平总书记在党的十九大报告中指出，要"坚持创新发展理念"，并将其作为新时代坚持和发展中国特色社会主义的基本方略之一加以强调。发展理念是发展行动的先导，是发展思路、发展方向、发展着力点的集中体现。原山林场党委不仅始终将党建工作作为全场重中之重的工作来抓紧、抓细、抓实、抓好，而且紧密结合林场工作实际，大胆创新，许多好的经验、做法得到上级组织的肯定和推广。

（1）建立党员五星级管理制度。原山林场党委先后出台《党员五星级管理办法》《党员五星级管理实施细则》。根据党员五星级管理制度，按照"荣誉定星、群众议星、违纪摘星"的原则，在全场对党员实行"五星级"动态管理。建立党员星级管理档案，记载党员基本情况、历次获得荣誉情况、星级确定情况、诫勉谈话或纪律处分情况、减星摘星情况等内容。在场党员活动室建立党员挂星管理公示墙，以场属支部为单位，全场党员及党员领导干部挂星情况全部上墙公示，接受群众监督。党员挂星管理公示墙根据党员星级管理档案内容变动情况实行动态管理，每半年进行一次调整。

（2）开展"双联"活动。先后出台《关于在全场开展"双联"活动的决定》《关于在全场开展"双联进千家"活动的通知》及"双联"活动各项制度等。"双联"活动规定，每名党委成员、场委会成员固定与8~10名党员干部、职工代表、职工保持经常性联系；每名党员干部、职工代表固定联系2~6名职工；每名机关人员固定与6~9名退离休职工保持经常性联系，使全场每名党员干部、每名职工代表、每名职工都有自己的"双向"联系人。要求每季度至少与所联系的职工谈一次心；每年至少深入职工家庭一次，及时了解职工工作、生活中存在的困难和问题，及时为职工解疑释惑，做好职工及家属的思想政治工作。通过开展"双联进千家"活动，场党委书记亲自带头进家入户，嘘寒问暖。每一名党员干部、职工代表和机关人员也都深入各自的联系对象家中，了解职工群众的家庭状况，征求对"双联"工作和林场发展的意见和建议。通过活动的开展，场里的工作动态和文件精神能够迅速传达每一名职工，职工群众的问题也能够迅速反馈到场里，确保问题不过夜，使"双联"工作成为促进全场党员干部、职工代表、机关人员深入领会"一家人"理念的有效途径，也成为原山人践行党的群众路线、推动事业发展的有力平台。

（3）建立党员党性体检制度。根据中共中央办公厅印发的《关于推进"两学一做"学习教育常态化制度化的意见》精神，场党委出台《关于在全体党员中开展"党性体检"并形成常态化体检机制的决定》（原林发〔2017〕15号），在全场党员干部中开展一季度一次的"党性体检"。要求党员对照党章党规、对照系列讲话、对照先进典型，把自己摆进去，经常自省修身，打扫思想灰尘，进行"党性体检"，有什么问题解决什么问题，什么问题突出重点解决什么问题。"党性体检"以基层党支部为单位进行组织。"党性体检"程序：首先听取党员体检馆讲解员授课，观看教育片，并按照要求填写《党员体检报告》。其次在体检馆召开支部会议，集体讨论或学习。最后由支部书记对党员存在的突出问题，分析并提出有针对性的举措以帮助其进行纠正。《党员体检报告》计入党员档案，一次不参加"党性体检"，在党支部做深刻检讨；两次及以上不参加"党性体检"，按相关规定严肃处理。通过"党性体检"，使广大党员不断增强身份意识，始终牢记使命任务，时刻注意自己形象，切实履行责任义务，永葆先进性。2018年4月23日，《人民日报》在政治版以《山东淄博原山林场新区党支部来到党性体检馆对照自检认识差距》为标题，对原山林场党委这一创新做法进行了报道和推广。

二 大力提升组织力，全面增强执政本领

（一）突出政治功能，全面提升组织力

1. 及时制定学习计划，认真宣传党的主张

林场党委坚持有计划、有步骤地推进全场党建和党员学习，每年研究制定党建工作计划和党员学习计划。2018年2月26日，场党委组织召开全场党员干部大会，传达了《淄博市原山林场2018年关于党建工作的报告》《淄博市原山林场2018年关于纪律检查廉政建设的报告》，明确了2018年原山林场党建工作和学习的目标：深入学习贯彻党的十九大和十九届一中、二中全会精神，以永葆原山改革旗帜地位、"始终走在前列"为目标定位，以加强基层党支部和党员教育管理为工作切入点，要求全体党员始终把"遵规矩、守纪律、讲道德、有担当"挺在前面、刻在心上，全

体原山人紧紧团结在以习近平同志为核心的党中央周围，坚决落实各级党政部门的决策部署，继续坚持生态保护，创新发展林业产业，按照新制定的未来三年奋斗目标，努力打造建设现代化林场的典范和标杆。详细制定了《中共淄博市原山林场委员会 2018 年上半年工作计划》和《中共淄博市原山林场委员会 2018 年下半年工作计划》，紧密结合党和国家的大政方针、"大学习、大调研、大改进"等各项主题活动，对林场党委会、党委扩大会、党员大会、支委会、支部党员大会、党小组学习、主题党日、"党性体检"的学习规定时间、规定参加人员、规定学习内容，使全年的学习有的放矢、有章可循。具体学习中，党委办公室每月对执行情况和会议记录进行检查督导，对不符合要求的下达督办单，责令其进行整改。2018 年以来，林场党委还根据淄博市林业局党委印发的《市委检查组对巩固巡视巡察整改工作反馈问题专项整治工作方案》要求，召开各支部党建工作专题会议，对"三会一课"和主题党日中存在的问题提出整改要求，建立场属各支部"三会一课"管理台账，准确掌握每个党支部"三会一课"活动开展和记录情况。场属各支部书记召开支部党员大会，对"三会一课"制度的落实进行详细安排部署，完善"三会一课"计划、细化活动台账、规范活动记录，严格开展党内组织生活。

2. 在各项工作中，认真贯彻党的各项决定

习近平总书记在党的十九大报告中指出，把企业、农村、机关、学校、科研院所、街道社区、社会组织等基层党组织建设成为宣传党的主张、贯彻党的决定、领导基层治理、团结动员群众、推动改革发展的坚强战斗堡垒。这是党基于新时代进行伟大斗争、建设伟大工程、推进伟大事业、实现伟大梦想，对基层党组织提出的新任务、新目标、新要求，鲜明地回答了新时代党的基层组织应当担负什么职责、完成什么任务、发挥什么作用、建成什么组织等问题，为建设好、建设强党的基层组织指明了方向、提供了遵循。"贯彻党的决定"，就是要按照党的路线、方针、政策和决策部署办事，坚决执行上级和本级党组织决定及各项具体工作任务，并结合实际，创造性地开展工作。作为全国人大代表，党委书记孙建博每年出席全国"两会"后回到林场的第一件事情便是组织召开全场党员大会，认真向全场党员干部职工传达"两会"精神，及时学习和掌握党和国家的新思维、新理念、新精神，用以指导全场各项工作的开展。2018 年 3 月 23 日，原山林场学习传达全国"两会"精神会议在原山大厦召开，工会主席李薇宣读了党委会上通过的《中共淄博市原山林场委员会关于认真传达学习全国"两会"精神的决定》，副场长王延成领学了习近平总书记在参加十三届全国人大一次会议山东代表团审议时的重要讲话。不仅如此，场党委还及时组织对党中央和上级党委重大活动、重大部署的集中学习。2018 年 5 月 4 日，组织场党委、各支部书记、场部机关人员集体收看了纪念马克思诞辰 200 周年大会实况；2018 年 9 月 29 日，在山东原山艰苦创业金色大厅组织全场党员、中层以上干部、场部机关人员集中收看首届山东儒商大会开幕式。

3. 强化制度建设，提升原山治理能力

在中国共产党成立 96 周年之际，党中央印发了《关于加强党内法规制度建设的意见》，从指导思想、总体目标、构建完善的党内法规制度体系、提高党内法规制度执行力、加强组织领导等方面，对加强新形势下党内法规制度建设提出明确要求并做出统筹部署，对于深入推进全面从严治党、依规治党具有重要意义。

党的十八大以来，以习近平同志为核心的党中央高度重视制度治党、依规治党，把党内法规制度建设作为事关党长期执政和国家长治久安的重大战略任务，坚持依法治国与制度治党、依规治党统筹推进、一体建设，党内法规制度建设取得重要进展。截至 2017 年初，一大批标志性、关键性、引领性的党内法规出台，共制定、修订 74 部党内法规，超过现行有效的 170 多部党内法规的 40%，党内法规制度体系的框架基本形成，进一步夯实了全面从严治党的制度基础。①

原山林场党委坚持用党章党规规范党员、干部言行，用党的创新理论武装全党，引导全体党员做合格党员。把学党章党规、学系列讲话作为经常性教育的基本内容，统一起来学习，统一起来领会。牢记严格党内政治生活、加强党内监督和廉洁自律等各项规定，把尊崇党章、遵守党规的要求落到实处。学习系列讲话，深入领会习近平总书记系列重要讲话的基本

---

① 方涛：《加强党内法规制度建设的重要部署》，《学习时报》2017 年 8 月 28 日。

精神、基本内容、基本要求，更好地用系列重要讲话精神统一思想、武装头脑、指导工作、规范行为。针对原山林场基建项目多的实际，全场严格执行项目招标采购制度，定期对物资采购、招投标、工程建设及人、财、物管理等现行规章制度进行效果评估，及时发现和堵塞制度漏洞。增强制度的科学性、针对性和可操作性，逐步构建科学、严密、有效管用的党风廉洁制度体系和长效机制。

4. 团结带领原山职工，艰苦创业

"团结动员群众"，就是保持党同人民群众的血肉联系，倾力做好群众工作，在深入群众中了解群众疾苦和诉求，在服务群众中解决群众困难和问题，在引领群众中成为"主心骨"和"领路人"。艰苦创业是原山林场党委一以贯之的优良作风。建场之初，在全场党员干部的带领下，几代原山人战天斗地，石缝扎根，为了林场发展，风餐露宿、顶烈日、冒风雨、踏冰雪，吃了许多常人难以想象的苦，克服了许多常人难以想象的困难，使座座荒山披上了绿装，成为鲁中地区一道不可或缺的生态屏障。在林场发展的改革攻坚期，在困难和矛盾面前，冲在最前面的一定是共产党员。为了护林防火，建公墓、迁坟头，党员干部忍辱负重第一个跳入坟墓中为迁坟者装殓尸骨；为了改革僵化的体制机制，党委一班人定规矩、立章程、建制度，敢于较真、敢于碰硬，为法治林场建设奠定了基础；林场党委、各支部教育引导党员履职尽责，常年坚持三天办公、三天劳动、一天休息的"三三一"工作制，带头扛起急难险重任务，带头在一线植树绿化、支援生产，靠着干事创业的激情，不畏艰辛、不辞劳苦，创造形成了充满蓬勃活力和强劲动力的发展局面。2014年12月2日，山东省委常委、组织部部长高晓兵在原山林场调研时强调，原山林场把国有林场的政策优势、思想政治工作的优势和市场经济的优势有机结合起来，每一个方面都发挥了很好、很重要的作用。原山林场坚持不让管理者持大股，"一家人一起吃苦、一起干活、一起过日子、一起奔小康"，把所有人的力量凝聚起来，这种力量的激励作用是不可抗拒的。

5. 与时俱进，大力推动原山改革发展

"思路决定出路，格局决定结局。"原山发展中的不断创新，体现的是与时俱进、不断超越的进取意识，体现的是一种永不懈怠的奋斗精神，体

现的更是对国家大政方针的坚决贯彻和发展形势的准确把握。以原山林场石炭坞营林区为例，为了更好地保护和发展这片几代原山人为之奋斗的绿水青山，让人们充分享受原山改革带来的幸福成果，2012 年 10 月 20 日，在党的十八大胜利召开前夕，原山投资 20 亿元的六大工程奠基仪式在这里成功举行，也正是从这一天起，这片几代务林人为之奋斗的热土，开始变得更加充满活力，变得日新月异。很快，全市第一家森林湿地公园——如月湖湿地公园在这里开园，一举打破了过去原山旅游只有森林公园的单一模式；国宝大熊猫"双儿""珍大"相继在公园落户，开创了淄博国宝旅游的先河；花果山、峡谷漂流、绿水青山号森林小火车等景点也相继建成并开门纳客；2014 年 4 月，在原山林场深化改革座谈会上，林场党委一致决定在石炭坞设立原山新区管委会，并建立原山新区党支部，以党建统领新区各项发展，新区工作从此步入快车道；2014 年 9 月，淄博市原山林场与北京林业大学合作建立中国北方种苗花卉研发中心，在中国林科院的支持下建立了院士工作站，成为国有林场与国家最高林业科研机构、院校合作的典范；2015 年 5 月，"淄博生态文化游"山东省 20 万人游淄博活动在如月湖正式启动，迅速引爆山东森林生态旅游；2016 年 7 月 1 日，由山东省委组织部、淄博市委市政府全力打造的山东原山艰苦创业纪念馆投入运行；2017 年 5 月，学院公寓大餐厅正式投入使用，全国的党员干部纷纷到原山参观、学习、培训，每年接待各地的党政干部达 10 万人次以上。

对于原山新区而言，"红"是精神遗产，"绿"是生命源泉，两者的有机结合，有效地整合了原山优势发展资源，提升了原山形象，拉动了经济增长。2012 年以来，在原山新区发展中，场党委、场委会紧紧依托"绿色生态"和"艰苦创业"两个金字招牌，采取"一红一绿两条腿走路"，在有效保护森林生态资源的基础上，不断巩固发展绿色生态旅游，深度挖掘和丰富红色教育资源，以"绿"促"红"，以"红"带"绿"，全力打造旅游新亮点和经济增长的新引擎，打出了整合开发、融合发展、优势互补的"红＋绿"改革组合拳。原山"红＋绿"发展模式所带来的聚合效应不断凸显，进园游客数量、旅游综合收入均有较大幅度增长。

（二）认真践行十九大精神，全面增强执政本领

党的十九大报告强调，要坚定不移全面从严治党，不断提高党的执政

能力和领导水平，领导十三亿多人的社会主义大国，我们党既要政治过硬，也要本领高强。这为各级党组织、党员指明了方向，对党员、干部教育培训提出了明确要求。打铁必须自身硬，全面增强执政本领永远在路上。

1. 增强学习本领

增强学习本领，在全党营造善于学习、勇于实践的浓厚氛围，建设马克思主义学习型政党，推动建设学习大国。孙建博书记作为十二届、十三届全国人大代表，履职 6 年来，经常深入基层调研，完成了一件又一件重大改革的课题，已经累计向全国人大提出了 200 余项议案、建议，涉及林业、生态保护、残疾人、民生发展等各方面社会热点、难点问题。原山每年举行学习班，邀请专家、教授来场授课，对场内干部职工进行党务、管理等方面的培训，安排干部职工参观孟良崮战役、沂蒙精神等党性教育基地，以便接受党性教育。2017 年 10 月，组织全场党员干部到北京展览馆，参观"砥砺奋进的五年"大型成就展。2018 年 11 月，再次组织党员干部及职工代表赴京参观"伟大的变革——庆祝改革开放 40 周年大型展览"。

2. 增强政治领导本领

增强政治领导本领，坚持战略思维、创新思维、辩证思维、法治思维、底线思维。党委书记孙建博在不同报告、不同会议上经常强调"千难万难，相信党、依靠党就不难"。原山林场领导班子党性原则强，德才兼备，团结奉献，党员领导干部带头，再苦再累，职工二话不说，积极参与，组织指向哪里，党员干部、职工打向哪里，形成强大的凝聚力。

3. 增强改革创新本领

增强改革创新本领，保持锐意进取的精神风貌。2017 年 5 月 10 日，全国绿化委员会、国家林业局发文《关于开展向山东省淄博市原山林场学习活动的决定》（林场发〔2017〕41 号），对原山 60 年来特别是改革开放以来，林场艰苦奋斗，锐意改革，率先走出一条保护和培育森林资源、实施林业产业化发展的新路，取得生态建设和林业产业的双赢的做法进行了充分肯定，号召在全国绿化、林业战线广泛开展向原山学习的活动。

4. 增强科学发展本领

增强科学发展本领，善于贯彻新发展理念，不断开创发展新局面。改革开放 40 年来特别是党的十八大以来，淄博市原山林场通过实施资本运作、产业转型升级和内部挖潜改造，在经济下行压力持续加大的大环境下，形成了林业产业、生态旅游、餐饮服务、旅游地产、文化产业五大产业齐头并进、互为依存、协调发展的良好局面。

5. 增强依法执政本领

增强依法执政本领，加快形成覆盖党的领导和党的建设各方面的党内法规制度体系。原山注重加强与周边老百姓的联系，为减小防火压力，原山建设了长青林公墓，顶着压力多次组织召开现场协调会，挨家挨户上门做工作，将林区内散落的老百姓的 2000 座坟头迁出，集中管理。2014 年以来，为进一步加强与周边村民的联系，构建统一的森林防火体系，原山在全国创造性地提出"大区域防火"理念，与林区周边 3 个林业局、9 个镇办和 53 个行政村共同签订《防火责任状》，并连续 3 年为周边 67 个自然村配备防火物资 2000 多台套，牵头帮助他们培训防火队伍。

6. 增强群众工作本领

增强群众工作本领，创新群众工作体制机制和方式方法，推动工会、共青团、妇联等群团组织增强政治性、先进性、群众性。近年来，原山林场以党委为核心，全场上下形成了党政工团齐抓共管的工作局面。工作中，原山创造性地提出了"三三一"工作制，场部机关人员三天办公、三天支援一线建设、一天休息，星期天或节假日全部在一线植树绿化、支援生产，切实进一步增强了联系群众、服务群众的本领。

7. 增强狠抓落实本领

增强狠抓落实本领，坚持说实话、谋实事、出实招、求实效，把雷厉风行和久久为功有机结合起来，勇于攻坚克难，以钉钉子精神做实、做细、做好各项工作。原山成立场纪执法队及督查室，联合各部门交叉行使职能，采取日常检查和突击巡查的方式，重点加强对防火、旅游、餐饮等人员的纪律督查，落实"防火就是防人"理念，确保林场出台的文件精神得到高效贯彻执行。

8. 增强驾驭风险本领

增强驾驭风险本领，健全各方面风险防控机制，善于处理各种复杂矛盾，勇于战胜前进道路上的各种艰难险阻，牢牢把握工作主动权。在原山林场党委一班人的坚强领导下，原山林场形成了一整套完备的管理体系，建立了一整套科学的管理制度，组建了一支拥有"四个特别"精神的干部职工队伍，凝聚起全场上下"党员干部为事业干、为职工干，职工为自己干"的干事创业良好氛围。以上各方面形成的强大合力为原山增强驾驭风险能力、处理各种复杂矛盾提供了坚强的保障，面对金融次贷危机、亚洲金融风暴等各种风险，原山林场依然保持持续、健康、稳定的发展。

（三）原山加强党支部建设的创新做法

1. 中央对加强党支部建设的新要求

2018年9月21日，习近平总书记主持召开中共中央政治局会议，审议《中国共产党支部工作条例（试行）》。会议指出，党支部是党的基础组织，是党的组织体系的基本单元。会议强调，要把抓好党支部作为组织体系建设的基本内容，巩固传统领域党支部建设，拓展建设新兴领域党支部，不断扩大覆盖面、着力提高组织力和领导力，突出政治功能、强化政治引领，推动党支部担负好直接教育党员、管理党员、监督党员和组织群众、宣传群众、凝聚群众、服务群众的职责。要把抓好党支部作为管党治党的基本任务，党委（党组）书记要亲力亲为，深入支部抓支部，加强党支部标准化、规范化建设。要把抓好党支部作为检验党建工作成效的基本标准，考核评价党建工作。

2. 原山党支部建设的创新做法

为进一步加强党员及党员领导干部队伍建设、建设高素质领导干部队伍、坚持理想信念宗旨"高线"、守住党的纪律"底线"，原山党支部创新性地开展学习活动，定期召开组织生活会、支委会、党小组会、固定党日等会议，按时上党课，支部党员形成浓厚的学习氛围。原山党支部还加强支部委员会的建设，更好地发挥党支部的组织力和领导力。根据《中国共产党廉洁自律准则》《中国共产党纪律处分条例》等党内法规，在全体党员中实行"五星级"管理办法，采取"荣誉定星、群众议星、违纪摘星"的办法，使先进的有荣誉感，中间的有紧迫感，落后的有危机感。党员干部带头创先争优，带头干事创业，带头无私奉献，推动了原山各项事业的顺利发展。

3. 原山党员教育的创新做法

林场在山东原山艰苦创业教育基地建设完成了党性体检馆，以各支部为单位每季度组织一次"党性体检"，对照党章党规、习近平总书记重要讲话和英模人物，把自己摆进去，自行修身，打扫思想灰尘，有什么问题解决什么问题，什么问题突出重点解决什么问题，保持党员队伍的先进性和纯洁性，使组织和党员自身及时掌握"党性健康"状况，进一步增强党性修养，坚定理想信念。通过党员的教育，进一步发挥党员的模范带头作用，设立党员模范岗，评选学习标兵，形成人人争当标杆、比学赶超的良好氛围，使每位党员在关键时刻都能够冲锋陷阵，打造出一支"四讲四有"的党员队伍。

三　认真贯彻新时代党的组织路线，
提高党的建设质量

（一）认真学习领会新时代党的组织路线

全国组织工作会议精神确定新时代党的组织路线是全面贯彻习近平新时代中国特色社会主义思想，以组织体系建设为重点，着力培养忠诚干净担当的高素质干部，着力集聚爱国奉献的各方面优秀人才，坚持德才兼备、以德为先、任人唯贤，为坚持和加强党的全面领导、坚持和发展中国特色社会主义提供坚强组织保证。林场党委及时召开党委会、党委扩大会等专门会议，学习贯彻落实全国组织工作会议精神，在全场形成共识：坚决贯彻新时代党的组织路线，要坚持以习近平新时代中国特色社会主义思想为指引，持之以恒推动党员干部真正学懂弄通做实，筑牢坚决维护习近平总书记核心地位、坚决维护党中央权威和集中统一领导的思想自觉和行动自觉。要全力加强组织体系建设，以提升组织力为重点，突出政治功能，引领各类组织自觉贯彻党的主张。要建设忠诚干净担当的高素质干部队伍，坚持好干部标准，把政治标准摆在首位，做好干部培育、选拔、管理、使用工作。要完善人才培养引进机制，提高人才队伍建设质量。要着力选拔、培养、任用年轻干部，注重实践磨炼，提高工作本领。

(二) 建设忠诚干净担当的干部队伍

贯彻新时代党的组织路线，建设忠诚干净担当的高素质干部队伍是关键。习近平总书记在全国组织工作会议上明确提出，要建立素质培养、知事识人、选拔任用、从严管理、正向激励的干部工作体系。这一重要要求，体现了我们党对新时代干部工作规律的深刻把握，是系统推进干部队伍建设，全面提高干部工作质量的重大举措。原山林场党委把锻造一支忠诚干净担当的干部队伍作为推进全场工作的重要抓手，在2018年6月3日召开的第10次党委会上，集中学习了《努力以新担当新作为创造属于新时代的光辉业绩》《新时代激励广大干部担当作为的重大举措》《鲜明树立鼓励干部担当作为的良好用人导向》《理直气壮为担当作为的干部撑腰鼓劲》等人民日报评论员文章，审议通过了《关于贯彻新时代干部要求做合格原山干部的通知》，出台了《关于进一步激励广大干部新时代新担当新作为的意见》，对打造新时代原山合格党员干部提出了明确要求。在2018年8月19日召开的第14次党委会议上，审议通过了《关于进一步推进"新时代、新理念、新担当好干部标准"大讨论的决定》，全场上下立即以支部和学习小组为单位，广泛深入地开展大讨论活动，增强了全场党员干部在新时代条件下学习新理念、勇于新担当、实现新作为的信心和决心。

1. 大力教育引导干部担当作为、干事创业

坚持用习近平新时代中国特色社会主义思想武装干部头脑，增强干部信心，增进干部自觉，鼓舞干部斗志。坚持严管和厚爱结合、激励和约束并重，教育引导广大干部不忘初心、牢记使命，强化"四个意识"，坚定"四个自信"，以对党忠诚、为党分忧、为党尽职、为民造福的政治担当，满怀激情地投入新时代中国特色社会主义伟大实践。教育引导广大干部深刻领会新时代、新思想、新矛盾、新目标提出的新要求，在其位、谋其政、干其事、求其效，努力做出无愧于时代、无愧于人民、无愧于历史的业绩。

2. 鲜明树立重实干重实绩的用人导向

坚持好干部标准，突出信念过硬、政治过硬、责任过硬、能力过硬、作风过硬，大力选拔敢于负责、勇于担当、善于作为、实绩突出的干部。

坚持优者上、庸者下、劣者汰，对巡视等工作中发现的贯彻执行党的路线方针政策和决策部署不坚决、不全面、不到位等问题，党组织要及时跟进，对不担当不作为的干部，根据具体情节该免职的免职、该调整的调整、该降职的降职，使能上能下成为常态。

3. 满怀热情关心关爱干部

坚持严格管理和关心信任相统一，政治上激励、工作上支持、待遇上保障、心理上关怀，增强干部的荣誉感、归属感、获得感。完善和落实谈心谈话制度，注重围绕深化党和国家机构改革等重大任务做好思想政治工作，及时为干部释疑解惑、加油鼓劲。健全干部待遇激励保障制度体系，完善机关事业单位基本工资标准调整机制，做好平时激励、专项表彰奖励工作，落实体检、休假等制度，关注心理健康，丰富文体生活，保证正常福利，保障合法权益。

（三）把优秀年轻干部的培养放到突出位置

习近平总书记在党的十九大报告中指出，大力发现储备年轻干部，注重在基层一线和困难艰苦的地方培养锻炼年轻干部，源源不断选拔使用经过时间考验的优秀年轻干部。这是在认真总结培养选拔年轻干部的实践经验、深入研究年轻干部成长规律基础上，对培养选拔年轻干部提出的更具针对性的要求，对认真做好选拔优秀年轻干部工作具有重大意义。林场党委十分重视领导干部梯队建设和年轻干部的培养。2018 年 3 月，严格按照组织程序，提拔德才兼备的"70 后"、"80 后"年轻干部各 1 名进入场党委领导班子，进一步优化了班子的文化和年龄结构。在 2018 年 1 月 13 日召开的第一次党委会议上，审议通过了《关于表彰奖励宋莹莹并建立优秀人才引进、培养和奖励机制的决定》，强调人才是原山事业永续发展的基石。为鼓励更多积极努力地投身原山发展事业的年轻人来到原山、奉献原山，按照原山"十三五"规划和"2018－2020 三年决胜期"奋斗目标中关于人才培养和引进的相关要求，根据原山事业不断发展的需要，决定由办公室、政工科牵头，建立一套符合原山实际的优秀青年人才引进、培养和奖励机制，为广大青年人搭建施展才能的舞台，为原山的永续发展打下更加坚实的基础。在 2018 年 5 月 20 日召开的第 10 次党委会议上，审议通过了《关于加强人才引进、培养及按照政策鼓励自主创业的决定》，决定在全场加快实施专业技术人才引进和培养青年专业技术能手、后备干部工作，要求林场各单位根据自身工作实际和原山可持续发展要求，积极建言献策、深挖内部潜力、广泛招徕专业人才，着力在各产业打造一支革命化、年轻化、知识化、专业化的干部队伍。

第五章

原山林场是践行新时代中国特色
社会主义思想的典范

　　系统回顾并认真总结淄博市原山林场建场 60 年来特别是改革开放 40 年来所走过的道路，其发展完全契合"创新、协调、绿色、开放、共享"的发展理念，完全符合"五位一体"的总体布局，不仅成为全国林业新战线的一面旗帜和国有林场改革的现实样板，也成为践行新时代中国特色社会主义思想的典范。原山的改革与发展，总结起来至少带给我们五个方面的重要启示。

一　党的领导和党的政策是原山发展巨变的根本

　　坚持中国共产党领导，是一切工作的前提，这是历史的选择，也是人民的重托。"中国特色社会主义最本质的特征是中国共产党领导，中国特色社会主义制度的最大优势是中国共产党领导，党是最高政治领导力量。"习近平总书记在党的十九大报告中明确做出的这一重大判断，是对历史经验的精确概括，是新时代中国特色社会主义思想的重要组成部分。每个历史时期，党都会带领人民统一思想、集纳智慧、凝聚力量，擘画党和国家事业更加光明的发展方向。这是党和国家的根本所在、命脉所在，也是全国各族人民的利益所在、幸福所在。

　　原山林场建场 60 年来特别是改革开放 40 年来的生动实践告诉我们：如果没有中国共产党的坚强领导，没有国家保护生态和加快林业发展的好政策，没有全场180多名党员干部严格贯彻落实党的大政方针政策，顺应时代发展大潮，牢牢把握原山发展大局，勇于担当，牺牲奉献，就没有全体原山人今天山绿、场活、业兴、人富的好局面。

（一）增强核心意识，坚持政治站位

在中国共产党领导的社会主义国家体制中，对党忠诚是加强政治意识、大局意识、核心意识和看齐意识的前提，勇于担当是立党为公、执政为民、爱岗敬业、做好工作的前提。进入20世纪80年代，原山林场作为首批"事改企"试点单位，昔日的种树人被迫走出林场，在市场中求生存、求发展，但由于经营管理不善、思想观念滞后等诸多原因，所经营的项目都被市场无情地淘汰，矛盾越积越多，困难越积越大，至1996年底，累计负债4009万元，职工13个月发不出工资，126家有名有姓的债主轮番上门讨债，有的职工靠卖血供孩子上学，职工组织起来天天到市里上访。面对发展中的各种困难和矛盾，在新一届党委班子的坚强领导下，全场上下正是坚决秉承了"千难万难，相信党、依靠党就不难"的理想信念，作为共产党人，必须勇于担当，对党最好的报答，就是让职工过上更好的日子、让社会更加和谐稳定。原山要想走出困境、获得发展，关键在于党的领导，每一名共产党员都是一面旗帜，每一个支部都是一座堡垒。原山上下不等不靠，主动作为，在中发〔2015〕6号文件尚未出台、国有林场改革没有任何经验可借鉴的背景下，成立了国有原山集团，形成了原山林场、原山集团、原山国家森林公园三块牌子、一套班子的管理体系，探索并闯出了一条"林场保生态、集团创效益、公园创品牌"的科学发展之路，才成就了原山幸福、和谐、美好的今天。原山林场改革发展的实践经验证明：没有党的好政策、没有组织的信任和帮助、没有各级领导的大力支持，就不会有全场改革与发展的好局面。

（二）狠抓作风建设，提升党员素质

党的十八届六中全会对全面从严治党提出了明确要求。阐述了全面从严治党的八个基本要求：落实从严治党责任；坚持思想建党和制度治党紧密结合；严肃党内政治生活；坚持从严管理干部；持续深入改进作风；严明党的纪律；发挥人民监督作用；深入把握从严治党规律。全面从严治党是党的十八大以来，党中央做出的重要战略部署，是"四个全面"战略布局的重要组成部分，也是全面建成小康社会、全面深化改革、全面依法治国顺利推进的根本保证。全面从严治党，基础在全面，关键在严，要害在治。

党的十八大以来，习近平总书记反复强调，要加强纪律建设，把守纪律、讲规矩摆在更加重要的位置，在十八届中央纪委五次全会上，又用大篇幅论述"政治纪律和政治规矩"，并提出"五个必须"的纪律要求。由此可见，人无规矩必废、家无规矩必殆、党无规矩必乱。

原山管理的严格在全国林业系统、在淄博市各单位中是比较有名的。事实上，正是由于原山一刻也不放松地抓严格管理、抓人的思想、抓"法治林场从建章立制做起"，才使整个"盘子"在越发展越大的前提下，各方面都保持了健康稳步的增长，没有出现这样或那样的问题。通过严格落实党章党规和强化监督执纪问责，原山林场党委不断增强全场党员干部的政治意识、大局意识、核心意识、看齐意识，坚持理想信念宗旨"高线"，守住党的纪律"底线"。

1. 全面从严治党，从严管好干部

场党委向全场党员干部明确提出了"坚持全面从严治党，从严选好用好干部，确保'三个林场'奋斗目标全面完成"的总体要求，在全体党员中深入开展了"向自以为是宣战"活动，启用《党员追责问责记录本》，要求党员干部切实把"遵规矩、守纪律、讲道德、有担当"挺在前面、刻在心上，下大力气解决关键少数的突出问题。

2. 强化担当作为，加大问责力度

实行党委成员《督办事项通知单》和场属各支部《党建工作督办单》制度，对重点工作进行场党委挂图督战。成立了专门的场纪执法队，维护好党内政治生态，对查出的问题及时通报处理，对不履行或者不正确履行职责、不作为乱作为慢作为的从严问责追究。

3. 实施五大工程，打造过硬支部

为进一步发挥场属各支部的战斗堡垒作用，推动基层党建全面进步、全面过硬，以"五项机制"为抓手，在场属各支部中深入开展打造过硬党

支部活动。采取支部自评和党委评议相结合的方法，努力使场属各支部都成为政治坚定、团结协作、担当实干、群众信任的过硬党支部。全场上下形成了"有困难找支部，怎么干看党员"的干事创业良好氛围。40 年来，原山林场涌现一大批共产党员的优秀典型，评选表彰了一大批时代先锋和优秀共产党员：有危难时刻奋不顾身、舍己为人的徐立刚，有敢闯敢干、带领本产业、本部门创新发展的张宏伟、徐依强，有舍小家顾大家的路来霞、王丽娟，而更多的则是默默无闻、勤勤恳恳、立足岗位、埋头苦干的宋玉军、郭传进、梁燕等。

（三）结合工作实际，凝聚干群力量

习近平总书记在十九大报告中强调，坚定不移全面从严治党，不断提高党的执政能力和领导水平，指出新时代党的建设总要求：坚持和加强党的全面领导，坚持党要管党、全面从严治党，以加强党的长期执政能力建设、先进性和纯洁性建设为主线，以党的政治建设为统领，以坚定理想信念宗旨为根基，以调动全党积极性、主动性、创造性为着力点，全面推进党的政治建设、思想建设、组织建设、作风建设、纪律建设，把制度建设贯穿其中，深入推进反腐败斗争，不断提高党的建设质量，把党建设成为始终走在时代前列、人民衷心拥护、勇于自我革命、经得起各种风浪考验、朝气蓬勃的马克思主义执政党。

林场充分发挥党组织战斗堡垒作用，提升党组织的凝聚力、影响力、战斗力，基层党建工作不断加强，党员队伍力量不断壮大，截至 2017 年底，党员数量已经达到 186 名。186 名党员就是 186 面旗帜，就是 186 个标杆。在困难和危险面前，冲在最前面的一定是共产党员——这是原山上下的共识，更是广大职工群众对林场班子的信任。40 年来，林场的职工群众都有这样一种共识：在困难和矛盾面前，冲在最前面的一定是共产党员。为了护林防火、建公墓、迁坟头，党员干部忍辱负重第一个跳入坟墓中为迁坟者装殓尸骨；在林场最困难的时期，为了不让职工空手回家过年，孙建博和班子成员出面借油借面，分发到职工家中；为了改革僵化的体制机制，党委一班人定规矩、立章程、建制度，敢于较真，敢于碰硬，为法治林场建设奠定了基础；原山的党员干部常年坚持三天办公、三天劳

动、一天休息的"三三一"工作制，在与职工共同劳动中，拉近了距离、增进了感情，"一家人"心心相通。

面对纷繁复杂的改革发展任务，原山始终注重不断加强党的领导，充分发挥党支部、党小组的战斗堡垒作用和每一名共产党员的先锋模范作用，使原山的党建工作成为全国创先争优先进基层党组织；通过党的群众路线教育实践活动、"三严三实"专题教育、"两学一做"学习教育的开展，进一步增强了全场党员的政治意识、大局意识、核心意识和看齐意识，在全场带头实现"七个提升"；通过"双联"进千家等活动的开展，给部分家庭有困难的职工解决了后顾之忧。有位因单位合并到原山工作的职工，其家属在原单位工作时受伤下岗，老人长期卧病在床需要每月支付医疗费用，孩子又喜欢画画，这些对他们来讲都成为一种奢望，无法面对老人和孩子期盼的眼神。通过"双联"，她的家庭情况被反映到场党委后，场党委立即为其爱人在原山安排了能胜任的岗位，每月有了固定收入。还有一位年轻的同志，刚刚被整合到原山不久，就突发疾病，生活不能自理，通过"双联"，组织给他送去了温暖和帮助，让他始终能感受到自己在"一家人"的大家庭里。"双联"不仅要使每一个原山人在奔小康路上不掉队，而且必须达到在道德上、在思想上、在贯彻原山"一家人"理念上不掉队，用全场 180 多名党员凝聚起全场 1000 多名职工的力量，为2020 年基本实现现代化林场建设而努力奋斗！

二　解放思想、改革创新是原山发展变化的核心

"思之深，则行之远。"解放思想是深化改革创新的"总开关"。实践证明，只有解放思想、大胆改革才能攻克难题、获得发展、不断进步，因循守旧、畏首畏尾，是没有出路的，如果不能适时解放思想，抱残守缺、故步自封，就会在发展的道路上思想僵化。正如习近平同志指出的那样，冲破思想观念的障碍、突破利益固化的藩篱，解放思想是首要的。如果思想不解放，就很难看清各种利益固化的症结所在，很难找准突破的方向和着力点，很难拿出创造性的改革举措。1996 年 12 月，孙建博和林场新的领导班子上任伊始，就敏锐地意识到困难再大也不怕，怕的是林业人的思

想保守、不解放。

（一） 解放思想是解除束缚、获得发展的前提

习近平主持召开十九届中央全面深化改革领导小组第一次会议时强调"全面贯彻党的十九大精神 坚定不移将改革推向深入"。针对多年积累下来的体制不顺、机制不活等问题，原山林场班子没有被困难吓倒，而是在艰难中创业、在困境中求生，积极解放思想，改革创新。原山林场建场60年来特别是改革开放40年来的生动实践表明，如果没有矢志不渝地坚持深化国有林场改革、坚持"原山改革永远在路上"、立足原山实际大力发展林业产业，就无法从市场中持续获得生态保护资金，就无法按照组织要求先后接管、代管4家困难事业单位，就不可能让全场职工都过上人人羡慕的好日子，就会使整个事业发展失去经济的支撑，仍旧守着绿色的聚宝盆要饭吃，甚至连林子也守不住。40年来，原山彻底打破了干部任用的身份界限，提出了原山"双联""一家人"等科学理念，力挽狂澜于大厦将倾，将一个管理混乱、人心涣散的"要饭林场"团结起来，"党员干部为事业干、为职工干，职工为自己干，大家一起为国家干"，并按照组织要求先后接管、代管了淄博市园艺场、市实验苗圃、市林业培训中心、市委接待处下属颜山宾馆4家濒临困境的事业单位，团结原山1000多名职工，"一家人一起吃苦、一起干活、一起过日子、一起奔小康、一起为国家做贡献"。

（二） 改革创新是破解发展中一切困难的最有效途径

坚持解放思想、改革创新是原山林场多年来一以贯之的一条准则，也是新班子在2009年6月30日对全场所做的"三个不变"重要承诺之一。场领导深刻认识到深化改革是时代的要求，是经济社会发展的呼唤，是职工群众的期待，改革的步伐绝不能停顿，更不能倒退。

通过不断解放思想，原山林场在具体实践中总结推出了一系列的创新办法、举措，例如，在全场党员中实行"五星级"管理，群众评星，荣誉定星，违纪摘星，使先进的有荣誉感，中间的有紧迫感，落后的有危机感，全场党员干部学有榜样，赶有目标，争有标杆；通过全场基层党组织

的战斗堡垒作用，凝聚起原山干事创业的强大动力，困难面前敢闯敢试、敢为人先，矛盾面前敢抓敢管、敢于碰硬，以实干精神破解改革道路上的各种难题。针对多年积累下来的体制不顺、机制不活等问题，走出去取经问路，坐下来分析比对，解放思想，大胆变革。打破干部终身制，让能者上、庸者下；制定在职职工岗位责任制工资分配办法；推行职工竞争上岗制度；对下属企业实行能股份的股份，能租赁的租赁，能承包的承包，变"死钱"为"活钱"；组建了集生态林业、生态旅游、餐饮服务、旅游地产和文化产业五大板块于一体的企业集团，使原山逐渐走出困境。

走在前列，是习近平总书记对山东工作提出的明确要求。淄博市委、市政府明确提出了"以走在前列为目标定位，着力建设工业强市、文化名城、生态淄博"的总体要求，在广大干部群众中引起了强烈共鸣，全市上下想发展、盼发展、求发展的愿望十分强烈，同时，也对原山的工作提出了更高的要求。在成绩面前，原山人没有止步，而是把眼光放得更宽、望得更远，向着更高的目标奋进。从 2004 年开始，原山掀起了"二次创业"的高潮，先后制定并实施了四个"三年计划"。近年来，原山林场严格按照淄博市委、市政府提出的"一个定位、四个着力、十个率先突破"总体要求，把"始终走在前列"当作原山改革发展的目标定位，不断发展壮大林业产业，永葆原山在全国林业系统的改革旗帜地位。场党委、场委会正稳步实施"六大突破"：一是在稳健发展、绿色发展上要有重大突破；二是在全国实施大区域防火体系创新建设上要有重大突破；三是在推进生态文化游、争创国家 5A 级景区上要有重大突破；四是在打造艰苦创业教育基地上要有重大突破；五是 180 多名党员联系 1000 多个林场家庭的"双联"工作要有重大突破；六是在基础项目建设上要有重大突破。不仅如此，通过改革，原山还要在党建、旅游、职工民生、奉献社会等方面创造更多的全国旗帜。

实践证明：要发展，总会面对这样或那样的困难、矛盾，要改革，就不能因为包袱重而等待、困难多而不作为、有风险而躲避、有阵痛而不前进。唯有改革才能不断破除这些困难和矛盾。闯过去了，前方的道路将是一片坦途；停下来，只能是死路一条。解放思想、改革开放是一个与时俱进的过程，是一个不断凝聚力量、形成共识的过程，也是一个攻坚克难、解决问题的过程。

(三) 用艰苦创业精神凝聚起干事创业的强大动力

艰苦创业精神是中国共产党人的政治本色和优良传统。原山精神的核心是艰苦奋斗、艰苦创业,这是新时代传承红色基因的现实样板,也是新时期对红色基因、红色精神的诠释。没有艰苦创业的精神支撑,原山林场也不可能克服改革发展过程中的各种困难和问题,凝聚起各项事业不断向前发展的强大动力。艰苦创业,在1957年建场、到处荒山秃岭的年代需要发扬,在以2020年提前建成现代化林场为目标的今天更不能丢。在原山人眼里,它不是哪一个时代的产物,而是成就任何事业、任何时代都不可缺少的强大精神动力。原山林场党委书记孙建博说过,当初我们在全国国有林场中第一个提出建设艰苦奋斗纪念馆,没想过搞成什么样板,就是希望把艰苦创业的光荣传统一代一代地传承下去,作为原山发展的一面镜子,任何时候都不能丢掉。也正是由于原山人不断从艰苦创业精神中汲取力量,时刻自省自警,才会在一路鲜花和褒奖面前,坚决抛开了功劳簿和安乐椅,向着未来更高的目标一直砥砺前行。

艰苦奋斗没有休止符,艰苦创业永远在路上。长期以来,在全国"林业英雄"、林场党委书记孙建博的带领下,林场通过苦干、实干,在长期干事创业过程中逐步形成了具有时代特色的原山精神:对党忠诚、勇于担当的政治品格,珍爱自然、和谐共生的生态理念,廉洁勤勉、奉献人民的职业操守,不忘初心、艰苦奋斗的优良作风。在原山精神的鼓舞和感召下,原山一班人为淄博、为国家创造了一片宝贵的绿水青山,为社会创造了更为宝贵的精神财富。

2016年7月,山东原山艰苦创业教育基地建成并正式投入使用。基地坐落于原山林场石炭坞营林区,建筑面积5000余平方米,以"艰苦创业"和"生态文明"为主题,集教、学、研、展为一体,全方位展示原山林场干部职工艰苦奋斗、改革创新、走共同富裕的道路,实现林场由弱到强、跨越发展的创业历程和宝贵精神,被国家林业局命名为"国家林业局党员干部教育基地""国家林业局党校现场教学基地"。

基地核心为原山艰苦创业纪念馆。配套原山党性体检馆、原山山脉大区域森林防火体系等 20 多个现场教学点，拥有国家林业局管理干部学院、山东省委党校等专家及老林业工人等组成的师资团队。2017 年，基地接待全国党政参观团体 4000 多个、10 万人次。目前，基地每天可接待学员 1000 人，不但为传承红色文化做出了积极贡献，而且为景区品牌建设注入了新的内涵，有力地拉动了旅游业创收。

2017 年 3 月 17 日，在中央党校召开了"学习习近平总书记系列重要讲话精神暨山东原山艰苦创业教育基地党员干部培训教材出版座谈会"，《淄博市原山林场——新时期艰苦创业的典范》正式出版。中央党校常务副校长何毅亭强调，原山艰苦创业教育基地是新时期党员学习的教育典范。为了进一步提高党性教育的针对性、实效性，为各部门党校提供更加丰富的党性教育基地资源，2018 年 3 月，中央国家机关党校在全国甄选了 12 家首批党性教育基地，山东原山艰苦创业教育基地成功入选。原山艰苦创业精神与井冈山精神、延安精神、沂蒙精神、焦裕禄精神等一起，成为新时期开展党性教育的重要精神财富和生动教材。为了在新时代继续弘扬艰苦奋斗精神，激励党员干部不忘使命，为建设美丽中国、实现伟大复兴中国梦做出新的贡献，2018 年 6 月 27 日，由中国林业职工思想政治工作研究会主办、山东原山艰苦创业教育基地承办的"纪念改革开放四十周年　发扬艰苦奋斗优良传统　实现伟大复兴中国梦——新时代原山精神研讨会"在北京人民大会堂山东厅举行。会议特别邀请了"感动中国十大人物"杨善洲、"时代楷模"朱彦夫、共和国第一位"林业英雄"马永顺 3 位先模人物的后代，共和国第二位"林业英雄"余锦柱、共和国第三位"林业英雄"孙建博 2 位先模人物本人和后代参加。中共中央党校、国家林业和草原局、中国残疾人联合会、中国农林水利气象工会、中共中央党校出版社、中国林业老科协、中国林场协会、中国林业职工思想政治研究会、北京林业大学、国家林业局管理干部学院、山东省委宣传部、山东省委党校、山东省林业厅、山东省残联、淄博市人民政府、淄博市委组织部、淄博市林业局、淄博市残联、淄博市园林管理局、博山区委等单位的相关领导出席会议。会上，首先由淄博市人民政府副市长王可杰致辞，3 位先模人物后代和 2 位先模人物进行了依次发言。中共中央党校教授白占群、中国残疾人联合会理事张伟、国家林业和草原局保护司司长杨超、山东省委党校副校长魏恩政分别讲话。王可杰为山东原山艰苦创业教育基地特聘顾问杨继平、姚昌恬、宋维明、王建子、吴庆刚颁发聘书。国家林业和草原局副局长彭有冬做总结讲话。与会人员一致认为，实践是最好的传承。进入新时代，"红色基因"依然焕发无穷生命力。中央党校教授白占群在发言中强调，原山精神是中国共产党在新时代的又一个精神旗帜。

为了提升教育基地的接待能力和服务水平，基地正在加快与国内知名院校合作，进一步丰富基地教育资源，为深化理论学习、提升理论素养提供更有力的支撑与指导，全力打造全国首家绿水青山干部学院。

三 扭住绿水青山森林化这项中心工作始终不放松是原山发展变化的重要动力

党的十八大首次把"美丽中国"作为生态文明建设的宏伟目标，把生态文明建设摆上了中国特色社会主义"五位一体"总体布局的战略位置。

2016年3月10日，习近平总书记在参加十二届全国人大四次会议青海代表团审议时提出，生态环境没有替代品，用之不觉，失之难存。在生态环境保护建设上，一定要树立大局观、长远观、整体观，坚持保护优先，坚持节约资源和保护环境的基本国策，像保护眼睛一样保护生态环境，像对待生命一样对待生态环境，推动形成绿色发展方式和生活方式。2013年9月，习近平总书记在哈萨克斯坦纳扎尔巴耶夫大学回答大学生提问时关于生态文明的论述：我们既要绿水青山，也要金山银山。宁要绿水青山，不要金山银山，而且绿水青山就是金山银山。这也就是我们通常所说的"两山"论。论面积，原山林场在全国4855家国有林场中只能算小字辈；论资源，这里没有名山大川可依仗。然而，就是这样一家名不见经传的小林场，在改革开放的大潮中，坚持艰苦创业，改革创新，在全国率先走出了一条保护和培育森林资源、实施林业产业化发展的新路，实现了从荒山秃岭到绿水青山再到金山银山的美丽嬗变，成为全国林业战线的一面旗帜和国有林场改革发展的典范。2017年8月14日，山东省委书记刘家义冒雨来到原山林场调研，详细了解林场发展历史和生态绿化情况，对原山林场始终坚持艰苦创业精神，把石灰岩山地变成森林覆盖率94.4%的绿水青山给予高度评价。他强调，原山林场的改革发展正是对习近平同志"两山"论的生动诠释。同年12月，国家林业局局长张建龙到原山林场调研时指出，原山林场和塞罕坝机械林场一样，是我国国有林场的先进典型。

（一）弘扬使命至上、艰苦奋斗的优良作风

使命至上是共产党人崇高的精神追求、做好一切工作的精神力量，艰苦奋斗是共产党人"两个务必"中的重要工作原则、从胜利走向胜利的精神法宝。植树造林、守护青山是林业人的神圣使命。原山林场建场60年来特别是改革开放40年来的生动实践表明，如果没有始终把"生态优先"和"以林为本"当作全场重中之重的工作来抓，原山就会失去赖以生存和发展的根本，就会背离了对淄博人民的铮铮誓言，就会动摇原山整个事业发展的根基，使整个原山发展成为无源之水、无本之木。建场之初，原山林场森林覆盖率不足2%，到处是荒山秃岭，全部家当只有"百把镐头百张锨、一辆马车屋漏天"，生产、生活条件极其艰苦。几代务林人发扬"先治坡后治窝，先生产后生活"的奉献精神，在石坡上凿坑种树，从悬崖上取水滴灌，战天斗地，石缝扎根，60年来一张蓝图绘到底，使座座荒山披上了绿装，成为鲁中地区不可或缺的一道生态屏障。1986年，国家实行事业单位企业化改革，把昔日只会种树、看树、管树的林业人逼上了市场，通过闯市场挣来了钱"养林养人"，不砍一棵树照样能致富。原山人一贯坚持"三三一"工作制，场部机关人员三天办公、三天支援一线建设、一天休息，星期天或节假日全部在一线植树绿化、支援生产；遇到春节等市民集中祭祀时期，别的单位分福利，原山人分坟头，干部职工每人负责一片，确保人们上坟祭祀中森林防火工作不出任何问题。

（二）开创"一场两制"、反哺林业的创新思维

中发〔2015〕6号文件为国有林场改革定了"生态优先"的调子。生态优先，国家全面限伐，树不能砍了，林场职工到2020年要同步实现小康，目标如何实现？原山经验告诉我们，保生态与保民生两个目标同步实现，走以副养林、以林养林的路径就可以达成目标。

在原山林场 40 年的改革实践中，他们探索出了一条"林场保生态、集团创效益、公园创品牌"的"一场两制"管理模式。通过实行"一场两制"，事企分开，组建了集生态林业、生态旅游、餐饮服务、旅游地产和文化产业五大板块于一体的企业集团。集团创造的效益全部上缴财政，财政全额返还，反哺到森林资源保护和提高职工生活中，坚持林场、集团互补。原山林场建场 60 年来特别是改革开放 40 年来，通过大力发展林业产业，采取集团购买服务的方式，每年至少有上千万的资金投入植树造林、森林防火和生态管护中，保住了原山生态林这个根本。营林面积从 1996 年的 2706 公顷，增长到 2015 年的 2935 公顷，净增 229 公顷；活立木蓄积量由 80683 立方米增加到 197443 立方米，净增 116760 立方米；森林覆盖率则由 82.39% 提高到 94.4%；林区内连续 20 年实现零火警。

（三）构筑依法保护、科学管理的现代管理体系

一是与中国林科院、北京林业大学等高等科研院校建立了院士工作站和北方种苗花卉研发中心；二是依靠在市场中挣得的资金，在全省建立了第一支森林专业扑火队，在山东最早建起了微波视频监控中心，在国家林业局的支持下率先安装了雷达探火系统；三是从 2014 年起，原山林场积极构建大区域防火体系，连续 3 年为周边 67 个自然村免费赠送摩托车、灭火机、防火服等物资 2000 多台套，为打造鲁中地区森林防火屏障发挥了积极作用；四是 2015 年 8 月，原山与博山区检察院合作建立了全省第一家生态环境检察室。林场与检察院、森林公安一起走村串户进行宣传教育，周边村集体侵占国有林地、林木的现象基本绝迹。

改革的措施千万条，生态保护这条根本不能动摇。随着"绿水青山就是金山银山"重要论断得到进一步贯彻，原山的生态资源将得到更加有效的保护。生态就是资源，保护生态环境就是保护生产力，改善生态环境就是发展生产力。生态保护不可能一蹴而就，也不可能一劳永逸。只有持之以恒、久久为功，才能形成人与自然和谐发展的新格局。原山将继续坚持"以人为本抓防火"和"防火就是防人"的科学理念，把科学管理、科技防火、专业人员的严格管理等各方面因素都充分调动起来。无论原山如何

发展，原山都要始终不渝地把几代原山人用汗水和生命换来的这片生态林保护好、利用好、发展好。

四 坚持以人民为中心、维护发展职工利益
是原山发展变化的关键

党的十八大报告指出，任何时候都要把人民利益放在第一位。为人民服务是党的根本宗旨，以人为本、执政为民是检验党一切执政活动的最高标准。

2012 年 11 月，习近平就任中共中央总书记之后郑重承诺："我们的责任，就是要团结带领全党全国各族人民……坚定不移走共同富裕的道路。"

在党的十八大以来砥砺奋进的六年多时间里，以习近平同志为核心的党中央牢牢把握人民群众对美好生活的向往，坚定不移贯彻"共享"等新发展理念，努力使发展成果更多、更公平地惠及全体人民，推动我国朝着共同富裕方向稳步前进。

（一）认真践行"一家人"理念

这么多年来，为什么原山人总能在几乎不具备任何条件的时候创造奇迹？为什么总能完成其他单位想干却又干不成的事？为什么社会上总是对原山人刮目相看？根本的一点，就是"一家人"理念，5 个事业单位和 1 家企业的职工同在一个平台上，虽然身份不同，但是待遇一样。党委书记孙建博在不同场合讲过多次，"一家人"理念不是你讲我不讲，不是我讲你不讲，而是原山这个大家庭需要共同遵循的"家风""家训"。这个"一家人"不仅是原山"一家人"，更是社会"一家人"，要通过"爱心原山""雷锋私家车队"这些有益平台，通过"爱心月月捐"等活动的开展，将更多的原山大爱播撒向社会。

（二）积极构建"双联"网络

为了保持与职工群众的血肉联系，原山充分借鉴淄博市人大"双联"的办法，根据《关于加强场党委、场委会与职工代表联系及职工代表与职

工联系工作的通知》的要求，每名班子成员要联系 6~7 名职工代表和中层以上党员干部，每名职工代表和中层以上党员干部联系 3~6 名普通职工，将包括离退休人员在内的全体职工都纳入"双联"网络，架起 1000多个林场家庭的"彩虹桥"，强化情感管理。职工在工作、生活上有了任何诉求，都可直接找到自己的联系点，全场上下联系渠道畅通，问题可以及时得到解决。

职工张敏是 2011 年 4 月从原淄博颜山宾馆整合来到原山的，现在是原山大厦客房部的一名工作人员。过去由于单位长期亏损，工作没有保障，有时候不得不四处给人家打零工，生活比较困难。她的爱人原来在淄博钢厂工作，是单位的技术能手，不但工作认真负责，还积极参加单位组织的炼钢技术比武等活动，连续几年被评为"先进工作者"。可是好不容易张敏在原山安定下来，一家人的生活刚有一点起色，她的爱人又下岗了。常年从事炼钢、铸铁等重体力劳动的他，还落下腰椎间盘突出的疾病。他到处找工作、到处打工，先后干过电气焊、铣床、维修等工作，由于年龄大加之身体有病，遭到了很多用工单位的排斥，好不容易找到一份工作，还总是拖欠工资。女儿想学画画，但是看到高额的学费，两口子又犯难了，学费凑不齐，孩子学不了特长，心里觉得对不住女儿，都说"贫贱夫妻百事哀"，为此，夫妻间经常闹矛盾，影响了家庭的和睦。

就在张敏一筹莫展的时候，场里开展了"双联"工作，建立了原山林场"双联"信息平台，架起了林场与职工沟通交流的桥梁，她的"双联"联系人王钰到家中走访时，了解到她的实际困难，通过"双联"渠道向场里反映了她的情况。很快，通过"双联"程序，场里了解到她家庭的困难，立刻安排政工科找她谈话，在原山给她爱人安排了工作。当张敏听到这个消息时，激动之情难以言表，她说："说实在的，过去的单位常年亏损，早就不知道按月拿工资是什么滋味，是原山以宽广的胸怀接纳了我，给了我稳定的工作、可观的收入，我已经心存感激，今天，原山又以同样的胸怀接纳了我的爱人，帮助我解决了家中的实际困难，我真是太感激了。"张敏的爱人来到林场工作后，场领导在百忙之中还不忘询问他家庭、工作的情况。对于每一个人的困难，场领导都会记挂在心。当张敏的爱人按时领到了进场的第一份工资，漂泊了 4 年的那颗心终于安定下来，夫妻二人心中就像吃了一颗"定心丸",孩子上学的钱、老人看病的钱都有了,家庭没有了后顾之忧,工作起来也更加有动力,家庭也越来越和睦,踏踏实实地过上了幸福生活。

（三）坚持民主议事和人民当家做主制度

"十二五"以来,林场职工连续 8 次增长工资,私家车拥有量超过50%,有的家庭已拥有 2 辆。通过发展林业产业先后解决职工家属、子弟就业 100 多人次。原山发展了,在党和政府支持下发展起来的原山人,一刻也不忘回报社会。从岗位奉献做起,原山不断将"爱心原山"向社会积极延伸,扎扎实实地开展一系列扶残助残、奉献社会的公益活动。在社会上第一个为淄博市"共享阳光光明工程"捐助善款 120 万元,为淄博无障碍市的建设奠定了基础;努力开发适合残疾青年就业的工作岗位,吸收 53名残疾人到原山就业;组织开展了"爱心原山"雷锋私家车队走上街头奉献爱心活动,用自己的实际行动为弱势群体提供力所能及的帮助;每年都组织团员青年走进淄博社会福利院,看望照顾孤残儿童,进行志愿服务;在"五四"青年节到来之际,与博山区红十字会联合开展"爱心原山"红十字造血干细胞捐献志愿队血样采集活动,全体团员青年志愿者以加入志愿队并志愿捐献造血干细胞的形式度过了属于自己的节日;在"六一"儿童节到来之际,组织林场青年走进区特教中心,看望、慰问特教中心的同学们,并与他们欢度"六一"儿童节;先后多次邀请市社会福利院、市特教中心的师生走进原山如月湖,观看国宝大熊猫,让孩子们亲近自然、共享阳光;积极参加博山区组织的"心丝带"爱心公益活动,并成立"心丝带 爱心原山景区志愿队",为计生特殊家庭提供志愿服务;2015 年 8 月 8日,在山东省庆祝全国"肢残人活动日"之际,"爱心原山"志愿者们与来自全省 17 个地市的残疾人代表举办"旅游无障碍 共登齐长城"活动,在志愿者们的帮助下,全体残疾人代表陆续登上了齐长城。

原山林场建场 60 年来特别是改革开放 40 年来的生动实践告诉我们:如果没有始终坚持"一家人"理念,没有始终坚持以事业为重,没有把职工的利益看得高于一切,而是借助原山这个平台让主要领导和中层干部谋利益、发大财,原山这艘巨轮就会偏离了正确的航向,就会走上个别人富裕、广大职工贫穷的老路子，就会失去全场职工的爱戴、支持和拥护，就不可能把全体原山人的力量团结起来、干事创业。如果没有把道德建设、法治建设摆在更加突出的位置，没有大张旗鼓地开展道德林场、法治林场和小康林场建设，越是快速发展，整个原山事业和职工个人、家庭就会越危险。40 年来，原山人始终把"遵规矩、守纪律、讲道德、有担当"挺在前面、刻在心上，依托"爱心原山"这个平台，在争做幸福原山人的同时，不断把更多幸福送给社会。1000 多人的单位、3000 多人的小社会，没有发生一起刑事案件，没有让一个原山人掉队。

五　科学决策和林场治理水平提升是原山发展变化的重要保障

"不谋万世者，不足谋一时；不谋全局者，不足谋一域。"生态环境不仅决定人类的生存质量，而且决定一切生命的生存质量；不仅决定我们今天的生活质量，而且决定子孙后代的生活质量。生态环境是人类共同的生命，也是人类共同的未来。

40 年来，原山林场一班人不等不靠、主动作为，在没有任何资源优势可言的前提下，将一个名不见经传的国有小林场发展成为拥有固定资产 10 亿元、年收入过亿元的全国林业战线的一面旗帜。在党中央、国务院《国有林场改革方案》正式出台、全国国有林场改革全面推开的时代背景下，原山探索并创造出的典型经验为处于改革风口的全国 4855 家国有林场提供了可学习、可借鉴、可复制的现实样板。时任国务院总理温家宝同志专门做出批示，国务院副总理回良玉亲自到原山视察。

（一）实施体制机制创新，积极推进科学决策

2015 年初，《中共中央　国务院关于印发〈国有林场改革方案〉和〈国有林区改革指导意见〉的通知》（中发〔2015〕6 号）正式下发，全国国有林场改革迅速推开。按照《国有林场改革方案》总体目标的要求，事业编制人员要从目前的 40 万人减少到 22 万人左右。这意味着将有超过一半以上的事业单位编制人员实行减员分流、重新安置。富余人员的妥善安

置问题成为各地国有林场改革中的头等大事。原山林场现有事业人员编制总数 493 名，改革后淄博市编委核定的人员编制只有 198 名。其余的近 300 人怎么办？从 1997 年开始，原山林场在"三定"方针的指导下，成立了原山集团股份制国有公司，负责安排林场富余人员，同时解决职工家属、子女就业问题，确保职工队伍稳定。实行"老人老办法、新人新办法"。所谓"老人老办法"，即原来的身份不变，离退休按原身份办理，到现在的原山集团工作；"新人新办法"，即所有招收的新员工，无论社会招收还是职工家属子女，都按照合同制企业职工进行招聘和用人安排。这一做法，既解决了林场和集团用人不足的问题，又解决了集团发展中各种人才引进的问题，明确了身份和用工的关系，彻底理顺了林场职工的后顾之忧。随着原山集团事业的壮大发展，20 年间，淄博市委、市政府又先后把淄博市良庄园艺场、淄博市实验苗圃、淄博林业培训中心、淄博市委接待处下属颜山宾馆 4 个陷入困境的事业单位交给原山林场接管、代管，这一部分人员仅是身份就有七八种，还有的很多年没有缴纳一分钱保险，各种情况十分复杂，原山同样用分类经营的办法，给他们安排了工作，享受上了各项应有的待遇。5 个事业单位、1 家企业形成了今天的幸福"一家人"。集团和林场通过保护生态、发展产业，不仅让整合、代管的人员全部得到妥善安置，还累计为社会提供了近万个就业岗位。

原山林场建场 60 年来特别是改革开放 40 年来的生动实践告诉我们：如果没有领导班子的无私奉献，干着今天的、想着明天的、谋划着未来的，就不可能完成新老班子的交替，就不可能实现原山事业的持续、健康、稳步发展。2009 年 6 月 30 日，按照市委组织部和市林业局党委的决定，由孙建博同志继续担任党委书记、高玉红同志担任场长，一批"70 后""80 后"的年轻干部迅速成长起来，组成新的班子，继续带领全体原山人不忘初心、继续前进。今后，原山要更加严格地选拔和培养年轻干部，让更多遵规矩、守纪律、讲道德、有担当的同志走上管理领导岗位，完成更科学、合理和高效的人才梯队建设。

（二）强化管理创新，构建科学的管理制度和治理体系

在林场人员的管理上，原山林场一举打破了干部任用的终身制，采取

能上能下的科学机制，许多工人身份的同志因为业务精、有能力、敢担当、有威望，迅速被调整到管理岗位上来，一下子调动起了全场的工作积极性。"80后"花健，是2002年进场的年轻大学生，由于头脑灵活、积极肯干，短短16年的时间，已经由最初的一名酒店门童成长为林场党委委员、副场长。用他的话来说："正是由于原山事业的创新式大发展，才给我们这些林场青年一代搭建了广阔的施展平台。"目前，许多单位提拔干部论资排辈、讲老资格，而原山林场（原山集团）的管理层中，"70后""80后"的年轻干部已经占了一半以上。

（三）推动产业创新，找准经济新增长点

20世纪70年代，林场根据自身情况，制定了一些自主政策，比如探索推行承包责任制、有计划地退耕还林等，这些政策我们现在已经耳熟能详，可在当年，每一项在林业系统都是破天荒的。

国家对事业单位进行"断粮""断奶"后，作为改革试点单位，整日与大山打交道的原山人开始走出林场、走向市场，积极探索"以副养林"的路子，先后依靠银行贷款创立了木工厂、奶牛场、冰糕厂、印刷厂、陶瓷公司等副业产业。截至20世纪90年代，由于国家紧缩银根，原山产业的资金链突然断掉，发展一时间陷入困境。职工3个月开不出工资，此时市里又将濒临绝境的淄博市园艺场划归原山管理，两个"老大难"外欠债务高达4000多万元。园艺场职工1年多没领到工资，医药费3年未报一分一厘，有的职工交不起水电费，只好在电灯泡下点蜡烛，有的甚至靠卖血供孩子上学。

1996年12月31日，以孙建博担任场长的新一届领导班子上任。在巨大的困难和压力面前，原山人没有低头，孙建博在职工会议上发誓："我孙建博从今以后豁上这条命和大家伙一块干了，为了咱原山人过上好日子，就是累死在工作岗位上我也情愿！"

顶着压力，林场对下属6家亏损企业坚决关停并转，能股份的股份，能租赁的租赁，能买断的买断，使林场有限的资金一下子盘活起来。又多方筹资建起了市场前景十分看好的纸箱厂、工具厂、酒厂、苗圃等，几年下来，林场的副业项目就发展到十几个，副业年产值达到5000多万元，不仅还清了外债，还为职工补发了工资、退还了集资、报销了医药费。前所未有的改革，使亏损企业重新焕发了生机，新建的厂子迸发出强劲的发展动力。

职工们有工作了，吃上饭了，如何让他们过上衣食富足的生活，又成了原山下一步发展的目标。孙建博说："全国有 4000 多家国有林场，90% 的林场都要靠国家财政补贴勉强维持生存，我们要不等不靠，凭借大家的智慧闯出一条新路，不仅要保护好国家的森林资源，还要为国家创造更多的财富。"

原山位于城市近郊，孙建博敏锐地察觉林场非常适合搞休闲旅游，于是提出了依托林场森林资源优势、大力发展森林旅游产业、建设山东省第一家森林乐园的想法。但没想到，林场职工提出了反对意见，上级林业部门领导也不看好。有两种意见最突出：一是认为原山只是个小山头，这样的山头淄博市内就有上千个，发展旅游没有任何优势；二是按照政策规定，建设森林乐园不能占林场土地，更不能破坏林木，只能买周围村庄的插花地，而林场资金极其短缺。有的职工说，林场最缺的是钱，最不缺的是地，用我们最缺的钱去买我们最不缺的地，不是傻了吗？而且当时我国的假日旅游政策还没有出台，发展旅游业前景未知。但林场班子经过详细分析、科学研判，最终力排众议发展旅游业。没有资金，便带领职工亲自干，大伙儿在工地上搬石头、和水泥、砌石堰等。一位市旅游局的领导到原山视察，寒冬腊月，一下车就被眼前热火朝天的劳动景象感动了，二话没说，脱下大衣便跟林场职工一块干了起来。就这样，1999 年 6 月 1 日，依靠自身力量建成的山东省第一家森林乐园开园，各路记者纷至沓来。当年 10 月 1 日，我国第一个旅游黄金周到来，由于原山快人一步，迅速在市场中挣得"第一桶金"，全省林业系统的改革现场会在原山召开，各地国有林场负责人都来到原山参观学习。

原山人始终快人一步。紧扣森林生态这个主题，又先后创造了"两个全国第一"：第一个得到国务院总理批示的国有林场、第一个以旅游命名的市内列车——原山旅游号；创造了"四个省内第一"：第一家森林乐园、第一家鸟语林、第一家民俗风情园、第一家大型山体滑草场；创造了"六个市内第一"：第一个国家级森林公园、第一个 4A 级景区、第一个国家重点风景名胜区、第一个全国青年文明号、第一个山东十大新景点、第一个山东十佳森林公园。这些年来，原山从输出服务到输出管理，从经营景点到经营品牌，已与多家景点实现了合作，集团拥有 4 个景区、2 处旅游度假区、6 家宾馆和 1 个大型会展中心，被淄博市民亲切地称作"淄博市的后花园"。2000 年，博山区政府决定将区里的 7 处景点交给原山管理，2013 年又支持原山联合地方 7 家 A 级景区启动创建淄博首家 5A 级旅游景区，2016 年 8 月，《原山国家森林公园创建国家 5A 级旅游景区提升规划》顺利通过专家组评审。山东省林业局一位领导曾感慨地对孙建博说："过去都是让人家接管林业资源，现如今，林场能整合地方景点，真是给咱林业人争了气。"

淄博市是齐国故都、聊斋故里和陶瓷名城，历史悠久，旅游景点众多，但是长期以来，景点之间各自为战，"星星多月亮少"，缺乏在全国叫得响的拳头产品。为了落实市委、市政府关于"坚持高标定位、提振精神、勇于担当、开拓进取"的指示精神，在新常态下推动淄博大旅游实现大发展。2015 年 4 月，原山国家森林公园创新、创造性地提出了"淄博生态文化游"大区域战略格局，将 A 级景点、重点旅行社、特色商品、陶瓷琉璃、红色文化、有机农产品等旅游元素有机串联起来，当年便整体接收博山景区 1 家，联合淄博市 10 家 A 级景区、50 家省内重点旅行社，向省内 17 个城市游客赠送"淄博生态文化游"一卡通门票、"博山旅游"一卡通门票 30 万张，总价值超过 6050 万元，一举打破了景区单纯依靠门票经济的藩篱，"淄博生态文化游"品牌价值和对外影响力迅速提升，在有效拉长游客驻留时间的同时，也在空间上使旅游产业链条得到迅速延展。每到周末或节假日，博山周边的宾馆、商务酒店一房难求，二日游、三日游的团队、散客大幅提升。按照世界旅游组织（UNWTO）的测算，旅游产业每投入 1 元钱，将带动相关产业 4.3 元的社会消费。从 2015 年 4 月底到 11 月，短短 7 个月的时间，"淄博生态文化游"为淄博旅游市场带来了几百万的人气，通过来淄博游客的二次消费、三次消费，预计带动当地约 2 亿元的总体消费。仅 2015 年"十一"期间，累计有 200 多个旅游团队、近千辆旅游大巴车为"淄博生态文化游"输送过夜游客，使博山境内的住宿、餐饮持续火爆，辐射带动作用一直延伸到周边的淄川、张店、沂源等区县。据了解，"淄博生态文化游"旗下的 10 个景区入园游客人数均实现同比增长，综合收入得到大幅提升，50 家重点加盟旅行社也赚得盆满钵满。

第六章

原山林场基本实现现代化发展战略规划

党的十九大提出，从现在到 2020 年，是全面建成小康社会的决胜期。根据原山林场发展实际，2017 年已初步建成小康林场。站在新的历史起点上，如何百尺竿头更进一步，开启国有林场改革发展新时代，奋力夺取国有林场现代化建设新胜利，继续担当引领全国林业时代标杆，对原山林场来说，既是挑战，更是机遇。为此，林场决策者们深入贯彻落实习近平新时代中国特色社会主义思想、党的十九大精神、中央经济工作会议和省市经济工作会议精神，顺应我国社会主要矛盾转化，乘势而上，担当作为，提出了"以 2018 年中国改革开放 40 周年为新起点，到 2020 年，在全国全面建成小康社会三年攻坚决胜期，把原山林场打造成新时代中国特色社会主义现代化国有林场的典范"的奋斗目标，更好地发挥国有林场在生态文明建设中的主力军作用，积极践行"绿水青山就是金山银山"伟大论断，全面推进国有林场走进新时代。

一　指导思想和发展目标

（一）坚持以习近平新时代中国特色社会主义思想为指导

深入贯彻落实党的十八大以来提出的一系列新理念新思想新战略、出台的一系列重大方针政策和推出的一系列重大举措，按照党的十九大的决策部署，牢牢把握新时代我国社会主要矛盾变化，牢固树立"四个意识"，坚定"四个自信"，按照中国特色社会主义事业"五位一体"总体布局和

"四个全面"战略布局，统筹推进国有林场经济建设、政治建设、文化建设、社会建设、生态文明建设，协调推进初步建成现代化林场、全面深化改革、全面依法治场、全面从严治党，大力践行新发展理念，早日建成社会主义现代化国有林场，始终保持全国国有林场改革发展排头兵地位，永当学习标杆。

（二）以基本实现现代化为主要奋斗目标（2018～2020年）

按照党的十九大提出的坚定走生产发展、生活富裕、生态良好文明发展道路的要求和中央农村工作会议提出的实施乡村振兴"产业兴旺、生态宜居、乡风文明、治理有效、生活富裕"20字总要求，在2017年原山林场全面建成"道德林场、法治林场、小康林场"和创建为省级文明单位的基础上，到2020年，初步建成"森林保护优先、林业产业发展、治理科学高效、基础设施完备、文化底蕴丰厚、职工生活富裕、林场和谐美丽、全面从严治党"的社会主义现代化国有林场，创建为全国文明单位，继续走在全国国有林场改革发展前列，以实际建设成效担当好全国国有林场学习借鉴的榜样。

二 战略规划实施的基本原则

（一）贯彻新发展理念，培育新增长点，形成新动能

坚持新发展理念，破解发展难题，厚植发展优势。"创新、协调、绿色、开放、共享"的新发展理念是相互联系的统一整体，是相互促进、相互依赖、相互作用的体现辩证法普遍联系的观点。"创新"体现辩证法永恒发展的观点，发展的实质就是创新，即新事物的产生和旧事物的灭亡；"协调"是解决发展过程中的不平衡问题，蕴含联系的观点及矛盾发展的不平衡性原理；"绿色"是解决人与自然的关系，体现事物的普遍联系；"开放"体现事物的外部联系及内外因相互关系原理；"共享"体现社会公平正义。坚持和贯彻新发展理念，就要崇尚创新、注重协调、倡导绿色、厚植开放、推进共享，不断培育新增长点，形成新动能。

（二）深化依法治场实践，加强法治、德治相结合的治理体系建设

坚持法治林场建设、法治与德治相结合。要坚持一手抓法治、一手抓德治，既重视发挥法律的规范作用，又重视发挥道德的教化作用，以法治体现道德理念、强化法律对道德建设的促进作用，以道德滋养法治精神、强化道德对法治文化的支撑作用，实现法律和道德相辅相成、法治和德治相得益彰。

（三）强化原山精神文化传承，培育和践行社会主义核心价值观

坚持原山文化的传承，打造百年和谐林场。要秉承以先进文化引领原山科学发展的理念，坚持以人为本、以文化育人，深化构建以传承老一辈"爱原山无私奉献，建原山勇挑重担"精神、改革开放时期"特别能吃苦，特别能战斗，特别能忍耐，特别能奉献"的原山精神、新时期"一家人一起吃苦、一起干活、一起过日子、一起奔小康、一起为国家做贡献"的原山精神，大力践行"对党忠诚，勇于担当的政治品格；珍爱自然，和谐共生的生态理念；廉洁勤勉，奉献人民的职业操守；不忘初心，艰苦奋斗的优良传统"的新时代原山精神，以及"党员干部为事业干、为职工干，职工为自己干，大家一起为国家干""爱心原山"公益道德品牌等具有原山特色和时代特征的林场文化体系。

三　基本实现现代化的重点任务

（一）加强生态林培育和保护管理

1. 完善生态林建设体系

一是强化营林区生态林建设的主体责任。营林区是林场最基层的管理单位，在其管辖范围内具有全方位立体化管理的职能。进一步强化营林区生态林建设的主体责任，实行林中空地补植、森林抚育、森林火灾预防、林业有害生物防控、防人畜破坏、林地管理、文明营林区建设、安全生产等多位一体管理模式，增强营林区工作的主动性、创造性。确保林中空地补植到位、森林抚育管理到位、森林火灾预防到位、林业有害生物防控到

位、林木林地管理到位、文明林区建设到位、安全生产措施到位，真正做到守土有责、守土负责、守土尽责。

二是完善生态林监督管理机制。强化生产技术科、森保站、林政科等场部机关职能部门的业务指导和监管职能，确保营林区生态林建设主体责任的履行。对各营林区生态林保护管理涉及的各项业务工作，均由场部机关相关职能部门按照场党委、场委会的授权，负责履行好业务指导和监管工作。

三是优化各项管理制度。场部机关各科、室、站、所，要对照新版《建设现代化林场从建章立制做起——淄博市原山林场管理制度汇编》，按照"新时代、新理念、新担当"要求，积极开展制度创新，不断优化各项管理制度，明确监管和业务指导职责，认真履职。同时加强部门间沟通协调，形成监管合力，确保部门监管和业务指导到位。

2. 加强生态林基础设施建设

一是完善管护和业务用房建设。2018～2020年，重点完成良庄营林区、樵岭前营林区、石炭坞营林区老旧管护和业务用房拆除重建工程，配套水、电、暖、路、绿化美化及相应的办公、生活、娱乐设施，建成文明美丽社会主义新林区的样板。

二是规划建设或提升改造防火道路。在重点林区规划新修防火道路20千米，硬化升级现有沙土路8千米。重点建设凤凰山北大门至森林航空消防停机坪保障车辆通道、凤凰山上山路原有防火公路改造硬化、石炭坞营林区丁家林至黄栌泉原有防火公路改造硬化、石炭坞营林区辘轳把至庙岭东翅垭口4条防火道路。其中，凤凰山北大门至森林航空消防停机坪保障车辆通道路基宽6米，2条改造道路按原有路面宽度破碎外运整平后重新硬化。石炭坞营林区辘轳把至庙岭东翅垭口道路建成后，通过原有道路升级硬化，与毕家山、刁花峪等林片实现硬化道路互联互通。

三是建设岭西营林区驻地安全饮水工程。岭西营林区驻地远离村庄，生产生活用水非常困难，需到几千米外山谷内的小溪取水。遇有阴雨或大雪天气，道路泥泞路滑，取水非常困难，林区用水更无保障。规划2018～2020年解决岭西营林区驻地安全饮水问题。解决方案：一是在营林区驻地附近打深水机井，抽取地下水解决，根据初步勘探，井深约需600米；二是在房峪建设小型拦水坝，截取小溪河水解决。两个解决方案均需配套建设蓄水池、变电器及输电输水管线。

四是完善森林防火视频监控点建设，计划升级改造 3 处老监控点，新建 4 处新监控点、1 套综合指挥调度平台。到 2020 年，使全场所有森林防火视频监控点全部升级为目前先进的双光谱（可见光＋热红外）森林防火自动报警一体化前端设备。实现林区监控图像高清化，满足火点自动报警功能，同时在中心可借助地理信息系统（GIS）对火点进行定位，并进行火灾预警分析。同时，新建 20 处智能图像采集语音警示卡口，具备人员、车辆经过时触发摄像头抓拍、语音警示、红蓝闪灯警示功能。

五是完善现有四处新建双层防火瞭望台太阳能发电装置，基本满足瞭望台照明、电地暖、低功率电饭锅、对讲机手机充电等用电需要，尽可能地改善瞭望人员的工作环境条件。同时，规划新建四处双层防火瞭望台，总结现有四处新建双层防火瞭望台建设太阳能发电装置的经验，对发电装置进行规划升级，升级为风光互补或其他更为先进、更能保障瞭望台正常供电的发电装置，确保瞭望人员上得来、住得下、集中精力做好森林火灾瞭望工作。

六是充分借鉴先进经验，科学规划，建设引水上山工程，实行以水防火，实现扑火方式多样化、科学化，更有把握地把可能突发的森林火灾扑灭在萌芽状态，实现生态保护现代化。规划先期在重点林区石炭坞营林区建设塘坝 2 座、蓄水池 2 处、深水井 1 眼，铺设输水管道 33 千米及接头、阀门、消防栓等配套设施，建设泵站 2 处，配套汽油机水泵 2 套，建设配电室 2 处，购置变压器 2 台，架设输电线路 3 千米及其他配套设施。待取得经验后，逐步在其他营林区开展规划建设。

七是积极争取基础设施建设资金，力争完成夹山村、池子村等现有老旧护林点改造工程。每年雨季过后集中对砂石路面防火道路进行维修维护。规划新建森林消防队伍营房 1200 平方米、训练场地 3000 平方米，设有办公室、培训室、活动室、食堂、宿舍、机具库、装备库、必要的健身器材等，并可根据实际需要配建车库及必要的附属设施。进一步完善长青林基础设施，继续开展林区散乱坟头迁移集中管理工作，减少森林火灾隐患。

3. 打造一支新时代专业防火队伍

对专业森林防火队伍完成新老交替，建设一支不少于 50 人、以退伍军人为骨干力量的森林消防专业队伍，按照"四化"要求，打造一支新时代符合市场发展规律的专业防火队伍。

一是加强理想信念教育，坚定专业防火队员的理想信念，不忘初心，牢记保护绿水青山的责任使命。专业防火，保护青山。要教育专业防火队员遵规矩、守纪律、敢担当，按照军事化管理要求，时刻以军人为标准，树形象、当标杆，强体魄、听召唤，守使命、勇担责，打造成为全场职工学习的榜样。

二是加强专业防火队的能力建设。能力建设首要的是队伍建设。在继承传统的基础上，人人都要在新技术方面实现突破。建设现代化防火体系，就必须有现代化理论来武装头脑，要学好、用好现代化技术，防好火、管住火，出现火警能迅速控制，确保将现代化技术应用到现代化林业中去。

三是确定好防火扑火的任务目标——打早、打小、打了。有了目标，要围绕目标来备战。首先，要抓好人的体能这个关键因素。强健的体能是防火队员的基本条件。要加强体能锻炼，制定体能指标，每年对防火队员开展一次体能查体。身体状况不达标者，一律不准上岗。其次，要加强扑火能力体系建设，首要目标是确保人员安全零伤亡，确保每个人员不出安全问题。最后，要制订培训计划，确保遇到任何情况都能实现打早、打小、打了，确保生态资源零损失，打造一支在山东乃至全国叫得响的防火队伍样板。

四是加强队伍组织建设。严格遵规矩、守纪律、听指挥，把"专业防火保生态"作为第一使命和郑重承诺，更要树立担当精神，队伍中的党员都是标杆。要进行一帮一的帮教活动，使非党员达到火线入党、工地入党、文明岗入党、技术能手入党、工作方式创新入党，把志愿入党作为每位同志一生的追求和坚定的理想信念，使防火队人人是党员、人人是标杆、人人当表率，成为原山人人向往的、最光荣的岗位，发挥防火队在全场的旗帜引领作用。

五是建设一支林业专业化队伍。从现在开始，按照林业专业化的要求建设专业防火队，主动适应防火工作季节性强的特点和防火等业务工作政府购买服务的发展趋势，通过专业培训，人人成为防火扑火、荒山造林、病虫害防治、园林绿化施工、工程机械维修的技术能手，打造一支一年四季有战场、能够全年服务林业的工程兵队伍，发展成为防火等业务工作政府购买社会服务的对象，为实行市场化运作奠定能力基础，最终实现企业化管理，把队伍建成专业公司，成为政府购买服务、专业输出服务的典范。

六是加快实施"工匠"培养战略。专业防火队员除应具备常规灭火能力外，每名队员都要尽快成为一名林业"工匠"。在现代化管理体系下，要围绕问题、死角、难题制定目标，做到人人有绝活，打造一个防火等业务工作无所不能的样板，成为政府舍得拿钱购买社会服务的优秀团队。

七是时刻不忘初心，牢记使命，永远保持艰苦奋斗的优良传统。教育专业防火队员一切为了党和人民，不管路走多远、发展的有多快，艰苦奋斗永远是务林人的本色，"一家人"理念永远是林场人的追求，要保持和发扬"四个特别"的精神，更要坚定"千难万难，相信党、依靠党就不难"这个根本，苦干、实干、拼命干，打造一支建设现代化林场过硬的先锋队伍。

4. 加强新技术推广应用

一是同中国林科院合作开展森林生态价值体系评估，建设原山生态大数据。经过60年的保护和建设，林场已经产生了巨大的生态、经济和社会效益。科学、准确地评价林场森林资源的生态、经济和社会价值，将更真实地反映林场的建设成果，对于指导今后林场发展，更好地践行生态文明建设具有重要的指导意义。项目基于最新资源数据、最新资源评估技术，科学构建评估指标体系，准确核算林场的资产及生产服务价值。

二是在防火体系建设中实施科技防火。改建原山林场凤凰山临时停机坪1处，面积不小于60米×60米。规划建设原山大区域森林防火空中巡护项目，建立一支无人机巡护分队，购置护林防火巡护专用无人机，确保在道路不通、悬崖谷底等处的无人机巡护，打造空地一体的立体化巡护体系。

三是推广应用近自然育林技术，加快低效林分更新改造，推进森林质量精准提升。按照国家林业局着力提升森林质量的要求，根据近自然育林理论，编制完成林场新一轮森林经营方案。抓紧实施森林质量精准提升工程，抓好森林抚育和退化生态林更新改造，不断提高森林质量，确保森林生态系统安全健康，不断增强森林生态系统抵御自然灾害的能力，不断提高森林的生态效益、社会效益。加强林木种苗培育和优化种苗树种结构，重点培育乡土树种，确保森林的适生性和稳定性，建立生态稳定和生物多样性丰富的森林结构。

四是组建和完善数字超短波通信网，对现有无线通信系统进行升级改造，新建150兆森林防火通信专网固定基站，建立数字无线通信网络，升级和完善森林防火指挥中心。以解决僻远林片防火通信"最后1公里"联络问题，重点解决林场到护林员、人工瞭望哨到扑火前指、前指到扑火队长（员）的通信联络。

五是坚持科学防治林业有害生物。规划每个营林区建设一处林业有害生物固定监测站，打造全场林业有害生物灾害预防和监测预警系统云平台。加强林业有害生物的常规性监测和虫情调查，积极做好预防工作。加强与"大院、大所、大校、大企"的交流合作，引进推广应用一批科研成果和新技术，坚持实施无公害科学防治，确保继续保持"有虫有病不成灾"。

5. 加强森林消防装备建设

一是森林消防队伍装备配备。按照《森林消防专业队伍建设标准》，对森林消防专业队伍的交通、通信工具和扑火机具进行达标和升级建设，每支队伍配备一定数量的消防水车、运兵车、工具车等专用车辆；配备通信器材、指挥帐篷、个人防护、野外宿营等装备；配备风力灭火机、移动水泵、细水雾灭火器、脉冲水枪等高效灭火工具。逐步实现森林消防专业队伍装备机械化和规范化，提升专业队伍快速机动和控制扑救火灾的能力。

二是森林防火物资储备库建设和物资储备规划。原山林场现有防火物资储备库200平方米，规划不再新建。根据防火物资实际消耗和报废管理规定，规划购置风力灭火机100台、灭火水枪40套、高压水泵3台、串联水泵2套、脉冲水枪5只、油锯10台、消防铲30只、大斧20把、二号工具 100 件、防火服 200 套、防寒服 100 套、帐篷 30 顶、睡袋 50 个、消防运兵车 1 辆、消防水车 1 辆。

（二）围绕上市目标发展绿色产业

绿化公司作为原山的首要支柱产业，对于能否建成现代化林场起着举足轻重的重要作用。2017 年 11 月，场党委把各行各业的优秀代表组建成绿化公司新的领导班子，并提出三个总体目标。一是要在规范经营上达标，遵规矩、守纪律、敢担当；二是在创新上要有大的突破，特别是在转变经营方式上要有突破，工作要坚持"红线"和"底线"，各负其责，严禁乱作为；三是在做大做强上有突破，把绿化公司打造成为原山新的支柱产业，到 2020 年实现公司上市的目标。

实现上述总体目标，着重从以下 6 个方面入手抓落实。一是战略上有目标。争取与上市公司渗透，把绿化公司融到东方园林这样的大上市公司中，成为其子公司，走入股不持大股的上市之路。二是向公园地产找突破。实现适合绿化公司发展的项目和围绕绿化公司发展的项目全力推进。三是公司各项工作要以创一流为目标，严格按照场党委、场委会的决策部署去落实好、执行好、传承好，包括员工形象、后勤保障等方面，要彻底改变工作等靠、遇事拖沓等老林业思想，党的建设是关键，真正做到"有困难找支部，怎么干看党员"，发挥好党员的引领作用。四是按照绿化公司到 2020 年实现上市或达到上市的目标要求，由财务科对照上市公司的标准查缺补漏，规范管理，提升财务管理水平。五是加快实施人才培养战略，依托平台发挥知识和品牌的作用。新世纪竞争的不是产品和优势，而是实力和能力、智慧与人才，新班子要在现有基础上，培养出一批"90后""00后"等新时代需要的人才队伍。六是不忘初心，艰苦奋斗，按照"一家人"理念，发扬"四特"精神，苦干、实干、拼命干，永远牢记"事业是干出来的，幸福是通过实干挣来的"。

（三）决胜 5A 创建，重振原山生态文化游

要坚定信心，排除万难，以创 5A 景区和入股不持大股为主线，决胜 5A 创建工作，重点在基础建设方面补齐短板。按照 2016 年 7 月 30 日召开

的规划提升评审会的要求，配套建设5A级旅游景区配套工程。推进"吃、住、行、游、购、娱"向精品化经营发展，积极拓展"商、养、学、闲、情、奇"新旅游六要素，实现"富人进山、穷人进城"的目标战略。

一是建设如月湖湿地公园游客中心。建设地点位于博山区南外环路通往景区的路口西北侧。要转变思路、突出特色，按照创5A的规范和要求高标准进行建设，确保达到创5A的标准要求，使其成为博山南部山区生态旅游集散地。

二是对通往如月湖湿地公园景区道路及景区环境进行提升。重点对道路两侧进行绿化美化提升。要突出特色和亮点，达到四季常青、三季有花、一季有果的效果。同时，对通往如月湖湿地公园景区道路两侧山体及部分景区山体进一步进行绿化，重点是旅游道路两侧山体和景点附近可视山头绿化美化，自2018年开始，在如月湖湿地公园由下往上逐步对现有低效林进行更新改造，规划补植常绿树、彩叶树等林木，提升景观价值。

三是在凤凰山景区建设齐长城博物馆。通过对位于凤凰山景区齐长城模拟工程南侧的生态园宾馆进行改造，建设山东齐长城博物馆项目。使人们来到淄博，不仅能参观齐国古都、古齐长城遗迹以及修复的齐长城模拟工程，还能通过参观齐长城博物馆了解齐长城历史全貌，在为原山创建5A级旅游景区加分的同时，也为打造山东"一山一水一圣人一长城"的大旅游格局助力。

四是继续完善餐饮住宿服务功能。规划重点在原山现有四个宾馆的基础上进行提升。第一，拿出规划方案，争取相关资金，对原山大厦进行提升改造。要争取相关资金，按照淄博市中心城区市委市政府定点接待饭店——齐盛国际宾馆的装修模式进行装修改造，全方位提升原山大厦接待服务功能。第二，学员公寓规划新装修两栋公寓楼，在既定方针不能改变的基础上，参考借鉴优秀的设计典范。通过软硬件设施建设，确保到2020年，餐饮、住宿、服务方面达到创建5A级旅游景区的标准要求，为原山旅游业深度融合发展奠定基础，重振原山生态文化游昔日雄风。

五是在如月湖湿地公园外围规划建设会展中心项目。会展活动是拉动旅游和经济社会发展的强力引擎。规划在山东原山艰苦创业教育基地南侧对面规划建设森林公园国际会展中心项目，具备举办国际级大型商务会展、召开各种大型会议的功能，实现博山区大型会展会议场所新突破。国际会展中心建成后，架设横跨辘轳把大峡谷的天桥，将两座山体连接到一起，使森林公园国际会展中心与山东原山艰苦创业教育基地遥相呼应、快速互通，成为博山区、淄博市、山东省乃至全国新旧动能转换的现实范例。

六是全面提升原山国家森林公园、如月湖湿地公园、白石洞景区的软硬件旅游设施。包括旅游道路交通系统、导游讲解、旅游公厕、导识系统、智慧景区、环境质量、景区卫生、旅游安全、警示系统、旅游购物、票务服务、邮电服务、游览设施、环境保护、综合管理等方方面面，使其全面达到5A级旅游景区评定标准。争取2020年底前全面通过5A级旅游景区达标验收，成功创建为国家5A级旅游景区。

七是创新做好旅游宣传推介工作，重点在宣传方式上寻找突破。要学习外地旅游宣传的成功做法，以搭建互联网、大数据、新媒体作为新突破，创新性地策划出宣传促销手段和营销办法。把同齐商银行的战略联盟作为亮点，推出持齐商银行卡到原山景区旅游项目，争取更大领域的融合发展。把旅游、餐饮、养老捆绑发展，通过合作降低宣传成本，达到最佳效果。

（四）以研发"博山菜四四席"品牌为突破口，提升原山餐饮服务业的社会影响力和市场竞争力

"博山菜四四席"，是山东省博山地区的传统饮食习俗。所谓"四四席"，就是按菜肴多寡分类的一种宴席，可供八人一桌聚餐的四平盘、四大件、四行件和四饭菜计十六品。作为近百年来博山人士宴请宾客的一种菜肴规制，因它的许多优点而历久不衰，是博山地域文化在饮食方面的特色体现。林场投资开办的淄博原山宾馆作为博山地区有影响力的、博山区唯一一家党政机关和事业单位会议定点接待酒店，为来自全国各地的宾客提供体现地方特色的饮食服务是其义不容辞的责任。

一是通过广告等宣传形式，把原山大厦和学员公寓打造成为博山菜的两处典范试点。特别要在接待中用心研究游客的喜好口味，把"博山菜四四席"作为一个品牌推广出去。通过提升菜品档次和服务质量，同时核定

好用餐价格，做到菜品和价格相符。

二是通过多种途径培养一大批优秀厨师，进一步提升原山大厦的菜品。加强练兵比武，让优秀厨师挑大梁，体现"优者上、庸者下、劣者汰"的管人用人原则。通过深入挖掘自身特色，学习高档酒店菜品，加强四季特色会议餐的制作，杜绝用餐浪费现象。创新抓好招徕客源的方式方法，在原有活动的基础上，创新举办特色系列活动，制订活动计划，按照方案把大的活动举办好，打造好餐饮服务业的品牌。

三是不断提高服务软实力。加强餐饮服务人员的服务技能和接待礼仪培训，让客人来到原山不仅能住得下、吃得好，还能感受到家一般的亲情和周到温馨的服务，高兴而来，满意而归，进一步提升原山餐饮服务业的社会影响力和市场竞争力。

（五）以原山艰苦创业教育基地为载体，着力建设"山东绿水青山干部培训学院"，发展壮大原山红色文化旅游产业

认真贯彻习近平同志"绿水青山就是金山银山"的重要论断，以山东原山艰苦创业教育基地为载体，着力建设"山东绿水青山干部培训学院"，进一步发展壮大原山文化产业，向教育产业寻求突破。积极寻求与各级党校、高等院校合作，以建设教育教学实践基地和现场教学基地模式，从参观学习向教育教学延伸。按照学院办学宗旨，面向全国林业系统开设国有林场改革、森林旅游、森林防火、林业有害生物防治、林下经济经营、林业机械技能培训、绿化工程养护等课程；面向全国各级党政机关、企事业单位和社会团体，组织学员学习研究、宣传贯彻"两山"论，牢固树立绿色发展理念，提升绿色发展能力，推动生态文明和美丽中国建设。同时，加快山东原山艰苦创业教育基地挂牌工作，争取100家企事业单位在基地挂牌，强力推进关联产业发展。到2020年，山东原山艰苦创业教育基地关联产业总收入要实现过亿的目标。

重点建设项目包括：一是利用原五七干校大四合院改造建设党性体检中心项目。二是完善艰苦创业教育基地教学配套设施，增加食宿、会议场所。学员公寓在现有8栋公寓楼的基础上，规划再增加2栋，使学员公寓楼总数量达到10栋，缓解当前接待床位紧张的状况；规划再建设能安排

500 人同时就餐的大型学员餐厅 1 处、能容纳 500 人的大型会议室 1 处，配套建设若干个中小型会议室、餐厅，满足不同需求、不同规模的会议、培训需要。三是开展"山东绿水青山干部培训学院"教学楼前期规划工作，达到满足培训接待的要求。待"山东绿水青山干部培训学院"批复立项实施后，迅速推进教学楼建设工作，尽快达到中短期培训班办班要求。四是进一步完善配套设施和绿化美化周边环境，建设绿色文明校园，使艰苦创业教育基地服务设施更加完善。

（六）利用存量房地产落实森林康养工程，强力发展养老产业

养老产业是未来的新兴产业，是国家重点支持的项目。养老工作也是现在摆在林场一班人面前的一项重要工作。养老和旅游、服务都是原山的优势，在原山都是容易做成、且不难做的产业。20 多年来，旅游、服务一直是原山发展的最大引领。通过近几年的打造，教育基地已经成为原山最大引领。下一步要重点打造养老产业，使其成为新的引领。要借鉴学习各地养老产业的先进经验，做具有原山特色的养老工程。一是强力落实森林康养工程。森林康养是以森林资源开发利用为主要内容，融入森林游憩、休闲、度假、疗养、保健、运动、养老等健康服务新理念。原山国家森林公园是全国首批"森林氧吧"，有着 4 万多亩森林，森林覆盖率达到94.4%，森林康养具有广阔的发展前景。要充分利用原山的区位优势，以森林景观、森林环境、森林食品、生态文化等为主要资源和依托，强力发展森林浴、森林休闲、森林度假、森林体验、森林运动、森林教育、森林保健、森林养生、森林养老、森林疗养、森林食疗（补）等森林康养产业，积极推进森林康养建设。二是充分利用原山存量房地产，在如月美庐度假区拿出 2 栋楼作为健康养老、自由养老试点，逐步推进、逐步完善、逐步扩大，市场重点要面向机关干部、企事业单位退休人群。三是按照分时养老、托管养老、健康养老、修学养老等策划、实施，以制定的基地建设实施的教学大纲思路为标准，进一步制定切实可行的养老实施办法，达到有多种养老方式可供选择的效果。四是要想做大做强、做成品牌，就需要大批的专业人才做支撑，做好引资、引智工作。要选择成功养老产业去参观学习，通过借鉴先进经验，顺应康养发展趋势，把养老项目做成康养

项目，满足老年人对美好晚年生活的向往和健康养老需求。五是积极争取与医疗单位合作，推进医养结合，满足老年人养老就医需要。通过养老业发展带动其他产业的发展，真正做到以"老"带产业，实现低碳发展、高质量发展。

在利用存量房地产落实森林康养工程、强力发展养老产业的同时，继续谋划发展原山地产项目。重点做好以下项目规划前期工作：一是原凤凰山庄用地规划调整。二是对建设于20世纪80年代的林场场部老旧宿舍区、原林业印刷厂用地规划改造，开发建设住宅楼，争取列入棚户区或老旧小区改造项目。三是加快原颜山宾馆2号院合作开发工作进程，争取早日确定合作开发大盘。以上地产项目前期工作争取2020年以前全面完成，确保2020年底前上述规划项目全线开工建设。

（七）深入实施"互联网＋"林业行动计划，大力实施融合发展战略

一是深入实施"互联网＋"林业行动计划，加强综合办公系统建设，完善基础网络设施，维护网络和信息安全，用林业信息化带动林业现代化。操作实践好与齐商银行电子旅游年卡合作项目，不断拓展"互联网＋森林旅游""互联网＋林业产业"的发展领域，将原山从"线下"搬到"线上"。在游客中心建设中，充分利用现有的森林防火监控系统，充分结合、合理统筹，建设综合智慧林业、智慧旅游平台。

二是开展交流合作，不断加强同国家林业局对外合作中心、亚太网络中心和管理干部学院的合作，寻求在一带一路林业合作框架下的新突破。以教育基地为依托，承接各类国际林业培训班。加强对外交流合作，同内蒙古贺兰山国家级自然保护区共同探寻走进新时代的生态林保护模式，在贺兰山国家级自然保护区建设和提升10万亩西部生态脆弱区的优质高效生态林，做成西部领先、全国示范的生态林建设模式和样板。

三是用"走出去"的办法经营原山品牌，包括同山西五台山、内蒙古贺兰山、海南三亚的交流合作，赶上西部大开发、沿海大开放，并拓展国际交流合作，搭上"一带一路"的班车。

（八）坚持以人民为中心，全面提升林区民生水平

完成场属住宅区连接自来水工程，保障职工饮水安全。在 2017 年初步实现道德林场、法治林场、小康林场"三个林场"建设的基础上，按照社会主义核心价值观和法治林场建设要求，进一步夯实"道德林场、法治林场"建设基础，进行更高层次的道德建设、法治建设，普遍提升全场职工的道德素养和依法治场、依制度治场水平，使广大职工过上幸福、美满、不浪费的新时代生活。同时，坚持以人民为中心的发展思想，不断提升广大职工的民生水平。到 2020 年，彻底根除部分职工在教育、就业、收入、社保、医疗、养老、居住、环境等方面的操心事、烦心事，在幼有所育、学有所教、劳有所得、病有所医、老有所养、住有所居、弱有所扶上不断取得新进展。职工家庭住房更加宽阔，实现家用电器、网络信息、家用轿车、智能服务普遍化，职工家庭经济收入更加宽裕，全场家家户户有存款，退休职工人人享有进原山养老院的福利，吸纳更多有就业需求的职工子女回到原山就业、创业，使原山职工子女就业率达到 100％，更好地传承好原山精神，凝聚全体原山人的力量，撸起袖子、扑下身子加油干，用全体原山人的不懈奋斗创造更加美丽幸福的新家园，使全体原山职工向共同富裕迈出坚实步伐。

（九）加强党的建设和群团工作

按照习近平总书记在党的十九大报告中提出的新时代党的建设总要求，坚定不移坚持全面从严治党。坚持"三会一课"制度，每年举办 4 次专题学习班，其中包括 2 次全场党员干部培训班，全面深入学习新党章和党内法规制度，全面落实中央八项规定精神和省市贯彻实施意见。创新党建做法，坚持开展党员五星级管理和各支部每季度 1 次的党性体检活动，不断提高党的建设水平。按照"领导班子过硬，党员队伍过硬，党内生活过硬，基础保障过硬，功能发挥过硬"的要求，推进实施"骨干提升工程，先锋引领工程，熔炉淬炼工程，兜底保障工程，功能互促工程"，打造过硬党支部、过硬党员。到 2020 年，全面完成过硬党支部和过硬党员建设任务，人人当标杆，发挥旗帜引领作用，使基层党支部成为战斗堡垒，

全体党员成为原山事业发展中名副其实的先锋队。

工会、共青团的工作要参照党建工作要求开展，包括召开会议、组织学习等都要参照执行。要根据工会和共青团的特点，组织开展广大职工喜闻乐见、适合不同年龄段特点的形式多样的群众性活动。继续做好"双联"工作，在全场开展加强场党委、场委会成员与党员干部、职工代表、职工联系和党员干部、职工代表、机关人员与职工联系活动（简称"双联"），推进全场干群关系更加融洽，"一家人"理念更加深入人心，进一步激发"党员干部为事业干、为职工干，职工为自己干，大家一起为国家干"的工作热情，为实现百年美丽、和谐、富饶林场奠定更加坚实的基础。继续开展好"双联"进千家活动，通过每季度1次的入户联系，进一步了解广大职工的所思、所想、所盼，及时疏导思想、化解矛盾，鼓励广大职工献计献策，同心同德，同向同行，及时有效解决林场干事创业中遇到的困难和问题，增强广大职工的凝聚力和向心力。

四　大力夯实培育基本实现现代化的基础条件和关键条件

（一）大力夯实基础条件

1. 改革开放 40 年来取得的辉煌成就奠定基本实现现代化的重要基础

改革开放 40 年来取得的辉煌成就为原山林场率先基本实现现代化奠定了重要基础。特别是党的十八大以来，成就是全方位的、开创性的，变革是深层次的、根本性的，是党和国家发展进程中极不平凡的 6 年，也是林场实施新旧动能转换，实行"转调创"，实现科学发展、高质量发展的 6 年。以习近平同志为核心的党中央不忘初心、砥砺奋进，有效应对国际国内诸多风险和挑战，解决了许多长期想解决而没有解决的难题，办成了许多过去想办而没有办成的大事。十八大以来，国家对林业的高度重视和支持，给林业人无比的信心和力量，为原山提供了更加广阔的干事创业的平台。林场坚持以习近平新时代中国特色社会主义思想和党的十九大精神为指导，深入贯彻"创新、协调、绿色、开放、共享"的新发展理念，以实际行动诠释了习近平同志"绿水青山就是金山银山"这一伟大论断，始终坚持"生态"二字不动摇，始终以保护生态环境为己任，始终坚持"改革永远在路上"，践行"创新、发展、实干、奉献"理念，以"一家人一起吃苦、一起干活、一起过日子、一起奔小康、一起为国家做贡献"的理念为指引，以坚定的步伐迈向现代化国有林场，成为推进国有林场改革发展、建设社会主义生态文明的先锋和典范。

2. 党中央对生态文明建设的战略定位为基本实现现代化提供根本保障

党的十八大将生态文明建设纳入"五位一体"中国特色社会主义总体布局，要求把生态文明建设放在突出地位，融入经济建设、政治建设、文化建设、社会建设各方面和全过程。林业是生态建设和保护的主体，国有林场是我国生态修复和建设的重要力量，是维护国家生态安全最重要的基础设施，承担培育和保护森林资源、维护国家生态安全、保护生物多样性、建设生态文明的重大职责。

党的十九大报告站在中国发展新的历史方位上，论述了大力推进生态文明建设的伟大意义，对加快生态文明体制改革、建设美丽中国进行了全面部署。报告将"美丽中国"确定为新时代社会主义现代化建设的重要目标，成为社会主义现代化建设的战略任务之一。建设生态文明是中华民族永续发展的千年大计，要坚持人与自然和谐共生，树立和践行"绿水青山就是金山银山"的理念；人与自然是生命共同体，人类必须尊重自然、顺应自然、保护自然；要加快生态文明体制改革，建设美丽中国。这些是习近平新时代中国特色社会主义思想的重要内容，为建设生态文明和美丽中国、推进林业现代化建设提供了基本遵循，指明了前进方向。

3. 原山人坚定跟党走的政治信念和原山精神的弘扬光大是基本实现现代化的核心条件

原山建场 60 年来特别是党的十八大以来，原山人始终坚信"千难万难，相信党、依靠党就不难"的理想信念。原山从"要饭林场"发展到林业战线的一面旗帜，关键在于相信党、依靠党、始终不渝跟党走。原山在艰苦创业、推进改革的进程中，始终以党建文化作为林场文化的核心，以发挥共产党员的先锋模范作用和基层党组织的战斗堡垒作用为基点，用朴实语言教育党员干部，"千难万难，相信党、依靠党就不难"。在国有林场新时代的发展中，要继续保持老一代原山人"爱原山无私奉献，建原山勇挑重担"的原山精神，还要坚持改革开放时期"特别能吃苦，特别能战斗，特别能忍耐，特别能奉献"的原山精神，沿着新时代的目标，按照"一家人一起吃苦、一起干活、一起过日子、一起奔小康、一起为国家做贡献"的理念，基本实现林场现代化。要继续加强党建工作，强化理想信念教育。继续以党建工作为核心，以加强党建和打造过硬党支部为总抓手，打造改革、创新、发展、廉洁、包容的党员干部队伍，促进原山党员全面实现严、实、硬，进一步坚持"千难万难，相信党、依靠党就不难"的坚定理想信念，使"党员干部为事业干、为职工干，职工为自己干，大家一起为国家干"成为全体原山党员干部职工的思想自觉和行动自觉。

（二）积极培育关键条件

1. 创新发展，永葆国有林场改革旗帜地位

党的十八大以来，原山继续坚持"发展"这个第一要务，始终保持着迅猛发展的势头，在国有林场改革的关键时期，原山利用自身发展的经验，创新性地走出了一条"一场两制"的路子。林场一班人始终坚持"改革永远在路上"的发展理念，坚持"防火就是防人"的生态保护理念，坚持"群众路线从'双联'做起""法治林场从建章立制做起"的管理理念，在国有林场改革实践中率先实现了山绿、场活、业兴、人富的目标。原山的发展，也得到国家和省、市、区各级领导的一致认可。2005 年 9 月1 日，时任国务院总理温家宝曾做出重要批示：山东原山林场的改革值得重视，国家林业局可派人调查研究，总结经验，供其他国有林场改革所借鉴。

2017 年 5 月 10 日，为进一步激发林业系统广大干部职工改革发展的工作热情，全国绿化委员会、国家林业局做出了《关于开展向山东省淄博市原山林场学习活动的决定》；2017 年 6 月 9 日，中共淄博市委、淄博市人民政府发出了《关于开展向原山林场学习活动的决定》；2017 年 6 月 14日，中共博山区委、博山区人民政府发出了《关于深入组织开展向原山林场学习活动的通知》。2017 年 8 月 14 日，中共山东省委书记刘家义到原山调研，对原山林场始终坚持艰苦创业精神，把石灰岩山地变成森林覆盖率94.4% 的绿水青山，又把绿水青山变成金山银山给予高度评价。2017 年 12

月 14 日，国家林业局局长张建龙到原山视察，对原山林场建场 60 年来所取得的"山绿、场活、人富、林强"成就给予高度评价，对原山"一家人一起吃苦、一起干活、一起过日子、一起奔小康、一起为国家做贡献"的"一家人"理念表示赞同，对原山"一场两制"改革所取得的丰硕成果表示肯定。

2015 年 3 月，国有林场改革方案发布后，原山林场立即成立改革发展领导小组，围绕生态保护、产业发展、民生建设等多次召开改革发展领导小组会议，系统谋划改革发展之路。为进一步推广原山改革创新经验，在各级党委政府和组织部门大力支持下，建成了省内第三处党员干部综合教育基地——山东原山艰苦创业教育基地。原山坚持创新发展理念，在全面推进国有林场改革的进程中始终走在全国前列，永葆国有林场改革的旗帜地位。

2. 协调发展，助推五大产业齐头并进

1996 年底以来，原山林场认真汲取事业单位企业化管理初期因盲目上项目、办企业造成大面积亏损形成巨额负债的教训，从 1997 年起，对林场原有产业布局和结构逐步进行调整。首先，关停并转了下属 6 家亏损企业，挤出资金用于市场前景十分看好的企业。其次，经淄博市经济委员会批准，组建成立"淄博原山集团有限公司"，形成淄博市原山林场、淄博原山集团有限公司、原山国家森林公园"三位一体"的管理体制，制定了"林场保生态、集团创效益、公园创品牌"的发展战略。最后，通过大力发展森林旅游，加快新旧动能转换，推进了产业转型升级，形成了五大产业协调发展、齐头并进的局面。

发展生态旅游业可追溯到 1992 年 12 月经林业部批复建立的原山国家森林公园。多年来，在市委、市政府的正确领导下，在市林业局等主管部门的大力支持下，按照"发展大旅游、开拓大市场、形成大产业"的总体战略，原山国家森林公园坚持以人为本，实施科学管理，大力培植生态旅游业，促进了森林旅游景区质量档次和服务水平的整体提升。既非名山大川，也不具备旅游资源优势的原山国家森林公园逐步成为淄博旅游龙头、山东知名旅游景区，形成了原山旅游品牌。党的十八大以来，原山一班人"坚持高标定位、提振精神、勇于担当、开拓进取"，在新常态下启动了

5A 级旅游景区创建工作。通过旅游品牌的带动作用,原山绿化产业、餐饮服务业、旅游地产业、生态文化产业应运而生、快速发展。

原山绿化产业起步于 2003 年。经过十余年的发展,不断做大做强。2015 年被国家住建部批准为"城市园林绿化一级资质企业",成为淄博市仅有的 4 家一级资质企业之一。原山餐饮服务业自 1999 年 8 月 22 日第一个接待服务场所——原山旅游度假村开业以来,始终伴随旅游业的发展不断壮大规模,现已拥有各种档次宾馆 5 个、旅游度假区 2 个、分时度假村 1 个、演艺中心 1 个。旅游地产更是直接依托原山国家森林公园的区位和品牌优势,打出"旅游地产"和"分时度假"新概念,集旅游、休闲、度假、居住为一体,使旅游业与地产业无缝连接。借助原山丰厚的文化底蕴发展起来的生态文化产业深深扎根于基层林场这片热土。通过发展生态文化产业,有力促进了其他产业的发展。

今后,林场要继续实施协调发展战略,加强五大产业的融合发展,助推五大产业更好、更快发展,为到 2020 年基本实现现代化林场提供产业条件。

3. 绿色发展,持续培育和管护森林资源

党的十八大以来,原山始终坚持把森林资源保护作为全场重中之重的工作来抓。根据森林防火工作实践,原山林场在全国创造性地提出"原山山脉大区域防火"理念。原山与林区周边 3 个林业局、9 个镇办和 53 个行政村共同签订《防火责任状》,并连续 3 年为周边 67 个自然村配备防火物资 2000 多台套,牵头帮助他们培训防火队伍,对大区域内的所有火警做到了第一时间发现、第一时间报警、第一时间处置。2015 年,支持博山区检察院建立了全省第一家生态环境检察室。2016 年,建立了原山山脉大区域防火监控中心,新安装热成像报警系统。2017 年,对 4 处防火瞭望台进行改造,新建雷达探火系统 4 处。原山防火队经常组织各种实战演练,多次参加林业防火技能竞赛。2016 年 3 月,副省长赵润田等领导到原山考察森林防火工作并现场观摩了森林防火扑救演练,给予高度评价。在资源管理方面,完成了森林资源"二类"调查、全省林业有害生物普查、林地变更调查、第九次森林资源连续清查等。2014 年,与五台山林业局合作进行场外造林 10 万亩,增大了森林面积,增加了森林资源。在林业有害生物防治

方面，对林业有害生物实行提前预防、群防群控、属地管理、专业治除的办法，继续加强了对监测对象的监测防控及虫情信息上报等工作，2013年6月，针对松阿扁叶蜂危害情况，首次采用直升机喷洒高效、低毒、无公害药物，取得良好的防治效果，继续保持"有病有虫不成灾"。

4. 开放发展，打造全国党员干部教育基地

2014年12月，省委组织部负责同志到淄博原山调研时提出，对原山林场孙建博和同志们的先进事迹，要系统地去总结和挖掘，把原山林场艰苦奋斗纪念馆上升到市里这个层面，组织专门团队去打造，真正搞成一个党员干部教育基地。按照市委的决策部署，原山林场配合市委组织部全力打造了山东省第三处党员干部综合教育基地——山东原山艰苦创业教育基地，成为原山开放发展的又一重要平台。教育基地主场馆——山东原山艰苦创业纪念馆占地面积7500平方米，建筑面积5000余平方米，并配套多个现场教学点，同时建有可容纳1000名学员、食宿一体化的学员公寓，基地以"艰苦创业"和"生态文明"为主题，集教、学、研、展为一体，全方位展示了60年来以孙建博同志为代表的林场干部职工自强不息、艰苦奋斗、改革创新、务实奉献，通过走共同富裕的道路，实现林场由弱到强、跨越发展的创业历程和宝贵精神。成功接待了国家林业局会议、国家林业局党校会议、国家林干院培训班、全国国有林场挂职场长培训班等多个大型林业系统培训会议。先后挂牌"国家林业局党员干部教育基地""国家林业局党校现场教学基地""国家林业局管理干部学院现场教学基地""中共山东省委党校现场教学基地""山东省生态文明教育基地""中共淄博市委党校艰苦奋斗教育教学基地""山东管理学院党性教育基地"等。2018年，入选中央国家机关党校"首批12家党性教育基地"。

山东原山艰苦创业教育基地坚持以习近平新时代中国特色社会主义思想和党的十九大精神为指导，努力把教育基地建设成为党员干部永葆党的优良传统和作风、加强党性锻炼的重要场所，建设成为广大群众培养爱国情感、培树民族精神的重要阵地，建设成为青少年学习革命传统、陶冶道德情操的重要课堂，为各级党政机关、企事业单位、大中专院校、中小学校等开展以建设生态文明、弘扬艰苦奋斗精神和开展新时代党员干部教育为主题的爱国主义教育、党员活动、教育培训、青少年研学旅行和商务培训等综合教育提供了最佳选择，也为原山基本实现现代化林场提供了一个开放发展的平台。

5. 共享发展，以党建带动幸福原山"一家人"建设

党的十八大以来，原山林场加强党建工作。认真贯彻落实党中央精神要求，开展了党的群众路线教育实践活动、"三严三实"专题教育、"两学一做"学习教育、"大学习、大调研、大改进"工作、"新时代、新理念、新担当"大讨论；组织党员参观山东沂蒙精神党的群众路线教育基地、焦裕禄纪念馆、孟良崮战役纪念馆等；设立了原山精神纪念日，开展了原山精神纪念日活动；建立了山东原山艰苦创业教育基地党性体检中心，每季度组织党员开展1次党性体检；开展道德模范、文明家庭、优秀共产党员评选活动。发挥党组织作用，全场形成"有困难找支部，怎么干看党员"的浓厚氛围。"党员干部为事业干、为职工干，职工为自己干，大家一起为国家干"蔚然成风。每年定期举办重阳节庆祝活动，让退休人员共享发展成果。原山率先建成了小康林场。同时，原山"一家人"理念通过"爱心原山"品牌积极向社会辐射、延伸，努力构建社会"一家人"。"爱心原山"团队定期举行活动，走进市福利院、区特殊教育中心等，使奉献爱心成为常态；成立了"爱心原山"雷锋私家车队，积极帮助需要帮助的社会弱势群体。党的十八大以来，原山各项发展得到国家、省市的一致认可，先后荣获"全省森林防火能力建设达标示范国有林场""全省林业科普基地""中国森林氧吧""全省林业系统先进集体""山东德耀齐鲁道德示范基地""全国旅游系统先进集体""省级文明单位"等荣誉称号。

五 强化基本实现现代化的保障措施

（一）以党的十九大精神为指导，完善各类管理制度，强化治理体系建设

没有规矩，不成方圆。实现国有林场现代化，首先要实现治理能力现代化。提高治理能力，管理制度先行。原山的成功发展离不开严格的制度建设这一基础。自《管理制度汇编》1999年实行以来，根据新形势、新变化及新的管理要求，经过多次修订，对推进林场各项管理的科学化、规范

化、制度化，对实行依法治场、依制度治场发挥了重大积极作用。新时代《管理制度汇编》的修订，按照新时代发展要求，将所有的行动规则、条条框框收录整理出来，对原有的管理制度进行进一步完善补充，为法治林场的科学运行提供了依据。要完成基本实现现代化林场的奋斗目标，没有一套严格的、有法律做支撑的制度为底线是不可能的。因此，要以新时代《管理制度汇编（建设现代化林场从建章立制做起）》为统领，坚持法治林场建设，推进治理体系和治理能力现代化。同时，在制度执行方面，还要强化制度的刚性约束，确保制度执行不折不扣、落到实处，要加强督导检查，确保管理制度落到实处，确保所有行为都在制度的范围内正常进行。

（二）解放思想，实事求是，继续勇立国有林场改革潮头

以新成立的新时代原山林场全面深化改革领导小组为核心，继续深化改革，要向基本实现现代化林场建设努力迈进，把思想和行动统一到林场决策部署上，对照新时代要求，找准问题、解决问题，在工作、思想、做人等方面有新气象、新作为，创新创造开展工作，想事、干事、干成事，使林场发展走上快车道。按照改革没有休止符、"原山改革永远在路上"的思路做好工作部署，继续深化改革。同时要总结推广原山"一场两制"成功经验，继续巩固原山改革的旗帜地位，继续走"林场保生态、集团创效益、公园创品牌"的科学发展之路。在基本实现现代化林场的进程中，要进一步加强国有林场改革、创新、发展，全面推进生态林场、民生林场、智慧林场、人文林场的现代化建设，在全国国有林场中率先实现"人与自然和谐共同发展的现代化林场"的奋斗目标，永担国有林场改革发展的学习标杆。

（三）不忘初心，牢记使命，把艰苦奋斗作为客观规律永远践行

艰苦奋斗是中华民族的宝贵财富，是中国共产党的政治本色。国以艰苦奋斗而强，党以艰苦奋斗而兴，人以艰苦奋斗而立。在长期的艰苦奋斗过程中，原山人勇于开拓、敢想敢干，开辟了一条符合原山实际、引领行业发展的全新道路，实现了山绿、场活、业兴、人富的目标，实现了让"要饭林场"变成国有林场改革的样板，实现了从荒山秃岭到绿水青山再

到金山银山的美丽嬗变。原山正是通过艰苦奋斗发展到今天，艰苦奋斗是林场人永远保持的传家宝。习近平总书记在十九大报告中告诫全党不忘初心、牢记使命。务林人就要不忘艰苦奋斗的初心，牢记绿化祖国的使命，永久弘扬艰苦奋斗精神，代代传承艰苦奋斗文化。要永远保持原山林场艰苦奋斗实践与做法，为新时代原山发展提供强劲的动力支持。同时要借助艰苦创业教育基地，将艰苦奋斗精神进一步总结提升、大力推广，为全社会提供正能量。

（四）完善"一家人"理念，深化"一家人"文化

"一家人一起吃苦、一起干活、一起过日子、一起奔小康、一起为国家做贡献"的新时期原山精神，是原山文化的核心内容，是 60 年来原山文化积淀的高度凝练。不是一家人无从谈起"一家人"文化，组成了一家人才能总结出来"一家人"文化。实践着"一家人"文化的原山人秉承老一辈务林人的光荣传统和作风，创造了一个又一个奇迹。在新时代建设现代化林场的伟大征程中，要进一步完善"一家人"理念等原山文化，不断丰富其精神内涵。全体林场人更要像习近平总书记在党的十九大报告中讲到的"像石榴籽那样紧紧抱在一起"，同心同德，同向同行，共同面对各种机遇与挑战。通过进一步深化"一家人"文化，将"一家人"理念融入全体原山人的血脉，以丰富、健康、充满正能量的精神世界，引领全体原山人勠力同心共创更加幸福美好的明天。

（五）实施人才强林战略，加快高层次人才引进和存量人才培养

事业的发展，离不开高层次的人才。原山事业的发展，需要强有力的后备人才做支持。当前新时代的竞争，已经不再仅仅停留在产品和资源上，更多的是人才和智慧的竞争，特别是智慧的竞争超过一切，因此高层次的人才培养和引进显得更为重要。要认真贯彻执行淄博市人才新政23条，强力实施人才战略，进一步推进人才优先发展。第一，要对现有的人力资源进行全面培训、整合和教育，要彻底转变思想。在保持传统文化的基础上，要学习新理念，同时要按照新时代的要求和现代化目标来落实。要在道德、思想、觉悟、做人、担当上有所突破，克服自以为是现象。要

加强学习，对专业知识、专业技能不断更新，跟上新时代发展要求，不能因循守旧、故步自封。第二，在高层次人才引进上要用足用活各级党委政府出台的人才新政，持续提升人才培养引进工作的精准度，要有新突破，用最好的岗位、待遇、措施吸纳人才。对特殊人才或领军人物的待遇，可研究内部政策，制定高标准化。全场要从战略高度凝聚共识，营造高层次人才培养引进的良好氛围。同时要加快打造高层次人才的发展平台，为培养引进人才工作提供持续动力。

同时，深入贯彻中共中央办公厅《关于进一步激励广大干部新时代新担当新作为的意见》《中共山东省委关于进一步激励广大干部新时代新担当新作为的实施意见》，把选好人、用对人放在更加突出位置；坚决清理不担当、不作为、慢作为、乱作为的干部；建立健全容错纠错机制，让广大干部轻装上阵、撸起袖子加油干。真正为那些扛重活、打硬仗的干部撑腰鼓劲，大力营造实干者受尊重、得褒奖的浓厚氛围，让改革创新、干事创业成为原山干部的鲜明特征，让人人敢担当、人人善作为成为新时代干事创业的主旋律。

（六）保持"千难万难，相信党、依靠党就不难"的信念，坚持党的领导和坚持全面从严治党

坚持党对一切工作的领导、坚持全面从严治党是新时代坚持和发展中国特色社会主义的基本方略。在新时代社会主义现代化国有林场建设过程中，要进一步深入贯彻落实党的十九大精神，深入学习新修订的《党章》，在党员干部中开展"不忘初心，牢记使命"主题教育，加强政治、思想、组织、作风、纪律建设，打造过硬党支部这个战斗堡垒，打造过硬党员这支先锋队。要加强干部队伍建设，从严加强干部管理监督，坚持正确用人导向，把遵规矩、守纪律、讲奉献、敢担当作为合格党员干部的标准。发挥党支部的主体责任，严格落实从严要求，严格落实党的组织生活基本制度，继续保持"有困难找支部，怎么干看党员"的良好氛围。要深化思想认识，全面落实新时代党的建设总要求，坚持和加强党的全面领导，坚持党要管党、全面从严治党，切实增强管党治党的政治责任，把抓好党建工作作为重中之重的工作，做到敢管敢治、严管严治、长管长治。加强党对

一切工作的领导，增强政治意识、大局意识、核心意识、看齐意识，坚决维护习近平总书记党中央的核心、全党的核心地位，坚决维护党中央权威和集中统一领导，自觉在思想上政治上行动上同以习近平同志为核心的党中央保持高度一致，始终坚信"千难万难，相信党、依靠党就不难"的理想信念。在场内要与场党委、场委会保持高度一致，坚决拥护场党委、场委会的决策部署，做到一切行动听指挥，使每位党员干部都能成为带领全场职工争当建设现代化林场的先锋战士。

第七章

原山林场治理体系和治理能力现代化

治理体系就是制度体系，治理能力就是制度执行力。治理体系和治理能力是一个有机整体，相辅相成。有了好的治理体系才能提高治理能力，提高治理能力才能充分发挥治理体系的效能。林场领导班子坚持"用制度管人、用制度管事、用制度管权、按程序办事"的工作原则，不断加强以制度为核心的管理文化建设，为原山治理体系和治理能力现代化奠定了坚实基础。

一　制度建设是事业发展成败的关键

（一）中国共产党的发展史就是一部制度发展史

中国共产党成立后，适应不同历史时期党的建设需要，科学谋划、统筹布局，制定并颁布了一系列党内法规，初步形成了以党章为核心、指导思想明确、规范效力清晰、结构相对完整、门类比较齐全的党内法规制度体系。回顾中国共产党的发展史可以看出：党的发展史就是一部党内法规制度发展史。

建党和大革命时期，为把党建设成为坚强的无产阶级的先锋队，担负起领导中国革命的重任，把制定和修改党章、健全民主集中制作为党内法规制度建设的核心任务，高度重视党的纲领、党的章程的制定和修改。同时把组织建设法规和纪律建设法规作为党内法规制度建设的主要内容，高度重视党的组织法规的制定和实施；高度重视党的纪律的制定和党员行为的规范。为党的建设和党的领导提供了基本的制度保障。

土地革命时期，党内法规制度主要是为适应地下工作和革命根据地建设、军队建设的需要而制定的，党内法规制度主要包括党章、组织制度和巡视制度。由于受特殊的历史环境影响，虽然党章和巡视条例在形式上比较规范，但其他党内法规制度的数量少、体系性和规范性不够。《古田会议决议》第一次提出并初步地解决了党的思想建设问题的应对举措，并对党的组织建设、作风建设和制度建设提出了许多解决方法并使之条文化、规范化。

抗日战争时期，党内法规制度建设围绕党的政治路线，以修改制定新的党章为核心，在党的思想建设、组织建设和纪律建设以及党的领导、党的工作方面制定了一批党内法规制度，为最后夺取全面抗日战争的胜利提供了制度保障，为此后的党内法规制度建设奠定了基础。

解放战争时期，为了保证党的总路线和总政策以及各项方针政策的贯彻落实，必须加强党的建设，维护党的集中统一领导，加强组织性和纪律性。主要是建立请示报告制度，维护党的集中统一领导；建立各级党代表大会、代表会议制度和建立健全党委会议制度，发展党内民主；建立公开建党制度，健全党员教育管理监督制度；制定进入城市工作纪律，提出"两个务必"的思想和"六条规定"，完善党员纪律处分制度；建立党内法律委员会，加强党对国家立法、司法工作的领导。

社会主义改造时期，中国共产党一方面进一步加强党的领导方面的法规制度建设，把党的意志和主张转化为国家宪法和法律，领导和组织制定《中国人民政治协商会议共同纲领》和"五四宪法"，建立执政党对国家的一元化领导制度；另一方面又加强党的建设方面的法规制度建设，制定增强党内团结的规则，建立和完善党的干部管理中的分部、分级管理制度，建立党内纪律检查监督制度，党内法规制度建设取得了重大进展。

从1956年社会主义基本制度建立至1966年"文化大革命"发动前夕，党领导全国各族人民开始进行全面的大规模的社会主义建设。在这个时期，以党的八大制定中国共产党在全国范围内执政后的第一部党章为标志，党内法规制度建设取得重大成果；为加强党对经济社会的集中统一领导，党制定和实施了系列工作条规，探索加强党的领导制度建设。同时，党分别制定实施干部轮训、交流制度，分别制定实施《中国共产党农村基层组织工作条例试行草案》《中国共产党国营工业企业基层组织工作条例试行草案》《中国共产党商业企业基层党组织工作条例试行草案》，健全党的组织方面的法规制度。党的八届十中全会通过《关于加强党的监察机关的决定》，强化党内监督制度建设。

1966 年至 1976 年"文化大革命"时期，党内法规制度建设遭受重大挫折。这个时期，虽然制定了党章和一些党内条规，但从总体上看，由于党在指导思想上的严重"左"倾错误，党内法规制度建设的内容也发生严重错误。

1978 年至 1990 年，党内法规制度建设处于恢复和改革阶段，以 1980 年党内政治生活若干准则和十二大党章为标志，在党的领导制度、组织制度、干部制度、工作制度、反腐廉政制度等方面制定了一批新的具体制度，党内法规制度建设围绕恢复和逐步健全民主集中制而改革党的领导制度等取得了重要进展。

1990 年至 2002 年，在改革开放新阶段，党特别注重加强党的规章制度建设，党内法规制度的数量大量增加，内容主要覆盖以民主集中制为核心的组织建设法规制度和以廉政准则、党纪处分条例为主干的反腐廉政建设法规制度。同时，党内法规制度的制定越来越规范化、程序化。

2002 年至 2012 年，在全面建设小康社会阶段，党内法规制度建设已经走出了一条科学化、制度化和程序化的路子。党内法规制度体系建设的目标和任务更加明确，党内法规制度体系数量明显增加，制度体系内部更加注意"成套设备"的构建；党内法规制度的法的规范性特征已经显现。党内法规制度建设在此前党规建设成就的基础上，取得前所未有的科学发展，为加强党的建设和党的领导，实现党科学执政、民主执政、依法执政提供了重要保障。

2012 年党的十八大以来，中国共产党的党内法规制度建设走上了科学化、系统化的轨道，形成了习近平新时代中国特色社会主义思想中的党内法规制度建设思想，党内法规制度体系的框架基本形成，进一步夯实了全面从严治党的制度基础。

（二）制度建设是各项事业成功的重要保证

没有规矩，不成方圆。规矩即规章制度。规章制度是用以规范内部成员行为的各种文书的俗称，是一个集合概念，泛指单位内部制定的规则、章程、制度、标准、守则等，是单位实施管理的重要工具，也是保证单位良好秩序，促进各项事业成功的重要保证。依法制定的规章制度可以保障单位的运作有序化、规范化，将纠纷降到最低限度，降低运作成本，增强竞争实力；可以防止管理的任意性，保护职工的合法权益；能使员工行为规矩，不偏离事业的发展方向。

制定和实施内部劳动规章制度，是单位在其自主权限内用规范化、制度化的方法对劳动过程进行组织和管理的行为，是单位行使用工自主权的重要方式之一，是相关法律、法规在管理过程中的延伸。规章制度主要是规范内部的生产经营和劳动，促进生产经营的发展，内部规章制度有利于保证生产和经营的安全有效，增强竞争力；有很多内容都涉及对职工合法权益的保护，有利于保护职工的合法权益。单位制定的各项规章制度，使员工在工作过程中有了共同的行为规范，对于员工的工作有了统一的衡量标准，有利于避免用人单位对员工的不公平对待。

（三）制度建设能有效促进科学管理

规矩，是做人做事的基本规则。国不可一日无法，党不可一日无纪，家不可一日无规，单位不可一日无制度。

好的制度能够使员工积极工作，促进事业快速发展；不好的制度能够使人们的工作积极性降低，阻碍事业的发展。因此，事业的发展需要建立和不断修改、完善单位的规章制度，形成适应员工、适应单位、适应社会的制度体系。建立健全规章制度，有助于单位实现科学管理，提高劳动生产率和经济效益，确保生产经营、管理活动的顺利进行，是加强内部管理，推动事业发展的可靠保证。

规章制度在工作中无处不有。小到个人职责，大到单位规章，随处可见。特别是在工作中如若没有一个规范和标准，责、权就没有办法量化，员工的价值就没法体现。同样一件事，不同的人去做，没有统一的标准，会有不同的过程及结果。任何事情都必须有一个标准，让所有的人围绕着一个标准去做，所做的过程及结果才都是一样的，这才是真正的管理。用规章制度实现非人化管理，就会把智慧凝结下来，将经营者解放出来，抑制了人为因素，实现规范化管理。

二　建章立制，规范管理，打牢现代化林场建设根基

实现林场现代化，首先要实现治理能力现代化。提高治理能力，管理制度要先行。1999 年，林场首次编制《管理制度汇编》，后来根据形势发展变化及新的管理要求，逐步完善了一系列管理办法，于 2006 年、2014 年对林场管理制度进行 2 次大的修订，进一步明确提升管理的新思路、新要求、新举措，从制度层面上去解决林场在管理中所存在的短板和瓶颈。随着原山事业的快速发展，特别是山东原山艰苦创业教育基地建立以来，需要依据新的形势、新的变化出台新的管理制度，全面推进原山国有林场改革走进新时代，2017 年林场成立专门机构对 2014 版《管理制度汇编》进行修订，形成了 2018 版《管理制度汇编（建设现代化林场从建章立制做起）》，为加快建设现代化国有林场夯实了根基。

（一）林场管护

森林管护是林场的首要和中心工作，如何做好这项工作是摆在林场面前十分紧迫的问题。为此，林场以《森林法》《森林法实施条例》《野生动物保护法》《森林防火条例》等林业法律法规为依据，进一步明确了林业管护部门及工作人员职责，修订完善营林区、苗圃地、林业有害生物防治、林业生产经营、自然保护区、护林防火、安全生产等管理制度，为做好森林管护工作奠定了坚实的基础。

1. 营林区林业生产管理

规定：各营林区根据本营林区林业生产规划需求和实际情况编制林业生产计划，报场生技科备案后，经场长批准后实施。生技科、计财科等对各营林区林业生产进行监管、指导。各营林区要加强生产管理，做到先设

计后施工，做到施工前有计划，施工过程严格按照技术要求，施工结束及时检查验收，并填写工程验收单报生技科。生技科对营林区报来的工程验收单要根据生产计划等进行初审，初审合格后会同财务科到施工现场进行工程验收。各营林区要在每季度结束后五日内将生产情况报生技科，生技科汇总后报场长和分管场长并根据有关科室要求及时提供有关资料。对不执行林业技术规程或工程质量标准达不到技术要求的不予验收，责成改正或返工，对因工程质量问题造成森林资源破坏的追究有关人员责任。

2. 苗圃地管理

要求：合理规划所属苗圃地苗木，根据各苗圃地的土质、水源条件、市场行情，以及对未来市场需求的预测，合理安排苗木品种的种植。每年秋季进行调查确定需补植苗木，上报计划，春季实施栽植。所属苗圃地内的苗木（新栽植的除外）必须达到苗全、苗旺、苗壮，其间无杂草，定期修剪和喷洒农药，不出现疫情及病虫害现象。各苗圃地所有苗木要登记造册入账，购进和售出要及时进行账务处理，对自然生长增值部分，由林场组织相关技术人员每年底评估一次，并计入账内。在苗木购入方面。大宗购入树苗必须采取招投标，对少量苗木的购入，要以质论价、择优购买，新进的苗木，须有领导审批并由苗木所属苗圃地负责人验收并签字入库。外销苗木客商订购苗木时，要先签订购货合同，明确苗木的数量、规格、标准、单价等事宜。在易耗品（农药、化肥等）的购入使用方面。化肥和农药由所属苗圃地负责人申请，购入后入账，使用时经所属苗圃地的主要负责人批准，开具出库单，并由出库人和经办人签字。已经制定《苗木生产管理细则》和《苗木移植管理制度》，对苗木生产计划编制、组织实施、苗木管理、检查考核、移植审批等各个环节做了严格规定。

3. 林业有害生物防控

坚持"预防为主、综合治理、测报为防治服务"的原则，对林业有害生物防控工作做了详细的规定，包括：调入市外森林植物应检物品申报、复检制度；林业有害生物防控工作台账登记备案制度；林业有害生物联防工作制度；林业有害生物防控工作通报制度；林业有害生物防控工作责任追究制度以及处置重大外来和突发性林业有害生物事件应急预案。

4. 林业生产经营

包括林业生产工程制度、林业生产工程检查验收办法、中央财政森林抚育补贴项目管理制度、森林资源档案管理制度、林业建设项目管理制度、林业建设项目竣工验收制度、古树名木保护管理办法、国家级公益林管理办法。

《古树名木保护管理办法》规定：古树是指树龄在 100 年以上的树木，名木是指珍贵、稀有或者具有重要历史、文化、科学研究价值和纪念意义的树木。按照有关规定，树龄 500 年以上的古树实行一级保护，树龄 300 年以上、500 年以下的古树实行二级保护，树龄 100 年以上、300 年以下的古树实行三级保护。古树名木所在营林区为负责管理、养护古树名木的责任单位，责任单位应当按照有关技术要求，制定具体养护方案进行养护、管理，确保古树名木的正常生长。古树名木长势衰弱或濒危，管护责任单位须及时报告场生技科，并按照技术要求加强管理，力求复壮。古树名木死亡，应当报生技科，确认并查明原因。古树名木责任单位应定期组织对古树名木进行巡视检查。巡视检查中发现古树名木遭受损害、生长异常等情况，或者接到相关报告后，应当及时采取相应措施并报告场生技科、林政科、派出所等部门。要加强对古树名木保护的科学研究，推广应用科学研究成果，提高保护管理水平。禁止下列损害古树名木的行为：砍伐或擅自迁移；在古树名木保护范围内新建扩建建筑物或构筑物、非通透性硬化地面、挖坑取土、动用明火、排烟、采石、淹渍、堆放和倾倒有毒有害物品；刻划、钉钉、剥皮挖根、攀树折枝、悬挂重物；其他损害古树名木正常生长的行为。

《国家级公益林管理办法》指出：林场范围内国家级公益林，按照有关规定，全部划定为二级国家级公益林。国家级公益林管理要遵循"生态优先、严格保护，分类管理、责权统一，科学经营、合理利用"的原则。要严格控制使用国家级公益林地。确需使用的，严格按照《建设项目使用林地审核审批管理办法》有关规定办理使用林地手续。涉及林木采伐的，按相关规定依法办理林木采伐手续。国家级公益林的经营管理要以提高森林质量和生态服务功能为目标，通过科学经营，推进国家级公益林形成高效、稳定和可持续的森林生态系统。在不影响整体森林生态系统功能发挥的前提下，可以按照有关规定开展抚育和更新性质的采伐。在不破坏森林植被的前提下，可以合理利用其林地资源，适度开展林下种植养殖和森林游憩等非木质资源开发与利用，科学发展林下经济。需要开展抚育和更新采伐或者非木质资源培育利用的，还应当符合森林经营方案的规划，并编制采伐或非木质资源培育利用作业设计，经林业主管部门依法批准后实施。要建立国家级公益林资源档案，并根据年度变化情况及时更新国家级公益林资源档案。加强国家级公益林的保护管理，对工作中有突出贡献的要给予表彰奖励，对违反有关规定，造成国家级公益林资源损失的，要追究其责任。

5. 山东原山省级自然保护区管理

分为总则、自然保护区的划分和保护、自然保护区的管理、自然保护区的科学研究和资源利用、处罚和奖励、附则六个方面，共24条，对自然保护区的管理做了详尽的规定，同时，林场还制定了《山东原山省级自然保护区巡护制度》，对保护区的巡护做了专门的规定。

6. 森林防火和安全生产

森林防火和安全生产是林场管护工作的重中之重，林场按照"六个一"标准（即每个护林员配备一台灭火机、一部对讲机、一架望远镜、一本护林手册、一部手机电话、一辆摩托车）配备营林区护林员装备，制定了一系列制度，护林防火管理制度包括林区火情组织处置程序、处置林区突发事件的工作预案、其他护林防火管理制度、森林资源保护管理制度、林区及边缘坟头登记管理制度、关于在林区禁止吸烟等管理规定、防火检查站标准及规定、森林防火物资管理规定、森林防火暨专业防火队伍管理补充规定、打烧防火线规范作业规定、营林区防火道路两侧可燃物清理标准和规定、建设规范化防火瞭望点规定、按照"六个一"配备装备建设规范化营林区规定等38项，安全生产管理制度包括生产安全制度、消防安全制度、治安安全制度及其他安全制度等39项。

《林区火情组织处置程序》对日常预备措施、火情处置预案做了详细规定；《处置林区突发事件的工作预案》明确了林区突发事件的监测、预警与分类，处置林区突发事件的原则和权限，林区突发事件指挥机构和职责，林区突发事件应急处置措施，林区突发事件的报告，物资储备，等等。

《森林资源保护管理制度》规定林场森林资源包括林木（含灌木）、林地以及依附其生存的野生动物、植物和微生物，要求：各营林区主要负责人是本营林区所辖森林资源管理的第一责任人，要带领员工加强对林业法律、法规的学习，全面掌握本营林区林地、林木管辖界线范围，严格管理，依法保护森林资源，维护国有林场的合法权益；场林政科负责协助营林区协调好周边四邻关系，掌握全场林地、林木管辖界线范围，监督、指导各营林区的林地、林木的管理、保护和利用情况，办理工程占用林地手续，会同派出所及时查处人为破坏森林资源的案件；原山林区派出所负责抓好森林防火、查处人为破坏森林资源案件，依法维护林区治安秩序，指导、监督护林员、瞭望人员履行职责，保护林区正常生产建设活动；生技科负责协助林政科指导营林区的界线勘查、现场指认、界线确认等工作，切实维护好国有林地资源安全；各营林区护林员、瞭望人员负责巡护森林，及时发现和制止破坏森林资源的行为（包括非法侵占林地；采石、挖沙、取土、搂取枯枝落叶；盗伐林木、割灌、砍柴；采挖采集植物根桩、枝叶；猎捕野生动物；其他破坏森林资源的行为）；各营林区护林员、瞭望人员发现破坏森林资源行为在立即进行制止的同时，应及时向营林区主要负责人通报，并向林区派出所或林政科报告，积极为派出所、林政科查处破坏森林资源案件提供破案线索；林区派出所、林政科在接到报案后应及时向场分管领导通报情况，并在第一时间赶到现场调查、取证、处理；在营林区发生危害破坏森林资源的行为，护林员、瞭望人员没有及时发现和制止的，将根据造成的损失情况给予处分和经济处罚；护林员、瞭望人员不及时汇报或故意隐瞒的，一经发现，立即对其停止工作，进岗前培训班学习，情节或后果严重的，对责任人按下岗处理；其他单位因埋没地下管道、建设架空线路以及进行其他工程建设需穿越原山林区或占用原山林地的，营林区负责人或护林员、瞭望人员必须及时向林政科汇报，依法办理有关手续；在林场没有明确答复并在双方签订协议前，营林区必须安排专人看管，严禁私自许诺、施工；林场周边村庄、企业等单位靠近原山林区边界进行工程建设的，营林区负责人要积极配合林政科做好双方界线勘定工作，并立即安排专人对施工现场进行全天看护，监督、检查有无超越林场界线施工情况，对于超越林场边界进行工程建设的，按照有关规定进行报告、处理；林区派出所、林政科对破坏森林资源案件的处理结果，在办理完结后应及时向场分管领导通报情况，并将处理结果及时反馈给营林区，安排营林区根据处理结果做好以后的巡护工作；严禁派出所、林政科、生技科及营林区工作人员在处理森林资源案件和有关问题时，与利益关系人发生工作以外的联系，严禁接收礼物、吃请、娱乐等活动。一经发现，由林场党委和场委会对责任人给予党纪政纪处分。情节严重，触犯法律的，移交司法部门处理。

（二）资产和财务管理

1. 资产管理

林场资产是指林场系统各种形式的投资和投资所形成的权益，以及依法认定为林场所有的其他权益。按照财政部《国有林场与苗圃财务会计制度》规定，林场资产表现形式为流动资产、对外投资、固定资产、无形资产、森林资源资产和其他资产等。流动资产是指可以在一年以内变现或者耗用的资产，包括现金、各种存款、存货、库存材料、暂付款、应收款项、预付款项等。固定资产是指使用期限在一年以上的房屋、建筑物、机器设备、运输设备、工具、器具等，不用于生产经营主要设备的物品，单位价值在 2000 元以上，并且使用期限超过两年的，也应当作固定资产。固定资产一般分为：房屋及建筑物（指房屋、建筑物及其附属设施。房屋包括办公用房、生产经营用房、仓库）、一般设备（指办公和事务用的通用性设备、交通工具、通信工具、家具等）。森林资源资产按其形态包括林木资产、林地资产、森林景观资产、森林环境资产等。无形资产是指不具有实物形态而能为使用者提供某种权利的资产，包括专利权、商标权、著作权、土地使用权、非专利技术、商誉以及其他财产权利。对外投资是指国有林场利用货币资金、实物、无形资产等方式向其他单位的投资，包括债券投资和其他投资。为保证林场资源的保值、增值，林场制定了固定资产管理制度、物资管理规定、废旧物资和间伐林木的处理规定、房地产开发管理制度、物业公司管理制度、工程建设管理制度、旅游业管理工作制度、旅游资源保护管理工作制度、绿化产业管理制度、餐饮服务公司管理制度、工副业管理规定等管理制度 581 项。

一是固定资产管理。建立健全固定资产管理制度，包括固定资产的安全使用制度、维修保养制度、定期盘点制度、折旧计提制度。设置固定资产登记簿，填写固定资产卡片，按固定资产类别、使用部门和每项固定资产进行明细核算。根据国家统一规定，按取得固定资产的不同来源，正确计算和确定固定资产的原始价值，及时计价入账；对已入账的固定资产，除发生有明确规定的情况外，不得任意变动。会同有关职能部门完善固定资产管理的基础工作，建立严格的固定资产明细核算凭证传递手续，加强固定资产增减的日常核算与监督。按国家的有关规定选择固定资产折旧方法，及时提取折旧；掌握固定资产折旧范围，做到不错、不漏。负责对在建工程的预决算管理。对自建工程要严格审查工程预算；完工交付使用要按规定编制竣工决算，并参与办理竣工验收和交接手续；对出包工程，要参与审查工程承包合同，按规定审批预付工程款；完工交付使用时要认真审查工程决算，办理工程款清算。对已经竣工交付使用的未办理决算的建筑工程、机械设备等，要根据预算书或合同估价转入固定资产并计提折旧，待工程决算后，再调整原估价和已提折旧。清理的固定资产，要分别按有偿转让、报废、毁损等不同情况进行账务处理。事业单位国有资产的出售、出让、转让、置换、报损、报废、捐赠以及货币性资产损失核销资产处置应遵循公开、公正、公平的原则，出售、出让和置换的资产应当通过政府批准的产权交易机构采取拍卖、招投标、协议转让、电子竞价等市场竞价方式以及国家法律、法规规定的其他方式进行（国家另有规定的除外）。处置国有资产应当严格履行审批程序，未经批准不得自行处置。财政部门和主管部门批复的资产处置文件是办理产权变动和安排有关单位资产配置预算项目的依据，也是调整有关资产、资金账目的原始凭证。资产处置中涉及预算、财务与会计事项的，按照现行预算、财务会计制度的有关规定执行。事业单位国有资产处置收入，包括各类资产的出售收入、置换差价收入、报废报损残值变价收入等，属于政府非税收入，应按照非税收入有关规定，实行"收支两条线"，上缴同级财政管理。固定资产必须每年全面盘点一次，具体盘点时间根据年终财务决算的要求决定。对盘盈、盘亏、报废及固定资产的计价，必须严格审查，按规定经批准后，于年度决算时处理完毕。

二是旅游资源保护管理。包括景区绿化、古树名木保护、古建筑修缮、景区建设会审等多个方面。《古树名木保护措施》规定：任何人不得砍伐公园内以及玉皇宫、泰山行宫的古树名木。严禁任何人在古树名木下烧香、烧纸。严禁用刀及其他锐器雕刻、划伤古树。公园内管理人员，泰山行宫、玉皇宫管理人员要经常检查古树名木的生长情况，有异常情况及时报告。对古建筑进行修缮及其他工程施工时，必须顾及古树名木的保护，不得危及古树名木安全。对古树名木经常进行病虫害防治，以保证古树名木健康生长。对古树名木按照统一设计格式挂名目牌，禁止钉在树木身上。

《古建筑修缮保护措施》要求：定期对玉皇宫、泰山行宫、吕祖庙、山神庙、齐长城等古建筑（含复建）进行检查，查看房架结构立柱、围墙等建筑构件老化、损坏情况，并做好登记。一般每年检查两次，由使用人员或管理人员实施。对于年久失修或自然原因损坏、毁坏的景观、文物及古建筑要及时填写《维修维护申请表》，上报总务科。总务科人员根据需要维修项目列出计划，列明项目、资金、时间，报领导批准后组织人员实施。维修中要按照修旧如新的原则，力求保持古建筑原有风貌，不损害建筑主体，并保持与周围环境的协调一致。通过宣传，提醒游人爱护古建筑，延长古建筑的自然使用时间。坚守工作岗位，保持景观、文物及古建筑内外及周边环境卫生状况良好，垃圾必须一日一清。保持景观、文物及古建筑的消防栓、防火锹、防火沙、防火筒等消防设施设备齐全完好，护栏、防盗门窗等完好无损。夜间值班人员严禁从事喝酒、睡觉、打牌等与工作无关之事，做好巡查，并与安全人员保持通信联系。做好交接班记录。交接班前与接班人共同巡检各种设施是否完好无损，由于交班人失职而造成景观破坏、文物和古建筑损坏遗失的，交班人承担全部责任。

三是原山长青林公墓墓区管理。公墓墓区土地所有权依法归国家，丧主不得自行转让或买卖。设置公墓管理机构或聘用专职管理人员，负责墓地的建设、管理和维护。公墓环境应当保持整洁、肃穆。祭祀物、塑料袋、死者遗物在祭祀后必须放回焚烧坑内焚烧，不得放在墓前。公墓墓志要小型多样，墓区要合理规划，因地制宜进行绿化美化，逐步实行园林化。丧主要保持好墓区内的绿化及基础设施，如有损坏，照价赔偿。车辆进入墓区必须按序停放。公墓的墓穴管理费一次性收取，最长不得超过20

年。墓穴用地要节约。凡在公墓内安葬骨灰或遗体的，丧主应按规定交纳墓穴租用费、建墓工料费、安葬费和护墓管理费。严禁在公墓内建家族、宗族、活人坟或搞封建迷信活动。墓区防火工作严格执行各级防火规定，引起火灾按有关规定追究责任。

2. 财务管理

为了进一步规范林场的财务行为，加强林场财务管理和监督，提高资金使用效益，保障林场健康发展，根据《中共中央　国务院关于印发〈国有林场改革方案〉和〈国有林区改革指导意见〉的通知》《事业单位财务规则》（财政部令第68号）等相关规定，原山林场改革后，按照"一场两制"的原则，原山林场与原山集团的财务管理实行两套会计制度，原山林场实行事业单位会计制度，原山林场下属各企业、原山集团及下属各企业实行企业会计制度。

原山林场实行事业单位会计制度，要求：林场对基本建设投资的会计核算在执行《事业单位会计制度》的同时，还应当按照国家有关基本建设会计核算的规定单独建账、单独核算。林场会计核算一般采用收付实现制，但部分经济业务或者事项的核算应当按照本制度的规定采用权责发生制。林场应当按照《事业单位财务规则》或相关财务制度的规定确定不对固定资产计提折旧、不对无形资产进行摊销。林场应当遵循先有预算、后有支出的原则，严格执行预算，严禁超预算或者无预算安排支出，严禁虚列支出、转移或者套取预算资金。严格遵守国内差旅费、因公临时出国（境）费、公务接待、公务用车及运行费、会议费、培训费等标准支出，手续不全不予支出。政府采购应当依法完整编制采购预算，严格执行经费预算、资产配置标准和预算管理有关规定，加强项目预算评审和采购方案论证，不得违规采购进口产品、超标准配置产品、超出办公需求采购服务，不得自行增加采购需求或提高项目技术规格等指标。

原山林场下属各企业、原山集团及下属各企业实行企业会计制度。要求：认真贯彻执行国家有关的财务管理制度和税收制度，执行企业统一的财务制度；建立健全财务管理的各种规章制度，编制财务计划，加强经营核算管理，反映、分析财务计划的执行情况，检查监督财务纪律的执行情况；积极为经营管理服务，通过财务监督发现问题，提出改进意见，促进企业取得较好的经济效益；厉行节约，合理使用资金；合理分配公司收入，及时完成需要上交的税收及管理费用；积极主动与有关机构及财政、税务、银行部门沟通，及时掌握相关法律法规的变化，有效规范财务工作，及时提供财务报表和有关资料。

为规范林场和下属各单位的财务行为，林场制定了计财科、计财科科长、会计主管、出纳、往来会计、税务办理人员、财物保管人员、统计人员、审计人员工作职责和场属部分经营单位财务工作制度、财政项目资金争取管理工作制度、日常会计业务事项具体办理准则等制度。《日常会计业务事项具体办理准则》对工资发放、工程施工、政府采购、工程验收、票据管理、网销业务管理、职工保险缴纳、住房公积金核对、租赁承包经营业户和公务接待费报销、差旅费报销、培训及会议费报销和公务接待及差旅费审批等做了具体规定。

（三）职工福利

为了充分调动林场干部职工生产、经营和创造性开展工作的积极性，林场着力保障和改善民生，根据财力状况和林场实际，制定相关制度，切实解决好职工就业、社会保障、住房、子女教育等职工最关心、最直接、最现实的利益问题，不断提升林场公共服务水平，切实改善职工生产生活条件，确保林场和谐稳定。

1. **工资福利与保险**

林场职工依法享受轮休日、探亲假、婚假、丧假、产假、年休假，其间工资照发。林场依法为职工缴纳养老、医疗、工伤、失业等各项保险。由林场审定批准的病休人员享受林场病休工资。经工伤认定部门认定为工伤或者视同工伤的，可享受工伤待遇。职工在指定医疗机构治疗工伤所支付的费用，按国家和省有关文件规定执行。工伤人员在工伤治疗期间的工资由林场照发。为增强职工的责任感，鼓励职工的积极性，提高劳动生产率，充分体现"党员干部为事业干、为职工干，职工为自己干，大家一起为国家干"的理念，林场对表现优秀、成绩突出的职工实行奖励制度。奖励分为：表扬、授予荣誉称号、奖金奖励、晋升提级等。对平时工作表现较差、组织纪律淡薄、违规违纪的职工实行惩罚。惩罚分为：通报批评、罚款、进入林场培训班、警告、严重警告、记过、记大过、降级、留职察看、开除场籍；情节严重，触犯刑律的，提交司法部门依法处理。

2. 年休假

为了合理安排职工工作和休息时间，保证职工休息，进一步调动职工的工作积极性，依照国家《职工带薪年休假条例》等有关规定，结合林场自身实际，制定了《年休假制度》，规定：在林场连续工作一年以上的在职在岗职工，享受年休假。职工在年休假期间享受与正常工作相同的工资福利待遇。年休假天数按照林场相关规定确定，林场规定的休息日及国家规定的探亲假、婚（丧）假、产假不计入年休假的假期。有下列情形之一的，不享受当年的年休假：（1）因违纪或其他错误在岗前培训班工作的；（2）受到开除场籍留场查看处分的；（3）当年请病假累计2个月以上的。根据职工所在单位生产、工作的具体情况，并考虑职工本人意愿，由所在单位同意并统筹安排职工年休假。年休假在1个年度内可以集中安排，也可以分段安排，但不能跨年度安排。职工年休假由单位主要负责人到林场政工科进行资格审核，经审核符合条件的填写《职工休假申请表》，由林场政工科为职工办理年休假批准手续。主管领导签字批准后，由林场政工科通知职工所在单位，由职工所在单位按照批准时间安排职工休假。职工年休假批准权限为：单位、科室主要负责人、场长助理以上干部年休假，经场分管领导签字同意后，由书记或场长批准；单位科室副职（含）以下人员年休假，经单位负责人、场分管领导签字同意后，由工会主席批准。职工年休假结束，《职工休假申请表》由林场政工科登记备案后转交林场档案室存档。

3. 长期病休人员管理

职工因病治疗连续三个月仍不能正常上班的，经本人提出申请，持林场指定就医医院的诊断证明、经工会领导审定，经场研究、批准后休长期病休。长期病休待遇按照有关规定执行。长期病休人员必须每月提供指定医院出具的请假条，交林场计财科备案。病休人员经过疗养、调养，病情治愈、稳定、身体状况许可后，可提交病历、本人书面申请，经场长办公会研究后，由场安排工作。病休人员病休期间在外从事经营性工作或打工，一经发现取消病休待遇，按旷工处理。

4. 职工退休管理

达到以下条件可以退休：（1）达到法定退休年龄（男年满 60 周岁，女工人年满 50 周岁，女干部年满 55 周岁）的职工，且缴费年限（含视同缴费年限）满 15 年及其以上，本人写出书面申请，由林场政工科负责办理相关手续。（2）职工因病或外因致残男年满 50 周岁，女年满 45 周岁，且缴费年限（含视同缴费年限）满 15 年及其以上，由本人写出书面申请，经淄博市劳动能力鉴定委员会鉴定为完全丧失劳动能力的可办理病退手续。职工退休由林场政工科负责按时上报办理退休手续所需材料。在上级主管部门及人社部门未批准其退休手续前，职工要继续正常到单位上班。上级主管部门及人社部门批准其退休手续后，由政工科通知其回家休养。被批准退休回家休养后上级未拨付其退休待遇前，退休人员的岗位工资待遇不再发放。待退休待遇拨付后，按规定享受正式退休待遇。职工退休时必须与所在单位和林场各科室办理交接手续，填写《退休人员交接表》。职工退休后，要关心林场发展，支持家属、子女工作；及时参加林场组织的有关学习、会议和重大活动。职工退休后去世的，其安葬费、遗属生活困难补助费按上级部门有关规定标准执行。

5. 劳动保护工作责任制

林场工会要向职工群众宣传党和国家劳动保护政策、法令及安全卫生规章制度，对职工群众进行遵章守纪和劳动保护科学技术知识的教育。监督林场贯彻执行各项劳动保护法令、规程、条例和规定，及时解决生产中出现的劳动安全卫生方面的问题，督促和协助行政抓好生活后勤管理，不断改善职工的劳动条件和生活条件。监督检查林场劳动保护经费的提取和劳动保护措施计划的落实，搜集整理有关劳动保护工作方面的问题、意见和建议，提交职工代表大会列入议程做出相应决议。督促林场按照国家有关规定发放劳动安全防护用品，认真执行国家关于工作时间和休息休假的规定。把劳动保护工作列入群众性经济技术创新工作竞赛的重要内容，组织职工开展以"安康杯"竞赛为基础、以"监控法"为抓手的工会劳动保护工作达标升级竞赛活动，加强对安全隐患跟踪检查工作，开展群众性的监督检查活动。工会劳动保护监督检查委员会会同女职工委员会做好女职工的劳动保护工作，监督和协助林场执行国家有关女职工劳动保护的规定，切实做好女职工"四期"保护工作。积极参加伤亡事故和其他严重危害职工健康安全问题的调查，坚持"四不放过"的原则，向有关部门提出处理意见，督促落实防范措施，并有权要求追究直接负责的行政领导和有关责任人的责任。敢于抵制违章指挥、违章作业，发现重大事故隐患危及职工生命时，有权向林场建议组织职工撤离危险现场。

6. 劳动保护宣传教育

加强安全生产思想教育。广泛深入宣传党和国家的安全生产劳动保护方针政策，使广大干部和职工理解加强劳动保护、搞好安全生产的重要意义，提高广大职工搞好安全生产的自觉性。进行劳动保护法规和安全规章制度的宣传教育。使职工了解有关安全生产、工业卫生法规的内容和要求，对安全技术规程和有关的规章制度做到应知应会。进行劳动保护科学知识的宣传教育。使职工了解和掌握本行业、本工种的安全生产规律以及预防各种事故和职业危害的科学技术知识，掌握安全生产的主动权。协同安全部门抓好三级安全教育、特种作业人员安全技术教育和新工人岗位安全培训，提高广大职工安全技术素质。利用《原山旅游报》、画廊、广播、电视、录像、培训班等工会宣传教育阵地活动优势，进行安全劳动保护的典型经验和事故教训宣传教育，不断丰富职工搞好安全生产的实践经验。认真搞好工会劳动保护检查员培训工作，认真学习全国总工会"三个条例"和有关劳动保护法规，建立一支素质较高的群众劳动保护积极分子队伍。

7. "爱心原山"志愿服务

一是"爱心原山"志愿服务队。"爱心原山"志愿服务团队由淄博市原山林场志愿者组成。其职责：在中共淄博市原山林场委员会的领导下，招募、培训、管理志愿者，确立服务项目，落实服务活动，为社会公益工作和社会保障工作等提供服务。志愿者的基本条件：热心于公益事业，不怕困难，具有奉献精神，具备与所参加的志愿服务项目及活动相适应的基本素质，思想品质优良，无不良嗜好，无违法乱纪行为，遵纪守法，能遵守相关规定，服从志愿团队的管理。服务范围包括绿化环保、旅游服务、网络文明、敬老爱老、扶贫助困、文明交通、关爱儿童以及大型社会活动的服务工作等公益事业。服务的重点对象是残疾人、老年人、扶优对象和其他具有特殊困难需要救助的社会成员。志愿服务队根据服务对象的申请或者实际需要，提供力所能及的志愿服务。志愿者、志愿服务队与服务对象之间是自愿、平等的服务与被服务关系，应当互相尊重、平等相待。

二是"爱心原山"雷锋私家车队。车队由原山职工自愿组成，车辆为车队成员本人或家人使用的私家车。车队的活动主题是"扶危帮困、奉献爱心、帮助他人、快乐自己"。通过发挥"爱心原山"雷锋车的示范带动作用，从一点一滴做起，用实实在在的行动，共同为构建和谐文明社会、早日实现中国梦尽一份绵薄之力。服务方式是向雷锋同志学习，做一名富有爱心的原山人。坚持原山"一家人"理念，发扬"四个特别"的原山精神，努力干好本职工作。积极主动为需要帮助的邻居、同事、游客、路人等提供用车、搭乘顺风车等帮助。在场里举办重大活动、需要雷锋车参与时，积极主动地参加活动。在力所能及的条件下为全场工作提供方便，共同搞好节能减排。能顺路办理的事情，尽量减少场里派车。

三是"爱心原山"月月捐。为了更好地发挥"爱心原山"团队对建树社会主义核心价值观的引领作用，大力弘扬中华民族的传统美德，进一步践行原山"一家人"理念，"爱心原山"团队建立常态化的月月捐制度，并设立"爱心原山"基金。全场在职在岗职工按照"坚持自愿，鼓励奉献"的原则，加入"爱心原山"团队，参加月月捐活动。每人每月捐款10元，对自愿多捐者给予表彰鼓励。由场团委牵头，成立"爱心原山"基金使用管理领导小组，按照公开、透明、可备查的原则，管理使用好"爱心原山"基金。在林场计财科设立"爱心原山"基金专账，安排专人负责管理，定期公布收支明细。基金帮扶对象：病、残、低收入家庭等困难职工；突发性灾难造成的困难职工；社会上需要帮扶的困难群体或个人。参加月月捐活动的"爱心原山"团队成员因病因灾造成生活困难的，优先帮扶。需要帮扶的林场职工由符合资助、救助条件的个人，或所在单位，或双联人提出申请；对社会上需要帮扶的群体或个人的捐助，以及直接用于开展志愿服务的必要支出，由场团委负责提出申请。所有申请经公示无异议后，从"爱心原山"基金中给予资助、救助或捐助，支付直接用于开展志愿服务的必要支出。

（四）职工培养和人才引进

林场十分重视职工素质的提高和人才引进工作，认真落实国家、省、市有关劳动人事法规、政策和人才引进办法，制定了《人事管理规定》《劳动管理规定》《工作人员考核规定》《培训制度》，就员工的招聘、培训、考核等工作做了具体规定。

1. 员工招聘

《人事管理规定》要求：林场各部门、下属单位对招聘职工应本着精简原则，可聘可不聘的坚决不聘，无才无德的坚决不聘，有才无德的坚决不聘，真正做到按需录用、择才录用、任人唯贤。

2. 员工培训

教育培训体系分为：新员工教育培训体系；基层、中层、高层管理者教育培训体系；分职类、职层、职等的教育培训体系；道德修养、职业素质与企业文化教育培训体系；脱产教育与员工自我开发体系。

新录用人员培训包括以下基本内容：（1）了解林场的发展史、企业文化、员工行为规范及各项制度。（2）了解、掌握林场经营管理的基本情况。（3）了解职务说明书。（4）掌握新应聘部门的服务知识及基本操作。（5）其他知识。

在职员工培训内容：（1）员工培训应根据其所从事的工作，以专业培训和岗位培训为主。（2）管理人员应充分了解国家有关方针、政策和法规，学习和掌握现代管理理论和技术，提高市场预测能力、控制能力、决策能力。（3）专业技术人员如财务人员、工程技术人员、网络技术人员、服务人员等，应接受各自的专业技术培训，努力掌握本专业的理论知识和业务操作方法，不断提高专业技能。（4）基层管理人员应通过培训充实知识，提高实际工作能力。（5）基层工作人员须学习本部门各项规章制度，掌握各自岗位职责和规程，提高业务水平和操作技能。

培训方法：（1）由专业教师讲课，系统地讲授专业基础理论知识、业务知识操作技能，提高专业人员的理论水平和实践能力。（2）林场内部业务骨干介绍工作经验。（3）组织员工到优秀林场参观学习，实地观摩。（4）参加上级部门组织的各类培训会议。

培训形式：（1）长期脱产培训，主要培养有发展前途的业务骨干，使之成为合格管理人员。（2）短期脱产培训，主要适用于上岗培训或某些专业性强的技术培训。（3）业余培训，鼓励员工积极参加各种与本职工作有关的培训，并承认相应的学历。

培训档案：（1）人事管理部门建立员工培训档案，将员工的培训内容、培训方式、考核成绩及时记录在案。（2）取得培训证书人员的考核成绩应与工资晋升、提拔任用相结合，对于取得优异成绩者林场可以给予相应的奖励。林场按计划、分批分阶段结合实际对员工进行培训，提高员工队伍素质。

3. 员工考核

员工年度考核以岗位职责为依据，以工作实绩为重点内容，以职工群众和社会满意度为基础，按照规定的内容、标准和程序进行。考核的内容包括德、能、勤、绩、廉五个方面，重点考核工作绩效。考核结果分为优秀、合格、基本合格、不合格四个等次，考核标准以岗位工作标准和年度工作目标为依据。考核工作实行领导与服务对象相结合、平时考核与年度考核相结合、定性分析与定量分析相结合。考核要注重实效、简便易行、便于操作。考核分为平时考核和年度考核。平时考核随时进行，由被考核人根据工作任务定期记实，上级负责人负责核查。年度考核一般每年末或翌年初进行。年度考核以平时考核为基础。考核中层干部，必要时可以进行民主评议或民主测验。工作人员年度考核结果应作为续聘、解聘、增资、晋级、奖惩、申报评审专业技术职务资格等的重要依据。

（五）弘扬原山精神

原山林场是全国林业战线的一面旗帜，是艰苦创业、改革发展、团结奋进的典型。从荒山秃岭到鲁中地区绿色屏障，从"要饭林场"到全国国有林场改革样板，靠的就是原山人一脉相承的艰苦创业精神。一代又一代原山人牢记使命、艰苦奋斗。老一辈原山人秉承"爱原山无私奉献、建原山勇挑重担"的优良传统，让原山变成绿水青山；新一代原山人发扬"特别能吃苦、特别能战斗、特别能忍耐、特别能奉献"的原山精神，让原山从绿水青山变成金山银山；当代原山人，实践"一家人一起吃苦、一起干活、一起过日子、一起奔小康、一起为国家做贡献"的原山精神，行进在追求现代化的道路上。为了让历史告诉未来：牢记昨天的创业艰辛、无愧今天的使命担当、不负明天的伟大梦想，原山人建立了原山艰苦奋斗纪念馆，2016 年 7 月 1 日，山东原山艰苦创业教育基地正式开馆，全面、系统地呈现原山林场干部职工艰苦创业、改革创新、无私奉献的宝贵精神和林场由弱到强、科学发展的创业历程。为更好地弘扬好原山精神、规范基地管理，林场制定了配套的规章制度。

1. 推进林场文化建设

林场党委作为全场的政治核心，积极推进林场文化建设，并逐步拓展文化建设的新领域，让广大干部职工在"爱心原山"的平台上，成为"原山精神"的坚守者和传播者，全面履行党组织的职责。大力加强以原山"一家人"理念和"四个特别"原山精神为主的林场文化建设。强化理想信念教育，提升干部职工的思想境界，使人人都有林场梦、人人都有中国梦。强化道德建设，增强员工的荣辱观念，是林场党委贯彻党的十九大精神和习近平总书记系列重要讲话精神的基本要求，做事要先做人，努力建设一支有道德的员工队伍。推进经济发展，把握速度质量，是场党委贯彻落实党的十九大精神的重要责任和使命。推进林场文化建设，用林场文化正确引导和教育干部职工，增强林场核心竞争力。事业的竞争更多地表现为人才的竞争，实质上也是文化的竞争。推进林场文化，加快人才培养，用先进的文化引领培养一大批生产、管理等方面的人才，为产业的发展、原山的发展起到积极的推动作用。

2. 艰苦创业精神宣讲

一是艰苦创业教育基地讲解员。要热爱讲解工作，努力钻研业务，熟悉和掌握纪念馆的主题思想、内容及各种展品情况，努力学习相关学科知识，不断提高业务水平。具备高尚的职业道德，加强品德修养，文明服务、微笑服务，使用普通话，时刻注重仪容仪表，包括服装统一、面着淡妆、站姿端庄大方，做好迎来送往，态度热情，服务周到。根据讲解材料提炼、编写讲解词，讲解语言流畅、词汇丰富，不断提升讲解水平。积极认真学习林场各项规章制度，确保能灵活运用到讲解工作中。做好咨询解答工作，认真解答听众提出的书面或口头问询，虚心听取意见，善于总结学习。

积极介绍地方文化和林场的历史文化，宣传原山林场改革发展成功经验。

二是艰苦创业教育基地现场教学员工。要加强业务学习，提高自身职业技能和综合素质；全程讲解，讲解词熟练，知识面广，做到参观者有问必答，满足参观者的合理要求。讲解时，做到站姿标准，讲解生动，语言文明规范，仪表整洁，举止端庄。带领参观者游览应善始善终，尽职尽责，不得"丢客""甩客"。在不影响正常讲解的情况下，为老、弱、病、残的参观者提供热情的搀扶服务。遵守职业道德，着装整洁，礼貌待人，文明用语，微笑服务，不卑不亢，杜绝争执，树立纪念馆的良好形象。

（六）党建和干部队伍建设

近年来，林场党委把学习贯彻习近平新时代中国特色社会主义思想和党的十九大精神与学习贯彻习近平总书记视察山东重要讲话、重要指示批示精神作为重大政治任务，带着感情学习，带着使命出发，带着责任前行，带着追求领悟，真正入脑入心、融入血脉、化为行动，做习近平新时代中国特色社会主义思想的坚定信仰者、积极实践者、忠诚捍卫者。林场党委一班人带领全场干部群众要干事创业、攻坚克难。教育引导广大党员干部强化党性修养、提升政治品格、涵养为政之德，进一步弘扬原山精神，切实增强干事创业、攻坚克难的思想自觉和行动自觉，做到守土有责、守土负责、守土尽责，努力做出无愧于时代、无愧于人民、无愧于历史的业绩。林场党委更加注重以思想解放为先导，深化改革、抓好落实，只要符合习近平新时代中国特色社会主义思想和党的十九大精神，有利于强化党的领导、促进全面从严治党，有利于落实新发展理念、推动高质量发展，有利于践行以人民为中心的发展思想、维护人民群众根本利益，在严守党纪国法、保持清正廉洁的前提下，就要不计个人得失，敢于闯、敢于试、敢于改。采取多种方式，教育引导广大干部进一步解放思想、更新观念、开阔眼界，坚决摒弃思想僵化、故步自封、因循守旧的观念，积极学习先进、敢于对标先进、努力赶超先进，向着林场现代化的目标努力前行。

1. 党建工作

林场党委坚持以制度抓党建、制度促党建，努力构建党建工作长效化机制，通过完善、制定多项党建工作制度，推进党建工作管理规范化建设，力促党组织的凝聚力和战斗力进一步增强，党员的先锋模范作用得到较好发挥。

近年来，结合做好党的基层组织建设对标规范全面提升观摩问诊活动，林场党委完善、制定了24项党建制度，多角度、全方位地对党建工作做了严格细致的制度规定，使党建工作有章可循。通过完善、制定党建制度，切实发挥制度在开展好党建工作中的保障规范作用，减少党建工作的随意性，不断提升党员思想觉悟，增强党性观念，提高工作质量和效率，推动党建工作更加规范化、制度化和科学化运行。

一是党委党建工作责任制。林场党委坚持把管党治党作为重要政治责任，制定党建工作责任制度，明确党委党建责任，采取领导班子考核、重点任务检查督导等形式，督促各级党组织聚精会神抓好党建。规定：林场党委负责在年初制定本年度全场的党建工作计划，制定党风廉政建设目标，将目标任务分解到有关支部，年底进行全面的总结，接受上级党组织的检查考核。坚持党建例会和思想政治例会制度，林场党委每季度至少召开一次党建例会，对党建和职工思想政治工作情况进行一次分析、梳理，从而有针对性做好各项工作。党委每年要在"七一"前，对全场开展"创先争优"等活动进行一次总结，树立典型，表彰先进，推动党建工作再上新台阶。党委每年制定党员教育计划、党员发展计划，对党员进行民主评议，正确处理不合格党员，保证党组织的纯洁性和先进性。党委每年确立一个党建课题，并进行认真研究探讨，寻找新的突破口，探索党建工作新路子。坚持从严治党方针，实行集体领导和个人分工负责相结合，谁主管谁负责，一级抓一级，层层抓落实。

二是党委会议制度。党委会议事内容包括：传达、学习中央、省、市委和市局党委的重要文件及重要会议精神，研究并提出具体落实意见；研究全场党的思想、组织、作风、廉政和制度建设以及对党员的管理教育，审批新党员；研究全场职工的思想动态，确定思想政治工作的指导思想及方法；研究精神文明建设方面的问题；审定林场的中长远计划，并研究年度党、政工作计划和总结；讨论决定林场的机构单位设置和人事变动方案；讨论决定受表彰的先进党支部和优秀党员，审批林场的先进工作者；讨论研究场纪检、工会、共青团工作；讨论研究林场预、决算方案及大额资金的使用；讨论决定林场改革和发展中的重大问题；讨论研究林场的其他重大问题和重要事项。党委会议事原则：党委会议事必须有 2/3 以上成员到会方能进行。党委会议必须贯彻执行民主集中制原则，坚持在民主基础上的集中和集中指导下的民主，坚持少数服从多数的原则，反对个人独断专行。召开党委会要提前通知有关人员会议讨论的内容，除特殊情况外，不能仓促开会讨论重大问题。党委会议决定的问题，任何个人无权擅自改变，委员个人有不同意见允许保留或向上级反映，但在行动上必须无条件服从并积极执行，应以党委会议决定的精神对外表态，不得擅自宣传个人意见。

三是党委议事制度。参加议事人员为党、政、工领导。议事的主要内容包括：讨论研究林场党建工作目标和计划；研究林场党组织的思想建设、组织建设、作风建设，处理和解决党组织自身建设中的重大问题；讨论研究林场发展的总体规划和年度计划；讨论决定管理权限内的机构调整和干部任免及推荐名单；研究制定林场的政治文明建设、精神文明建设和思想政治工作计划；讨论工会、共青团群众组织和职代会提出的重大问题。党委议事方法主要有：党政领导经常碰头，求得思想认识和行动上的一致。不定期召开党委会，研究、决定应由党委讨论的问题。每周召开一次党、政、工领导工作会议，集体讨论，按分工负责实施。讨论重大决策发生分歧时，如条件许可，可进行调研、论证、比较等工作，待下次会议再议。如条件不许可时，属党务工作范围的，由党委书记按党章和党的决策做出决定；属行政工作范围的，由行政主要领导做出决定。议事制度要求，要充分发挥党委的核心作用和保证监督作用，积极参与各项工作的重大决策。在党内认真贯彻民主集中制原则。按领导分管工作范围，凡属需议事决定的重要事项，主要领导或分管领导要向市林业局领导报告。需经职工代表大会讨论的重大决策，实施前必须交职工代表大会审议通过。

四是党委集体领导。林场实行党委集体领导，凡涉及党的路线、方针和政策的重大事项，以及重大工作任务的部署，重大决策的制定，干部任免、调动和处理，党员利益方面的重要问题，以及上级党组织规定由党委集体决定的问题，应提交林场党委集体讨论决定。凡属党委职责范围内的重大事项，按照集体领导、民主集中、个别酝酿、会议决定的原则处理。

坚持少数服从多数原则，并认真对待少数不同意见，如对重要问题发生争论，双方人数接近，可暂缓做出决定，应在进一步调查研究、充分交换意见后再表决，必要时应请示上级党委。坚持集体领导和个人分工负责相结合，党委委员直接对党委负责。党委委员要积极参与集体领导，并对分管的工作全面负责，大胆处理，切实履行好各自职责，既不能借口集体领导而无人负责，也不能因有不同意见就违背执行。党委委员要增强大局意识，始终站在全局的高度研究和处理分工负责范围内的工作；对于不属于自己分管的工作也要关心，主动提出意见和建议。党委委员要自觉维护党委内部的团结，互相信任、互相谅解、互相支持、互相配合、互相监督，自觉维护党委工作"一盘棋"，维护党委领导集体的权威。党委委员之间要加强沟通。凡分工负责范围内的重大事项，都要及时向党委书记或党委报告；需要其他党委委员了解的事项，要采取适当方式及时沟通，以确保党的任务圆满完成。党委做出的决议、决定，由党委委员按照集体领导、分工负责的原则认真组织实施。党委委员必须坚决执行党委的决议、决定，在执行中如发现新的情况应及时报告党委书记，经党委书记同意后，可提交党委复议。但在重新做出决定前，不得有任何与党委决议、决定相违背的言论和行动。党委委员调查研究、检查指导工作或参加其他活动时，可以发表指导工作的个人意见。个人意见必须符合党委集体决定的精神。凡代表党委发表带全局性或事关重大问题讲话和文章，应当经过党委讨论或事先经过党委书记同意。发生重大突发事件和紧急情况，来不及召开党委会议研究时，党委书记或分管的党委委员可临机处置，事后应及时向党委报告。

五是"支部主题党日"。林场党委按照中央、市委要求，全面推广"支部主题党日"制度，把"支部主题党日"活动作为推进"两学一做"学习教育常态化制度化的重要抓手，形成制度、形成规范、形成习惯，真正让基层组织生活正常起来、规范起来、严肃起来。规定林场各支部在开展"支部主题党日"活动时，必须做到以下方面：（1）做到人人参与。每名党员都要按规定时间参加，领导干部要带头参加、引领示范。确有因事、因病、因工情形不能参加的，须本人请假、支部批准、记录在案。对于行动不便的病残党员，要通过"一对一"形式，组织支委或党员上门送学帮学。（2）佩戴党徽党章。党员参加"支部主题党日"，必须随身佩戴党徽、携带党章。(3)组织集中学习。每次"支部主题党日"都要先组织学习。要优选篇目,学党章党规、学系列讲话、学中央精神、学政策理论;要选定专题,对照党性原则、党规党纪、标准标杆、职能职责,围绕做合格党员开展讨论,努力做到人人发言、找准差距、明确方向。(4)严肃组织生活。充分利用"支部主题党日",按照规定时间节点、程序要求,严格落实"三会一课"、组织生活会、民主评议党员等党内组织生活制度。(5)严格考勤登记。对每次"支部主题党日"考勤情况进行登记、公示。对连续3个月不参加党日活动的党员进行批评教育,对连续6个月不参加党日活动的党员记录在案,无论担任何种领导职务,按照党章有关规定处理,并进行通报。(6)全程记实管理。用好《基层党组织工作记载簿》,如实、准确、完整记录"支部主题党日",完善简报、图片、媒体报道等"支部主题党日"档案。依托专题网站、微信、宣传栏等平台,实时记录、公开发布"支部主题党日"活动情况。(7)把重温入党誓词纳入党日活动。每次"支部主题党日",都要采取书记领读、党员齐诵的方式重温入党誓词,引导党员回顾初衷、不忘初心。还可以将重温入党申请书、思想汇报、党性分析材料纳入党日活动。(8)把按时交纳党费纳入党日活动。将"支部主题党日"定为"党费交纳日",每名党员都要在党日当天,主动向支部足额交纳党费,无特殊情况,不得代交、缓交。(9)把落实民主公开纳入党日活动。每次"支部主题党日",都要向普通党员公开支部重大事项,特别是党员群众普遍关心的党务、政务、财务等。党支部决策重点工作和涉及群众利益的事项时,要利用"支部主题党日"组织党员充分讨论,并公开党支部重大决策过程及结果。

六是党员教育。林场十分重视党员的教育工作,为了抓好全场党员的思想教育,加强党的建设,增强党性,培养优良作风,促进党内团结,保持党的先进性,林场制定了党员教育制度,规定:党员教育由支部组织,要针对不同时期党建工作特点,紧密结合思想实际和工作实际,努力做到有的放矢。党员的教育要结合学习制度,实行每月一堂党课、每季一次考核、每年一次检查的形式进行,切实落实责任,保证教育取得实效。在进行党员教育时,要着眼提高和团结大多数党员,认真开展批评与自我批评,既坚持原则,又实事求是。在教育过程中,领导干部要带头进行学习，发挥领导作用，过好双重组织生活，用实际行动带动全体党员模范执行党章。党员教育的基本内容：进行马克思列宁主义、毛泽东思想、邓小平理论、"三个代表"重要思想、科学发展观、习近平新时代中国特色社会主义思想教育；进行党的基本路线教育；进行坚持四项基本原则、群众路线、反腐倡廉教育；进行党章、党的基本知识和党规党纪教育；进行改革开放和共产主义远大理想、社会主义宏伟目标、社会主义核心价值观教育；进行国际国内形势教育；进行公仆意识教育；进行党的优良传统、优良作风教育。党员教育的主要形式：轮训、培训、经常性党课教育、业余自学、开展专题讨论、经验交流会和座谈会、开好民主生活会等；搞好民主评议党员活动，组织有教育意义的参观、学习和文体活动。

七是党员"五星级"管理。为了加强党员队伍建设，探索创新新形势下党员管理的有效形式，充分调动广大党员的积极性，切实发挥好党员先锋模范作用，在全场对党员实行"五星级"动态管理，制定了管理办法及实施细则。（1）"星级"标准："五星级"为曾获得过国家级荣誉表彰的党员；"四星级"为曾获得过省部级荣誉表彰的党员；"三星级"为曾获得过市级荣誉表彰的党员；"二星级"为曾获得过区（县）级荣誉表彰的党员；"一星级"为曾获得过本场荣誉表彰的党员。所有"星级"党员为1997年以来受过不同级别表彰奖励的党员。（2）"星级"动态管理标准：初次挂星后，对党员"星级"实行动态管理。对党员获得更高一级荣誉的，按新获得荣誉级别的挂星标准随之相应变化。"一星级"党员累计获得三次以上本场荣誉表彰的，为其增加一颗星的荣誉标志，挂为"二星级"党员；"二星级"党员累计获得三次以上区（县）级荣誉表彰的，为其增加一颗星的荣誉标志，挂为"三星级"党员；"三星级"党员累计获得三次以上市级荣誉表彰的，为其增加一颗星的荣誉标志，挂为"四星级"党员；"四星级"党员累计获得三次以上省级荣誉表彰的，为其增加一颗星的荣誉标志，挂为"五星级"党员。（3）考评措施：场党委将把党员争创"星级"纳为全场党员目标管理的重要内容，平时加强督促指导，定期进行检查考评，严格奖惩兑现。按照"荣誉定星、群众议星、违纪摘星"的原则，一是开展民意测评，对在全场民意测评中群众满意度达不到70%的党员一次减一颗星，对因职工评议满意度三次达不到70%其"星级"全部摘除的党员，将对其进行专门的党员培训学习，帮助查找问题，促使其整改提高。民主评议党员将成为场党委今后提拔重用领导干部的重要依据，职工的满意度也将成为考核全场党员领导干部的第一指标，并接受群众监督。二是对违纪党员进行摘星。党员挂星后，如违反党的纪律，受到党纪处分的，根据处分轻重进行摘星：受到党内警告处分的，每受到处分一次摘星一颗；受到党内严重警告处分的，每受到处分一次摘星二颗；受到撤销党内职务处分的，每受到处分一次摘星三颗；受到留党察看或开除党籍处分的，其"星级"全部摘除。

八是党员党性体检。为进一步强化党员党性教育，提升党员综合素质，不断推动"两学一做"学习教育常态化、制度化，保持党员先进性，真正发挥先锋模范作用，根据中共中央办公厅印发的《关于推进"两学一做"学习教育常态化制度化的意见》要求，林场党委决定，全场党员要对照党章党规、对照系列讲话、对照先进典型，把自己摆进去，经常自省修身，打扫思想灰尘，进行"党性体检"。党员党性体检活动每季度开展一次，具体时间由支部委员会确定后报场党委办公室。党员党性体检的程序是：听取党员体检馆讲解员授课，观看教育片，并按照要求填写《党员体检报告》。在原山党性体检馆召开支部会议，集体讨论或学习。支部书记对党员存在的突出问题，分析并提出有针对性的举措以便进行纠正。《党员党性体检报告》计入党员档案，一次不参加党性体检，在党支部做深刻检讨；两次及以上不参加党性体检，按相关规定严肃处理。

2. 党风廉政建设

推进党风廉政建设和反腐败斗争，制度的建设和创新是保证。习近平同志指出，要善于用法治思维和法治方式反对腐败，加强防腐败国家立法，加强反腐倡廉党内法规制度建设，让法律制度刚性运行。他还指出，全面从严治党，重在加强纪律建设。我们现在要强调的是扎紧党规党纪的笼子，把党的纪律刻印在全体党员特别是领导干部的心上。实践证明，制度上的缺陷或漏洞往往使腐败分子有恃无恐或心存侥幸，甚至铤而走险、以身试法。对党员干部的行为实施监督，首先需要制度存在，没有制度，自我约束就会名存实亡。为加强林场廉政建设，革除制度建设上存在的弊端和不足，引导干部职工自觉遵纪守法，廉洁自律，建设法治林场，林场先后制定出一系列规范的、可操作的、系统的党风廉政建设制度，对遏制腐败现象起到了有效的预防作用。

（1）廉政建设管理

党委成立廉政建设领导小组，由党委书记任组长、党委委员和其他场领导为成员，负责廉政建设工作。实行廉政建设目标一岗双责制，党、政一把手包领导班子，副职包分管科室、单位，科长、主任、经理包本科室、本单位，一级抓一级，一级带一级，如果哪一个环节出了问题，除追究当事人责任外，同时追究上一级领导者的责任。廉政建设领导小组成员要定期深入基层调查研究，听取群众意见，每季度末召开一次碰头会，分析廉政建设情况，发现苗头，及时汇报、教育、查处。加强遵纪守法和廉政教育，做到季度有计划、月报有落实、半年有专题总结报告。制定工作人员廉政自律守则，增强每个人的自我约束能力，并不断进行教育，要求每个人自觉遵守，对违反《廉洁自律守则》者严肃处理。加强计划管理，对于所有大额经费开支，必须由开支科室预先提报计划，经分管领导签字。对未经领导班子集体研究同意的大额开支，没有主管财务领导签字，财务科一律不得拨款。制定业务管理规定，每一项业务操作前都要准备详尽的方案，严格预算审批手续，实行业务质量监督制度，在保证质量的前提下，节约挖潜，降低成本。制定财务管理规定，财务科每月要将财务收支情况及经济活动分析情况报场党委及上级主管部门。计划外开支一律不予报销，所有报销凭证必须有经办人、分管领导、场长审计签字。实行财务审计制度，每年对有经济活动的科室、部门进行两次财务审计，并向上级审计部门和场长写出审计报告。实行专项监督、检查制度。每一业务结束后，廉政建设领导小组都要对其预算、验收等进行审核。林场机关设立政务公开栏、举报电话和举报箱，财务开支情况要上墙公布，提高廉政建设的透明度。鼓励检举、揭发一切违法乱纪行为，保护检举、揭发人的正当权益，对检举、揭发有功者给予奖励。

（2）党风廉政教育

纪委定期对全场党员干部及全场重要岗位上的工作人员进行党规党纪教育。教育有针对性，注重时效，达到增强纪律观念、法制观念、提高自身拒腐防变能力的目的。采取上党课、观看电教片、典型示范等形式开展党风廉政教育。纪委每年组织党风廉政教育为主要内容的党课不少于1次。在普遍教育的基础上，突出重点，将群众反映大、易发生违纪问题的党员干部作为教育的重点，结合工作实际，有针对性地进行教育。采取集体谈话、听报告、观看党风廉政电教片、座谈讨论及签订廉政责任书、承诺书等方式集中教育。纪委结合本单位实际，及时推荐和选树"为民、务实、清廉"方面的典型。在各种教育活动和查处案件的实践中发现正反两面典型，对党员干部进行廉政勤政教育，用身边的事教育身边的人。

（3）改进工作作风，厉行节约，推进工作落实。①改进调查研究。第一，增强调研实效。健全和完善领导干部经常开展调查研究制度，围绕全场工作重点，确定调研主题，制定调研方案，统筹安排，深入基层，倾听意见，了解实情。场领导要带头调查研究，带头撰写调研报告，每年深入基层调研不少于2个月；场领导及各科室不同时到一个单位调研；各科室每年须撰写1~2篇有决策参考价值的调研报告。第二，改进调研作风。完善场领导和科室单位联系点制度，坚持经常深入基层联系点，面对面听取基层职工群众的意见和建议，帮助基层解决发展中的实际困难和问题。第三，严格轻车简从。场领导到基层调研只派与调研内容密切相关的人员随行。并按规定由办公室安排交通工具。不搞迎来送往和层层多人陪同。需在基层单位用餐的，一律实行AA制，不饮酒。除警务活动外，不得使用森林公安警车。不得赠送或收受各类纪念品及土特产品。第四，严格控制外出活动。严禁参加各类借考察、研讨、参观、学习等名义的旅游活动。严格执行出国（境）的管理规定。②精简内部会议活动。第一，严格控制会议规模和频次。只安排与会议内容密切相关的单位及人员参加会议，不得超标准、超时间安排会议。基层单位主要领导参加的会议，需经场主要领导批准；基层单位分管领导参加的会议，由场分管领导批准。倡导发短文、开短会。第二，提高会议效率。会议要充分准备，广泛听取意见，科学安排会议日程。要开短会、讲短话，力戒空话、套话。除培训会议外，其他会议原则上不超过2小时。提倡以现场办公会等简约高效的形式开会。第三，控制会议费用支出。场及基层单位一般性会议不摆花草、水果、香烟，不插彩旗，不临时铺设地毯，主席台不摆桌花；除会议统一发放的文件、材料外，不得发纪念品。第四，控制庆典活动。各单位、各部门举办庆典活动或参与外单位发起的庆典活动，需提前报批，未经批准一律不得举办或参加。③压缩报刊简报。全场只保留《原山旅游报》一种内部宣传报刊。各产业、各基层单位自办工作简报实行审批备案制度，需经场主要领导审批方可发行，并严格控制发放范围。提倡采用传阅方式，减少纸质印发。④规范文件印发。第一，严格控制发文数量。没有实质内容的文件一律不发，已有明确规定且仍然适用的，一律不再重复发文，凡是通过新闻媒体公开发布的事项，不再印发公文。第二，提高发文质量。部门重要便函和文件，部门负责人要亲自起草，分管领导要亲自修改。要注重文件的针对性、可操作性和有效性，力求文字精练、篇幅简短、内容充实、管用有效。严把政策、业务、格式、文字和发文规格关。第三，规范文件印发。除保密内容外，能通过电话、传真、内网处理的事项一律不印发文件。确需印发的，一律双面打印。有保密内容和时效性不强的文件一律通过传阅处理。⑤改进公务接待。第一，严格接待标准。公务接待热情周到，务实节俭。上级单位领导来场检查指导工作、友好单位来访等公务接待活动，确需用餐的，经场主要领导批准，并严格按照费用标准在本场宾馆饭店接待。超过费用标准的由接待负责人承担。第二，规范接待行为。场领导及机关科室负责人下基层调研、检查指导工作，场属单位之间相互交流学习，一律不搞场内接待。各级、各部门人员外出工作用餐，一律实行 AA 制，坚决杜绝以单位名义开具用餐等消费发票。严禁利用公款相互宴请和公款报销私人接待。⑥改进公务用车。市外长途公务活动尽量乘坐公共交通运输工具。市内公务活动有公交车通达的，除紧迫工作外，一律乘坐公交车出行。场级领导下基层林区要轻车简从；科室部门下基层林区原则上自行解决交通工具。⑦厉行勤俭节约。压缩经费开支。建立办公用品和用车耗费台账，实行固定资产最低使用年限制度，严禁超编、超标购置公务用车和公车私用；从严安排公务出差活动，严格执行公款消费各项规定，杜绝铺张浪费，切实创建节约型林场。⑧严格廉洁自律。领导干部带头严格执行廉洁自律各项规定，不干涉工程项目招投标和经商办企业，不接受礼品、礼金和有价证券，从严要求配偶、子女、亲属和身边工作人员。严格执行组织决定。严肃场级领导、科室单位负责人请销假制度。上述人员 24 小时不得关闭手机。⑨强化服务意识。各级领导干部要进一步树立责任意识,强化服务意识。对分管工作要积极作为,搞好服务。要善于发现和及时解决工作中出现的矛盾和问题,团结带领职工群众积极完成任务。⑩加强督促检查。建立督促检查长效机制。全场各科室单位要认真执行本规定,结合本单位实际情况,不折不扣地把中央有关规定落到实处。各科室单位和各级领导干部都要自觉接受法律监督、组织监督、群众监督和舆论监督。场纪委对执行情况随时进行监督检查,场审计部门对各单位执行情况每年至少进行1次审查,对违反规定的严肃处理。把改进工作作风作为民主生活会、干部年度考核的重要内容。

(4)转变工作作风,严格组织纪律,保持清正廉洁

从场长助理以上领导干部做起,严格执行《中央政治局关于改进工作作风密切联系群众的八项规定》《山东省委落实中央八项规定的十条实施办法》《淄博市委十二条实施意见》《淄博市原山林场关于改进工作作风厉行节约密切联系群众推进工作落实的20条规定》,带头转变工作作风,加强廉洁自律,为广大职工群众做出表率。场长助理以上领导干部要加强自身学习锻炼,不断提高履职能力,坚决杜绝不作为和乱作为现象。要牢固树立当干部就要先干一步和当干部就要吃亏的思想,敢于吃苦在前、冲锋在前、奉献在前,树立领导干部干事创业和无私奉献的良好形象,不断提高林场高层领导的执行力和向心力。全场广大党员干部和职工群众要坚决贯彻执行组织要求,牢固树立"一家人一起吃苦、一起干活、一起过日子、一起奔小康、一起为国家做贡献"的理念,立足岗位,认真履职,严格自律,无私奉献,全面完成工作任务。场长助理以上领导干部严禁工作日任何时间喝酒,严禁担负重要工作任务期间喝酒,严禁参与下属宴请喝酒,严禁组织小团体小圈子喝酒,严禁任何时间、任何场所酗酒。参加外事接待和招商引资等活动需要喝酒时,必须事先向场主要领导(书记或场长)报告,经同意后方可喝酒,但必须严格执行"严禁任何时间、任何场所酗酒"的规定。场长助理以上领导干部要慎用个人手中掌握的林场公共社会资源,严禁利用个人掌握的林场公共社会资源办理与原山事业发展无关的事情。对利用个人掌握的林场公共社会资源办理个人私事或未经组织批准打着原山旗号为其他利益关系人(或单位)办理事情,影响原山品牌社会认可度的,一经查实,就地免职。场长助理以上领导干部要严格管好

家属、子女及身边工作人员。对本单位、本部门发生违反纪律的人和事，要按照党风廉政建设责任制的有关规定，不仅要追究当事人的责任，还要追究有关领导和主要领导的责任。加大监督检查力度。对违反管理规定、严重破坏组织纪律、损害原山利益，拉帮结派、进行非组织活动，以权谋私、贪污腐败的人和事，要按照中央"老虎苍蝇一起打"的要求，发现一起，查处一起，绝不姑息迁就。欢迎广大党员干部和职工群众对林场领导班子成员进行监督。对顶风违纪、明知故犯的场长助理以上领导干部，只要有证人、有证据、有事实，证据确凿、事实清楚，都要一抹到底。对当事人一律撤销职务、调离工作岗位，安排到培训班工作。

3. 干部队伍建设

林场扎实践行新时代党的组织路线，紧紧围绕在全面建成小康社会进程中走在前列，在社会主义现代化建设新征程中走在前列，全面推进林场现代化建设总要求，建立崇尚实干、带动担当、加油鼓劲的正向激励体系，引导激励全场广大干部担当作为、干事创业，根据党中央、省委、市委的要求，结合林场实际，制定鼓励干部担当作为的实施意见。

（1）切实增强干部担当作为的思想自觉。①强化理论武装。把学习贯彻习近平新时代中国特色社会主义思想和党的十九大精神，学习贯彻习近平总书记视察山东重要讲话、重要指示批示精神作为重大政治任务，带着感情学习，带着使命出发，带着责任前行，带着追求领悟，真正入脑入心、融入血脉、化为行动，做习近平新时代中国特色社会主义思想的坚定信仰者、积极实践者、忠诚捍卫者。结合"两学一做"学习教育常态化制度化、将要开展的"不忘初心、牢记使命"主题教育、正在开展的"大学习、大调研、大改进"，分级分类开展干部集中轮训，教育引导广大干部增强对党忠诚、为党分忧、为党尽职、为民造福的政治担当，激发勇立潮头、敢于担当、奋发有为的内生动力。②加强党性教育。用林场丰富的历史文化资源加强干部队伍建设，充分发挥原山艰苦奋斗教育基地等的作用，大力弘扬原山精神，进一步加强理想信念教育、党性教育、道德教育，教育引导广大干部强化党性修养、提升政治品格、涵养为政之德，切实增强干事创业、攻坚克难的思想自觉和行动自觉，做到守土有责、守土负责、守土尽责，努力做出无愧于时代、无愧于人民、无愧于历史的业绩。③推动思想解放。更加注重以思想解放为先导深化改革、抓好落实，只要符合习近平新时代中国特色社会主义思想和党的十九大精神，有利于强化党的领导、促进全面从严治党，有利于落实新发展理念、推动高质量发展，有利于践行以人民为中心的发展思想、维护人民群众根本利益，在严守党纪国法、保持清正廉洁的前提下，就要不计个人得失，敢于闯、敢于试、敢于改。采取多种方式，教育引导广大干部进一步解放思想、更新观念、开阔眼界，坚决摒弃思想僵化、故步自封、因循守旧的观念，积极学习先进、敢于对标先进、努力赶超先进。

（2）鲜明树立重实干重实绩的用人导向。①认真落实新时期好干部标准。认真落实信念坚定、为民服务、勤政务实、敢于担当、清正廉洁的好干部标准，坚持正确选人用人导向，一切出于公心选干部、一切为了事业选干部、一切按照规矩选干部。把政治标准放在第一位，看政治忠诚、政治定力、政治担当、政治能力、政治自律，突出信念过硬、政治过硬、责任过硬、能力过硬、作风过硬，大力选拔任用那些牢固树立"四个意识"和"四个自信"、坚决维护以习近平同志为核心的党中央权威和集中统一领导、全面贯彻执行党的理论和路线方针政策、忠诚干净担当的干部；大力选拔任用那些牢固树立正确政绩观，敢于负责、勇于担当、善于作为、实绩突出的干部；大力选拔任用那些符合高素质专业化要求，具有专业能力、专业精神，适应新时代现代化强省建设需要的干部。②大力倡导有为才有位。在选人用人上体现讲担当、重担当的鲜明导向，坚持凭实绩用干部，大力选拔任用改革攻坚的促进派、实干家。对那些真干事、能干事、干成事的干部，大胆提拔使用，表现特别优秀或者工作特殊需要的，可以按照规定破格提拔。对那些综合素质好、发展潜力大的优秀年轻干部，可以通过上挂下派、交流轮岗等方式，打破隐性台阶，放到基层一线和关键岗位培养锻炼。坚持全面历史辩证地看待干部，公平公正对待干部，对那些个性鲜明、坚持原则、敢抓敢管、不怕得罪人的干部，不求全责备，符合条件的大胆使用。③推进干部能上能下常态化。认真贯彻落实《推进领导干部能上能下若干规定（试行）》及实施细则，严格问责问效，坚持不换思想就换人、不负责就问责、不担当就挪位、不作为就撤职，树立优者上、庸者下、劣者汰的鲜明导向。对上级巡视巡察等工作中发现的贯彻中央决策部署、落实省委、市委、林场党委工作要求不坚决、不全面、不到位等问题，及时跟进，对不担当不作为的干部，根据具体情节该免职的免职、该调整的调整、该降职的降职，形成震慑效应。

（3）充分发挥考核评价的激励鞭策作用。①完善综合考核体系。实施绩效考核，突出对重大决策部署贯彻落实情况、年度重点目标任务完成情况的考核，引导干部树立正确政绩观，防止不切实际定目标，切实解决表态多调门高、行动少落实差等突出问题，力戒形式主义、官僚主义。区分不同客观条件、不同单位工作职能等因素，增强考核的差异化和精准度。实行正向加分激励和负面清单管理，鼓励重点领域和关键环节改革创新。②改进领导干部考核。改进年度考核，坚持分类指导，对问题较多的班子和干部实行重点考核。推进平时考核，坚持经常性、近距离、有原则地接触干部，全方位、多渠道了解干部，切实把情况掌握在平时。开展专项考核，注重在推动高质量发展和建设现代化林场、推进新旧动能转换重大工程、实施乡村振兴战略、保障和改善民生等重大任务一线考核识别干部。强化跟踪考核，特别是对各单位领导班子党政正职、优秀年轻干部，跟踪了解表现情况。注重把干部考核与综合考核、绩效考核、干部考察、巡视巡察、执纪监督、审计监督等工作有机结合，多维度比对，多层次印证，加强分析研判，防止简单唯票、唯分、唯年龄、唯经济效益评价干部。③强化结果运用。坚持考用结合，解决干与不干、干多干少、干好干坏一个样的问题，切实使政治坚定、奋发有为的干部得到褒奖和鼓励，使慢作为、不作为、乱作为的干部受到警醒和惩戒。第一，把考核结果作为评先树优的重要依据。从综合考核、绩效考核、年度考核优秀的单位和个人中发掘先进典型，重点面向基层，适时评选表彰"担当作为好干部""干事创业好班子"，对表现突出的，给予表彰奖励。第二，把考核结果作为干部选拔任用的重要依据。对考核优秀或名次前移幅度较大的单位，在提拔重用干部上重点考虑。对评选出的"担当作为好干部"和"干事创业好班子"主要负责同志，优先提拔使用。对年度考核连续三年确定为优秀等次，符合任职资格条件的干部，优先提拔使用。对在现代化林场建设各项事业中做出突出贡献或者长期在基层一线、艰苦岗位埋头苦干、成绩显著的干部，优先提拔使用。第三，把考核结果作为物质奖励的重要依据。根据综合考核、绩效考核等情况，对基层单位按照比例划分考核等次，按规定差异化给予物质奖励。奖励方案体现奖优奖勤，奖励到个人。对在重点工作、重大项目、急难险重任务等方面做出突出贡献的团队或个人，给予一定物质奖励。对考核结果较差或名次退步幅度较大的单位和个人，及时反馈提醒，并视情况取消评先树优、干部提拔资格、物质奖励等。对经考核不适宜继续担任现职的干部，及时予以调整。

（4）注重保护干部担当作为的积极性。①健全完善容错机制。认真贯彻落实习近平总书记"三个区分开来"的重要指示精神，妥善把握事业为上、实事求是、依纪依法、容纠并举等原则，研究制定容错纠错的具体实施办法，进一步明确容错纠错的责任主体、情形及程序，对干部的失误错误，结合动机态度、客观条件、程序方法、性质程度、后果影响以及挽回损失等情况进行综合分析，对该容的大胆容错，对不该容的坚决不容。对给予容错的干部，考核考察要客观评价，选拔任用要公正合理。准确把握政策界限，坚决防止混淆问题性质、拿容错当"保护伞"、搞纪律"松绑"，确保容错在纪律红线、法律底线内进行。要客观评价、公正对待被问责干部，对影响期满、各方面表现优秀的被问责干部，在提拔任用、考核评优等方面不受影响。②健全完善纠错机制。坚持有错必纠、有过必改，对失误错误及时采取补救措施，帮助干部吸取教训、改进提高。做出容错决定时，立即启动纠错程序，明确纠错事项及要求，责令限期整改，防止一容了之。同时，督促深刻分析原因，健全体制机制，堵塞漏洞，防止类似错误再次发生。加强督查问效，对不能按期完成纠错整改任务的，予以严肃处理。③健全完善澄清保护机制。正确对待信访举报问题，区分正常检举揭发和诬告陷害，依纪依法严肃查处诬告陷害行为。属恶意中伤、诬告陷害、散布谣言或不实消息的，及时给予劝阻、批评、教育；涉嫌违规违纪的，给予组织处理或纪律处分；涉嫌违法的，移交有关国家机关依法处理。对实施诬告陷害的有关人员与社会诚信体系建设挂钩，纳入失信"黑名单"，视情节轻重予以通报。对受到诬告陷害、严重失实举报的干部，由党委或相关部门给予澄清正名。

（5）持续提升干部队伍能力本领。①加强专业能力培训。着眼培养忠诚干净担当的高素质干部队伍，紧紧围绕省、市委各项重大战略部署，针对干部的知识弱项、能力短板、经验盲区，举办"加快新旧动能转换""防范金融风险"等系列专题培训研讨班，提高干部专业思维和专业素养，培养专业能力和专业精神。选派优秀干部赴国内外先进林场进行学习培训，拓宽干部视野。有计划地组织干部到高等院校、先进地区开展专业培训。利用"灯塔—党建在线"干部学习网等在线学习平台，满足干部多样化、个性化需求。②深化干部实践锻炼。注重在基层一线和困难艰苦地方培养锻炼干部。深入推进干部上下交流任职，组织机关干部下基层，磨炼干部意志，砥砺干部品质。积极搭建专业实践平台，有针对性地培养专业化干部人才。启动实施"年轻干部递进培养计划"，加大年轻干部培养选拔力度，进一步优化干部队伍结构，提升适应现代化林场建设的能力。

（6）落实落细关心关爱干部措施。①健全完善谈心谈话制度。坚持严格管理和关心信任相统一，完善和落实谈心谈话制度。注重围绕深化林场改革、建设现代化林场等重大任务谈心谈话，及时做好政策解释、思想政治工作。坚持重点干部重点谈话，对存在苗头性、倾向性问题的干部、受到问责处理的干部、受到诬告错告应予澄清保护的干部、个人家庭生活存在实际困难的干部、职务提拔调整的干部等，及时安排谈心谈话，帮助解决问题、加油鼓劲。加强面上经常性谈心谈话，倾听干部诉求，加强人文关怀，激发干部担当作为的热情。②健全完善待遇保障制度。按照有关要求，用足用好改革政策，认真落实各项待遇，并建立正常增长机制。鼓励探索差异化分配办法，避免平均主义。设立关爱帮扶资金，对患重大疾病、家庭出现重大变故等生活困难的干部给予帮扶。③关注干部身心健康。落实带薪休假政策，各级领导干部带头，做到应休尽休，确因工作需要不能安排休假的，按照规定发放年休假工资报酬。认真执行国家工时制度，对经批准确需在工作日之外加班、值班的，按照规定予以调休，不能调休的给予加班误餐补助。加强文化建设，开展丰富多彩、有益身心健康的文体活动。关注干部心理健康，探索建立心理评测和干预机制。加大健康科普力度，实行健康联络员制度，建立"健康小屋"，配备日常检测设备、急救用药等，满足预防保健、院前急救等需要。④关心关爱基层干部。对基层干部特别是工作在偏远地区的干部给予更多理解和支持，主动排忧解难。积极为基层干部"松绑减压"，做到权责对称、协调配合。严格规范和控制各类检查、评比、考核项目，严格控制"一票否决"事项，让基层干部大胆负责、放手干事。坚持在政策、待遇等方面向基层倾斜。

（7）凝聚形成抓落实的强大合力。①加强组织领导。林场各级党组织要充分发挥激励干部担当作为的主体责任，党组织主要负责人要履行第一责任人责任，为敢于担当者担当、为敢于负责者负责，理直气壮为担当作为的干部撑腰鼓劲。要把激励干部担当作为情况作为党建述职的重要内容，加强对各单位的督促指导。各级领导干部要切实发挥示范表率作用，带头履职尽责，带头担当作为，带头承担责任，一级带着一级干，一级做给一级看，在全场上下引领形成上级为下级担当、组织为干部担当、干部为事业担当的浓厚氛围。②形成整体合力。各单位要坚持正确的正向激励导向，让担当作为的干部在选拔任用、评先树优、物质奖励等方面真正得到褒奖和激励，切实增强荣誉感、归属感、获得感。林场纪检监察等执纪监督部门要支持干部担当作为、干事创业，问责追责要把握政策界限，坚持实事求是，防止简单化、扩大化。林场各部门要主动作为、相互配合，合力打通关节、疏通堵点、精准施策，将各项激励保障措施落实落细，确保见到实效。③营造良好氛围。要抓好激励干部担当作为有关政策的学习宣传，及时将中央决策部署、省委、市委、林场党委工作要求传达到基层党组织和广大干部。要加强党内政治文化建设，弘扬忠诚老实、公道正派、实事求是、清正廉洁等价值观，引导干部自觉践行"三严三实"，不断增强政治定力、纪律定力、道德定力、抵腐定力，习惯在受监督和约束的环境中工作生活。加强舆论引导，坚持激浊扬清，注重保护干部声誉、维护干部队伍形象。大力挖掘宣传有担当作为、改革创新、干事创业的先进典型，激励广大干部见贤思齐、比学赶超，大力营造锐意改革、攻坚克难的良好风尚。

三　健全和完善林场规章制度，为现代化建设提供持续发展动力

制度是行为的规范，实践是制度变迁和发展的动力，还是检验制度是否切实可行的唯一标准。制度建设是一个制定制度、执行制度并在实践中检验和完善制度的没有终点的动态过程，制度没有"最好"，只有"更

好"。只有制度建设与时俱进，不断补充、完善、更新，林场的治理能力才能不断提高，各项管理工作才能真正落到实处。

（一）补齐短板，形成体系

正如一个人要有健全的四肢及协调性，各司其职，按章办事。一个企业更是如此，管理制度是否健全尤其重要，制度是事业发展之根本，一个单位如果没有健全的制度，其发展空间是非常狭隘的，更重要的是单位形象却是在一系列看似繁杂的制度中体现出来的。因此，建立一套健全并行之有效的管理制度是单位发展的法宝。从林场 2018 年版《管理制度汇编（建设现代化林场从建章立制做起）》看，共包含 12 部分、近千项，但多是在明确部门职责和具体的要求上，宏观的、管全局的制度还缺失，如《林场章程》；林场的主业是林业资源保护，在具体管理制度上有很多，但缺少整体的《森林资源管理办法》，在林业资源管理上制度还不够系统。林场要对照上级林业部门的相关规定和自身的功能定位，补齐制度建设上的短板，要对现有的规章制度进行认真梳理、科学分类，形成适合原山林场特色科学的制度体系。

（二）抓住关键，形成特色

林场的建设目标是在 2020 年在全国率先实现现代化，在制度建设上就要抓住现代化建设这个关键，借鉴国内外林场的先进经验，结合自己的实际，尽快制定出具有原山林场特色的现代化林场管理制度。

（三）继承传统，创新举措

坚持继承与创新相结合，既要继承和发扬林场的优良传统和宝贵经验，又要体现时代性和创新性。一方面，认真总结几十年来林场在管理实践中的经验，继承和发扬在长期的实践中形成的制度规定和优良传统，不搞推倒重来、另起炉灶；另一方面，必须深入学习习近平新时代中国特色社会主义思想和党中央治国理政新理念新思想新战略，实现制度创新，把新发展理念贯彻落实到林场的各项规章制度中，把握规律性，体现时代性，注重创新性，在制度建设上走在全国国有林场的前列。

第八章 ◆

国有林场基本实现现代化评价指标体系

评价是评价主体根据评价标准运用量化和非量化的手段对评价对象进行综合价值判断，并对评价对象发挥诊断和促进作用的活动。评价活动广泛运用到经济社会发展的各个领域，结合不同领域制定相应的评价标准，综合运用各种评价手段全面衡量经济社会发展状况，增强社会治理能力。现代化水平评价已经成为构建现代化国家治理体系的重要机制之一。

一 习近平总书记关于经济社会发展领域创建评价指标体系的要求

（一）完成"基本实现社会主义现代化"的宏伟目标需要科学的评价体系

党的十九大报告中提出，到二〇三五年"基本实现社会主义现代化"，建设现代化经济体系是跨越关口的迫切要求和我国发展的战略目标。十九大就实现什么样的现代化以及怎样实现现代化等基本问题进行了深刻阐述，从某种意义上来说，这些既是方向性的指引，也是对基本实现现代化的客观评价标准。

"基本实现社会主义现代化"要达到经济实力、科技实力大幅跃升，跻身创新型国家前列；人民平等参与、平等发展权利得到充分保障，法治国家、法治政府、法治社会基本建成，各方面制度更加完善，国家治理体系和治理能力现代化基本实现；社会文明程度达到新的高度，国家文化软实力显著增强，中华文化影响更加广泛深入；人民生活更为宽裕，中等收入群体比例明显提高，城乡区域发展差距和居民生活水平差距显著缩小，基本公共服务均等化基本实现，全体人民共同富裕迈出坚实步伐；现代社会治理格局基本形成，社会充满活力又和谐有序；生态环境根本好转，美丽中国目标基本实现。这就是基本实现现代化特征的具体化。评价一个部门或行业的现代化程度，必须要符合创新驱动发展、协调平衡发展、绿色低碳发展、开放共赢发展、共建共享共富发展、虚实共生发展、多元经济体混合发展等。

因此，开展"基本实现现代化"评价，是贯彻习近平新时代中国特色社会主义思想和党的十九大精神的重要抓手，是推动高质量发展、建设社会主义现代化强国的内在要求，是与国际接轨、与世界前沿对标的具体举措，是"以评促改"优化体系建设的关键前提。

（二）大数据为当前考量经济社会发展、基本实现现代化提供了量化的科学方法

在 ABC（即人工智能 AI、大数据 Big Data、云计算 Cloud Computing 三个词语的英文首字母缩写）时代，互联网、大数据、云计算等新技术已成为国家经济社会发展的重要驱动力之一，海量数据与计算为评价经济社会发展状况提供了新手段。大数据促进科学研究形成了第四范式——数据密集型科研，同时大数据时代带来网络科学、数据科学等新兴学科，以及大数据治理学等交叉学科的崛起和发展，这些都为经济社会发展提供了新的研究手段。通过运用大数据分析技能、数字化政策分析评估技能等基础上的战略预测技能、多元分析技能、多学科协同研究技能，强化对海量数据的把控和挖掘，提升治理能力，更好地推进政府决策科学化、精准施政、智能治理，促进经济社会发展。

因此，以大数据为依托，实施各类评价，构建评价指标体系，主观评价与客观评价、单方评价与多方评价、单一指标与复合指标相结合，推动评价方法和大数据的衔接，在海量关系数据的数据库存储和数据挖掘技术、数据建模方法论、自然语言处理、语义分析以及研制新算法进行有益的尝试。例如，针对原山林场基本实现现代化评价体系，就可以运用结合

自身拥有的大数据，客观进行评价。

（三）构建中国特色的评价体系是提升国际话语权的重要手段

评价体系是话语体系的指挥棒，有什么样的评价体系，就会有什么样的话语体系和学术体系。构建中国特色社会主义的话语体系，需要积极探索和构建既具有中国特色、又具有国际视野的学术评价体系，激励和引导中国特色社会主义话语体系建设。可以说，中国特色的科学的评价体系是中国特色社会主义话语体系的有机组成部分，是中国提升软实力的重要一环，更是增强国际话语权的重要手段之一。

以习近平同志为核心的党中央极为重视社会科学评价体系建设，多次强调要加强话语体系建设，讲好中国故事，增强在全球经济治理中的制度性话语权，并提出改革不仅要有顶层设计，而且也要有评价标准。党的十九大报告进而指出，中国要积极参与全球治理体系改革和建设，不断贡献中国智慧和中国力量。

评价体系最重要的是标准的确定。"标准"是人类文明进步的成果，在支撑产业发展、促进科技进步、规范社会治理中的作用日益凸显，已成为世界"通用语言"。习近平总书记在 2016 年国际标准化组织大会贺信中指出："中国将积极实施标准化战略……完善国际标准体系。"因此，构建以标准化为显著特点的中国特色的经济社会评价体系，能够更好地融入国际舞台并为国际所接受，对于提升中国软实力、加强中国话语体系建设具有重要意义。

二 原山林场基本实现现代化的主要范围和重点

早在 2008 年国家林业局关于印发《社会主义现代国有林场建设标准及指标体系参考提要》的通知中就指出，建设现代国有林场，对实现国家林业现代化，建设生态文明，以及示范、带动乡村和区域现代林业的发展都有着极其重要的意义和作用。

党的十八大以来，习近平总书记高度重视生态文明建设和林业改革发展，提出了"绿水青山就是金山银山"等一系列重要战略思想，为林业改革发展提供了根本遵循。党的十九大发出了开启全面建设社会主义现代化国家新征程的动员令。林业现代化是国家现代化的重要内容，是林业发展的努力方向，也是林业建设的根本任务。国家林业和草原局局长张建龙强调："林业建设是事关经济社会可持续发展的根本性问题。中国特色社会主义进入新时代，林业现代化建设要有新发展。我们要抓住机遇，科学谋划，积极作为，全面推进林业现代化建设，全面开启林业现代化建设新征程，推动我国林业建设迈上新台阶。"①

现代林业建设，具有很强的科学性、时代性和实践性，需要构建科学实用的建设标准及指标体系，在建设进程中发挥指导、规范、检测和评价作用，保障现代林业建设目标任务的圆满实现。因此，我们根据《社会主义现代国有林场建设标准及指标体系参考提要》以及新时代中国特色社会主义的发展要求，结合原山林场在迈向现代化进程中的探索，按照《原山林场（原山集团）2018－2020 三年奋斗目标规划纲要》提出的到 2020 年建成社会主义现代化国有林场要求，确定原山林场基本实现现代化评价体系的主要涵盖内容。

（一）森林保护优先是林业现代化的前提

党的十八大以来，党中央、国务院更加重视林业，习近平总书记对林业生态建设和森林资源保育做出了一系列重要指示批示。中共中央、国务院发布了《关于加快推进生态文明建设的意见》，印发了《国有林场改革方案》和《国有林区改革指导意见》，明确提出要加强森林保护，加强森林经营、提升森林质量作为林业建设的核心任务和主攻方向。原山林场发展经验证明，如果没有始终牢记"生态优先"和"以林为本"的历史使命，原山就会失去赖以生存和发展的根本，就没有今天林场改革发展的巨大成就。因此，衡量原山国有林场是否基本实现现代化，森林资源保护是否得到有效保护是最大的前提，其中又包括以下几方面内容。

1. 扎实推进森林质量精准提升工程

党的十九大报告提出，我们要建设的现代化是人与自然和谐共生的现

---

① 张建龙：《全面开启新时代林业现代化建设新征程》，《中国绿色时报》2018 年 2 月 13 日。

代化，既要创造更多物质财富和精神财富以满足人民日益增长的美好生活需要，也要提供更多优质生态产品以满足人民日益增长的优美生态环境需要。优质生态产品供给与森林质量提升息息相关。因此，实施森林质量精准提升是增强森林生态功能的根本举措，是推进林业供给侧结构性改革的重要内容，是贯彻绿色发展理念、推进美丽中国建设的必然要求，是参与全球气候治理的战略选择。

森林质量精准提升涵盖精准提升森林质量、增强生态功能、优质生态产品供给等。原山林场不断健全森林质量提升制度，创新质量提升技术和精准提升技术支撑体系，完善技术标准体系，建立森林质量提升管理平台，坚持保护优先、质量优先，突出重点，精准施策，全面保育天然林、科学经营人工林，培育"结构合理、系统稳定，功能完备、效益递增"的森林生态系统，应该说走在了林业系统的前列，具有较强的示范效应。

2. 切实落实原山山脉大区域防火理念

维护林场森林生态安全，是落实建设生态文明和美丽中国战略的重要保障之一。原山林场在多年的森林防火实践中总结出的"防火就是防人"和"大区域防火"的理念，2014年原山林场创造性提出了原山山脉大区域防火体系，在该大区域防火体系下各林业局、镇办、村庄相互配合、相互协调，注重预防从源头抓起，加快科技防火更新，譬如，原山建成全省第一支专业防火二轮摩托车队，"二轮专业森林防火专用摩托车"获得了国家专利等，在全省首先建立森林防火微波视频监控中心，在全国率先装上雷达探火系统，连续三年为周边67个自然村赠送防火物资2000多台套，共同打造淄博原山山脉"大区域"森林防火屏障，确保鲁中地区森林资源安全。

因此，在原山林场基本实现现代化的过程中，是否构建了先进的安全理念、森林防火体系，以及实施机制，是评价中不可或缺的重要一环，其中包括森林防火队伍建设专业化、微波红外监控等信息网络现代化、人员管理规范化，防火专业队集中食宿备勤设施，防火路、生物防火、化学隔离带等防火隔离网基础措施，等等。

3. 加强林业有害生物防控管理

进一步完善林业有害生物监测预警体系、检疫御灾体系、防治减灾体系建设，是实现林业现代化的基本要求。为科学防控林业有害生物，确保原山林区继续保持有虫有病不成灾的管护目标，原山林场确立了"森林病虫害实行提前预防、群防群控、属地管理、专业除治"思路，在加强虫情监测的基础上，积极探讨用环保方法进行林业有害生物防治，重点对美国白蛾和松材线虫病等进行防控，保持有病有虫不成灾。譬如，在重点林区、苗圃、旅游景点、人为活动频繁等区域，安装太阳能杀虫灯；对侧柏林内的双条杉天牛进行信息素诱捕器诱杀等。因此，主要林业有害生物控制国家标准达成度、林业有害生物防治面积、无公害防治率、灾害测报准确率等，是原山林场乃至国有林场共同的考核评价目标。

（二）产业发展充分是林业现代化的核心内容

基本实现林业现代化的一个重要课题就是如何从"木头经济"向"产业经济"转型。原山林场始终坚持探索产业发展的转型之路，坚持走生态优先、产业支撑、文化引领的路子，通过"二次创业"、林业产业化、打造学习型林场等措施的实施，从单一从事第一产业转向一、二、三产业并驾齐驱、协同发展，从绿色事业排头兵走向绿色产业排头兵。

1. 产业布局合理

原山的经验之一就在于通过深化改革把林业资源优势转化为生态产业优势。原山把林场当作一种优质生态产品来经营，以超前的眼光，决定发展森林旅游，开启了林业产业化之路。森林乐园、鸟语林、民俗风情园、山体滑草场等生态旅游产品，以及苗圃、绿化公司、养老地产、酒厂等众多由森林资源催生的"林业经济"，带动原山林场形成生态林业、生态旅游、旅游地产、文化产业和餐饮服务业五大产业板块，产业运营科学规范，形成了林业实现集约经营和管护、工副业项目依靠资本运营、原山旅游成为知名品牌、原山房地产成为新增长极等特点，成为固定资产10亿元、年收入过亿元的现代化新型林场。

实现人与自然和谐共生的现代化，需要我国林业系统包括原山林场在生态林保护、民生建设、产业发展、文化引领等方面寻求更大提升。原山林场正运作林业产业上市，推动园林绿化业务、旅游板块走融合发展之路，培育新的发展动能。

基本实现现代化，还需要建设开放共享的经济模式，寻求林业产业新的发展潜力，"走出林场办林场"，采取多种形式开展"场外造林"，夯实现代林业产业发展的基础，优势互补和强强联合，带动全国林业产业水平的整体提升。同时，借力一带一路，依托苗木、绿化、防火方面的优势，推动林业产业走出国门。在产业挖潜领域，要加强科技创新引领，共建科技创新基地，加快科技成果转化。

2. 坚持绿色低碳发展

绿色低碳发展是以质量、效益、和谐、持续为目标的经济增长和社会发展方式，绿色是前提，发展是目标。国有林场实现生态环境和经济发展的共赢，必须坚持绿色发展理念，秉持绿色生产、生活方式，减少资源消耗和污染排放，走低碳循环发展之路，同时实施创新驱动，加大科技创新成果的利用，构建绿色产业体系，着力培育新产业、新业态和特色产业，既培育"金山银山"，又保护"绿水青山"。

原山林场积极探索改革，实行"一场两制"，开创了"林场保生态、集团创效益、公园创品牌"的绿色发展模式，取得生态建设和林业产业的双赢，实现了"山绿、场活、业兴、林强、人富"。原山林场是践行"两山"论的现实样板，是推进我国生态文明建设的一个生动范例，为全国4855家国有林场提供了可学习、可借鉴、可复制的解决方案，充分证明了"绿水青山就是金山银山"持久旺盛的生命力。

3. 深化产业发展的"三次创业"

原山林场制定了2020年基本实现现代化的宏伟目标，2018年，原山着力推进林场现代化建设，做大做强生态绿化产业、林下经济产业，发展互联网产业，创建淄博首家5A级旅游区，规划到2020年基本实现现代化林场的奋斗目标，力争实现绿色产业产值再翻番。这是2004年原山林场"二次创业"后在新时代的又一次创业。

新时代的再次创业，需要原山保持创新和科学决策，注重场情特色和资源优势，促进林业结构优化升级，创新谋划发展第三产业，在生态林业、森林旅游经营、人才队伍建设、产业开发上创新发展观念，用开放的视野和创新的思维，不断引进新的经营管理理念，拓宽经营管理思路，实现经营管理新突破，实现"绿水青山就是金山银山"的目标。

（三）治理科学高效是实现林业现代化的制度保障

林业的发展壮大离不开体制机制的完善，林业现代化必须建立在科学的治理体系和治理能力现代化基础之上。原山经验告诉我们，党的领导与林场治理相统一的事业单位法人治理结构，适应现代林业制度要求和生态资源培育保护特征的选人用人机制、激励与约束机制，规范林场党委参与重大问题决策的程序方式是实现事业成功的基础。

1. 建立健全党委领导，党政工团齐抓共管体制机制

国有林场应在深化林业体制改革中坚持党的领导，加强党的建设，解决治理结构形似而实不至、党的领导和党的建设弱化虚化淡化等问题。原山林场要加快实现林场现代化，林场党委必须高度重视党的建设，充分发挥党组织和党员在林场发展中的战斗堡垒和先锋模范作用，健全事业单位法人治理结构，形成党政工团齐抓共管的体制，促进党的政治优势、组织优势、群众工作优势、干部人才优势转化为林场治理优势和改革创新优势，从体制机制层面为国有林场深化改革加快发展提供支撑和保障。党委加强班子建设，定期召开党委会、党员会，党委班子成员每人挂包一个营林区，发挥党组织和党员在林场发展中的战斗堡垒和先锋模范作用，对党员实行"星级"动态管理，开展"道德模范"评选，争创"林业先锋"活动，等等，都是原山林场加强"党管林场"的有效经验与手段。

正如习近平总书记所强调，坚持和完善党的领导，是党和国家的根本所在、命脉所在，是全国各族人民的利益所在、幸福所在。中国特色社会主义最本质的特征是党的领导，最大的优势也是党的领导。国有林场改革首要一条就是坚持党的领导，否则就不是中国特色社会主义，把国有林场党的建设坚决抓紧抓实抓好，这是推进国有林场治理现代化的关键。

2. 建立健全现代林场管理制度，用制度管人

原山依据林场各时期发展变化，逐步完善了各项管理制度，健全了法治林场体制，制定规章制度 900 多项，出版了林场《管理制度汇编》（上、下卷），涉及原山各部门、各岗位职责，为保证各项制度落到实处，原山专门成立督查执法队，实行 24 小时全员工作督查。建立一套适应现代林场要求的用人机制、业绩考核机制、激励机制和待岗分流机制，科学设置岗位，

因事定岗，以岗定编，按岗定责，做到真管真严、敢管敢严、长管长严。

朝着实现现代化目标，需要进一步完善现代林业管理制度，创新林业治理体系，坚持制度建设，用制度管人，以规范的管理制度巩固发展成果；坚持自律与他律、内在约束与外部管理相结合，通过理顺体制、活化机制促进原山大发展。这将是原山林场管理的成功经验。

3. 锐意创新，提升林场现代化治理水平

原山林场也存在国有林场多年积累下来的体制不顺、机制不活等问题，原山林场解放思想，大胆变革，始终结合实际创新发展，摒弃传统的经营和管理模式，采取措施推进体制、机制、经营管理变革。实施事企分开的"一场两制"，打破干部终身制，制定在职职工岗位责任制工资分配办法，推行职工竞争上岗制度，在下属企业实行独立法人运作，变"死钱"为"活钱"，使原山林场逐渐走出发展的困境并取得跨越式发展。

面向实现林场现代化的目标，原山需要进一步加快制度创新，积极推进治理体系和治理能力现代化，构建健全的法制体系、完善市场机制、地方政府支持、林场内部加强监管、社会民众民主参与的格局，加强林业保全、林业执法、信息化系统建设，优化营商环境，建立共享的产品服务业务体系。

（四）林业基础设施完备是林业现代化的基础保障

国有林场道路网络、电网设施等基础设施，是国有林场生产和经营的重要因素，与国有林场广大职工的生活和经济发展息息相关。原山重视基础建设，随着林场道路、供电、供水、通信、管护用房等基础设施建设的改善，林区环境大幅提升，为公众健身养生、观光游览、科普考察等提供便利条件，更为原山各项事业的持续健康发展增强了后劲。

1. 民生和生产基础设施完备

林业基础设施项目分为公共服务设施、生活服务设施和生产设施。公共服务设施包括林场办公用房、工区办公用房及工区护林防火用房、环卫设施、办公设施等。生活服务设施包括职工住房、环卫设施、道路、生活用水、用电、通信设施、有线电视、卫星电视等。生产设施包括为育苗、营造林、护林、防火、病虫害防治、科研、监测等林业生产所需设施。

原山林场在实现林场现代化的过程中，重视各类基础设施建设，基本达到或超过林业系统平均水平。原山林场认真贯彻国有林场"营林为本、生态优先、合理利用、持续发展"的办场方针，原山在保护森林资源的同时，大力发展森林旅游和林业产业，不仅改善了职工生活，还保证了在林区道路、供水供电、通信防火设施建设等方面每年都有资金投入。目前，林场已经建成较完善供水设施，符合安全饮用水卫生标准，生产生活用电能够得到满足，并逐步普及太阳能等清洁能源，通信设施实现户户通电话、无线网络全覆盖，成本经济、合理、实效。

2. 森林管护基础设施齐全，管护能力增强

原山始终将加强森林资源管护作为国有林场的首要任务，在优化生态环境的高度，把提高基础设施档次作为突破口，全面提升森林管护品质，实施国有林场危旧管护用房等设施改造工程，国有林场森林资源管护体系逐步完善，有效提升国有林场的森林资源管护能力，巩固国家生态建设根基。森林管护站点实现标准化，成为森林管护的坚强堡垒。管护站点道路路况得到极大提升，在全国率先建立了大区域防火体系。为提高森林管护现代化水平，建成专业防火队伍和森林防火摩托车队、物资储备库、微波图像动态监控系统和森林防火红外预警雷达系，防火装备实现配套化，防火设施实现现代化，防火宣传实现多元化。

3. 加快信息化建设，推动建成智慧林场

"互联网＋林场"就是充分利用移动互联网、物联网、云计算、大数据等现代信息技术，通过感知化、物联化、智能化的手段，建立一种智慧化发展的长效机制，形成林业立体感知、管理协同高效、生态价值凸显的林业发展新模式。这是破解林业发展难题、创新林业发展平台、促进林业发展方式转变、全面提升林业质量效益的重要途径，对于扩大林业产业规模，带动林业信息消费，促进林业经济转型升级都具有重要意义。原山林场积极响应落实国家林业信息化的战略部署和总体要求，大力发展信息化建设，坚持思想高度重视、工作多措并举、真抓实干、践行实效，通过搭平台、强基础、建机制等，逐步实现"互联网＋林业"旅游建设，取得了良好效果。

朝着实现现代化这一目标，原山林场要协同相关部门结合林业产业自

身的特点健全林业电子商务产业链，促进信息化与林业产业化的深度融合。加强林业电子商务技能培训，培养电子商务人才，提升教育孵化功能，以全国林业信息化示范基地为抓手，努力进取，不断创新，加快推进智慧林场，打造全国林业信息化精品示范工程。

（五）文化底蕴丰厚是林业现代化的竞争力引领

原山凭借齐鲁文化底蕴，积极构建具有原山特色的林场文化，通过文化建设促和谐，以文化产业引领增强发展动力，获得经济、社会效益双丰收，为林业现代化提供了丰厚的竞争力之源。

1. 以林场文化建设提升精神文明水平

精神文明建设直接关系着林场现代化的兴衰成败。我国林场现代化建设本身就包含物质文明建设和精神文明建设两个方面，而精神文明建设对林场物质文明建设起着积极的推动作用，为林场的发展提供精神动力和智力支持。原山林场依托丰富的森林资源和深厚的文化底蕴，不断搭建生态文化、建设生态文明的良好平台。在加强管理、推进改革的进程中，注重文化建设，并将党建文化和传统文化作为林场文化的核心，建立起原山"一家人"理念，从物质文化、制度文化、行为文化、精神文化等几方面大力推进林场文化建设，成立书画院，通过举办书画展、知识竞赛、外出参观等丰富多彩的活动，振奋了职工精神，创造了富有原山特色的林场文化，凝聚起原山干部职工干事创业的强大动力，丰富了业余精神文化生活，推动林场精神文明建设。目前，原山林场风清气正，职工业余文化生活丰富，精神充实，无信奉邪教等行为，通过深化林场文化建设汇集了精神能量，获得了力量源泉。可以说原山得益于文化引领和精神创造，得益于创新、道德、制度引领。

2. 构建特色鲜明的团队精神

团队精神是团队的灵魂，是团队精心培养而形成的团队成员群体的精神风貌，团队管理制度、道德风尚、团体意识和团队形象起着决定性的作用。通过原山几代人的拼搏铸造了"对党忠诚，勇于担当的政治品格；珍爱自然，和谐共生的生态理念；廉洁勤勉，奉献人民的职业操守；不忘初心，艰苦奋斗的优良传统"新时代原山精神，这一精神成为林场员工群体心理定式的主导意识，集中体现了原山林场的经营宗旨、价值准则、管理信条。这种精神的形成，不是自上而下的，而是源于实践的内生性的。也正是如此，精神的力量使得原山人团结一心，攻坚克难，改革发展中的矛盾、难题逐一化解，党员干部职工干事创业的热情得到极大激发，为建设幸福林场增添了强劲动力，获得了巨大活力的实质。

依托原山精神，原山建成艰苦创业教育基地，深入开展"创建书香单位 争做学习职工"活动等，传承"建原山勇挑重担，爱原山无私奉献"精神，并通过创作影视作品、书籍、广播剧等形式将精神发扬光大。原山林场还以发挥共产党员的先锋模范作用和基层党组织的战斗堡垒作用为基点，开展"双联"活动、党员实行"五星级"管理等，建成一支"遵规矩、守纪律、有担当"的坚强党员干部队伍。

（六）职工生活富裕是林业现代化的重要目标

实现林业现代化，必须坚持以人民为中心的发展思想，这是习近平治国理政新理念新思想新战略的一条红线，也是推动新的历史进程的力量来源。实现林业现代化的最终目标是增进人民福祉、让人民群众成为最大受益者。

1. 职工经济收入及社会福利待遇不低于当地社会平均水平

原山林场重视将发展成果分享到每位职工，重点在提高职工收入、增加福利待遇、提升生活工作学习质量上增加投入。积极推行劳动分配和人事制度改革，实行个人收入与个人创造的价值、贡献挂钩，在工资、住房、教育、交通等方面让林场人过上了与社会人同步的幸福生活，职工年最低收入由1996年的0.4万元增长到2017年的6.7万元，特别是从2010年起，每年增加10%的工资，工资水平高于淄博市同类单位平均工资，更是高于全国林业行业平均水平，在全国国有林场职工中率先办理了"四险一金"，私家车拥有量达到75%。林场和林场人的社会地位、对外影响、品牌美誉度都实现了大提升。

2. 职工及其家庭无就业、住房、教育、医疗、养老等困难

职工关心的就业、生活等问题得到极大改善。原山林场已经成为拥有森林面积4.4万亩，森林覆盖率达到94.4%，固定资产10亿元、年收入超亿元、职工年均工资达 6 万多元的集生态林业、旅游业、文化产业于一体的新型林场，实现了从荒山秃岭到绿水青山，从穷乡僻壤到金山银山的美丽嬗变，是全国国有林场改革发展的典范。

原山完善各项保险和福利。2007，年全体职工参加医疗保险、工伤保险，为全体职工办理了失业保险，成为地区"不欠工资、不欠税金、不欠养老保险、不欠医疗费"的四不欠单位。目前，林场退休职工都享有养老金，职工面貌焕然一新。每个职工家庭都有 1~2 套住房。新入职大学生员工也享受一年两次增资等发展红利。原山多途径妥善安排林场富余人员，解决职工家属、子女就业问题，并扶助职工子女上大学、上好学。老年工作进一步拓展，在保证老有所养、病有所医的基础上，鼓励在身体允许的情况下老有所学，建设老年活动室、老年公寓，使退休职工实现老有所乐的目标。

朝着"道德林场、法治林场、小康林场、现代化林场"的奋斗目标，原山需要深化改革，使森林保护更加到位，产业发展更具活力，职工生活更加幸福，在 2020 年之前建成具有中国特色的基本现代化林场，力争2035 年之前实现林场全面现代化。

（七）林场美丽和谐是林业现代化的不懈追求

持之以恒推进生态文明建设、构建美丽和谐的林场，是实现林业现代化、推动美丽中国梦的重要抓手。

1. 场区环境美丽

原山风景秀美，林场风采昭然，是宜居宜业宜游的新家园。林场道路、绿化、医疗等基础设施和配套设施已配备完毕，街道全部得到硬化和亮化，办公区美观整洁，形成居民区花园化、道路景观化、林场园林化，满足了居民养老、托幼、医疗等服务需求。原山林场拥有山、水、林、泉、洞等丰富的自然景观，并拥有世界文化遗产——齐长城遗址、国家级文物保护单位——颜文姜祠、省级文保单位——泰山行宫等，生态文化、齐文化、孝文化、陶琉文化、道教文化相得益彰。

实现现代化，原山林场需要进一步科学规划，依托原山独特的自然环境优势，提升国家森林公园的品质，与旅游产业深度融合，成为全国国有林场走现代化生态发展的一个典范，成为全国林业系统的一面旗帜和国有林场改革发展的典范，展现山绿、场活、业兴、人富、林强的现代化和谐发展局面。

2. 场区各类关系和谐

林场干群关系等各类关系是否和谐融洽，单位和干部职工是否拥有正确世界观和价值观，是衡量林场现代化程度的重要参考指标。只有实现干群关系、邻里关系、周边关系和谐融洽，才能构建美丽和谐的现代化林场，增强凝聚力和向心力，提高林场的核心竞争力，推动林场可持续发展。

原山林场在推进艰苦创业、深化改革、科学发展的进程中，大力推进道德林场、法治林场和小康林场建设，建立"双联"网络机制，倡导"一家人一起吃苦、一起干活、一起过日子、一起奔小康、一起为国家做贡献"的"一家人"精神，凝聚人心，激发斗志，以个人品德、家庭美德、职业道德、社会公德作为规范每个人言行的行为准则。林场干群关系融洽，邻里关系和谐，家庭成员和睦，全场上下"党员干部为事业干、为职工干，职工为自己干，大家一起为国家干"的良好氛围成为职工向心力、凝聚力、创新力的力量源泉，形成了建设现代化林场的强大精神力量。1000多人的单位、3000多人的小社会，20年来没有发生一起刑事案件，没有一个原山人掉队。此外，原山林场切实履行社会责任，依托"爱心原山"平台，积极参与周边县区乡村振兴、经济发展建设，不断把更多幸福送给社会。

3. 安全工作及时到位

在迈向现代化的进程中，原山林场强化安全意识，牢固树立安全发展观，以问题为导向，加强管理，围绕重点任务，多举措做好安全保障各项工作。制定各类安全生产规章制度以及专项行动实施方案，严格落实领导责任，确保责任落实到人。充分利用宣传栏、电子显示屏、悬挂横幅、发放宣传资料等形式，持续开展安全宣传，不断提升林场职工、群众安全防范意识和能力。强化巡查排查，对森林防火、森林旅游等重点领域开展安全隐患专项检查。同时，积极借助平安志愿者、联勤队员、护林员等群防群治力量，加强辖区内巡防力度，查找安全管理薄弱环节，确保各类隐患整改到位。通过扎实有效的措施，原山林场20年来未发生重大火情、旅游事故等安全生产事故。

（八）全面从严治党是林业现代化的关键

实现林业现代化，关键在于坚持中国共产党的领导，坚持全面从严治党，保持党的先进性，提高党员干部为民服务的宗旨意识、提高党员干部无私奉献的思想境界、提高党员干部奋发昂扬的进取精神、提高党员干部艰苦奋斗的优良作风、提高党员干部履职尽责的工作水平，提高林业干部队伍的建设水平。

1. 健全基层组织，坚持党对林场一切工作的领导

原山林场党委坚持党对林场工作的全面领导，坚决听党指挥、服从大局，牢固树立"四个意识"，不断自我加压，紧紧围绕党和国家的大政方针政策，及时反映基层党员干部群众普遍关心的热点难点，带着任务和责任履职尽责。加强组织建设，夯实党的基层基础。完善支部建设，把支部建在工作最前线，从党的思想建设、组织建设、制度建设等方面建设过硬支部，严格执行党的组织生活制度，扎实推进基层党组织标准化建设，夯实基层党建基础。原山林场倡导学习型党组织建设，加强思想建设，坚持抓好理论武装，提升组织力。常年组织各种学习，结合林场实际、结合时代发展，发挥群团工作纽带作用，让党中央的路线方针政策落地生根，守住"底线"、不碰"高压线"。

2. 加强政治建设，坚持开展党内政治生活

一是严明政治纪律和政治规矩，坚决维护以习近平同志为核心的党中央权威和集中统一领导，在思想上政治上行动上同以习近平同志为核心的党中央保持高度一致。二是严肃党内政治生活。认真学习党章和《关于新形势下党内政治生活的若干准则》《中国共产党党内监督条例》等党内法规，广泛征求意见、深刻查摆问题、开展谈心谈话，严肃开展批评与自我批评，并对查摆出的问题逐一抓好整改。三是认真学习英雄模范人物先进事迹和林业系统先进典型，积极开展精神文明创建，教育引导林业干部职工以先进典型为榜样，弘扬主旋律，传播正能量，奉献新时代，做出新业绩。

3. 坚持反腐倡廉永远在路上

加强纪律建设，持之以恒正风肃纪，推进廉政体系建设。在继续保持原山20多年无违法记录的基础上，按照"国有国法、党有党纪、场有场

规、家有家教"的要求，健全完善各项管理制度，特别是健全完善廉政风险防范体系，进一步强化"不作为、乱作为就是腐败"的理念，将权力关进制度的笼子，加强廉政教育，落实监督执纪责任，用好监督执纪"四种形态"，确保原山事业按照规划的蓝图健康安全地向前推进。

通过上述措施，最终实现原山林场确定的以政治建设为统领，坚决维护习近平总书记党中央的核心、全党的核心地位，坚决维护党中央权威和集中统一领导，以习近平新时代中国特色社会主义思想为指引，强化理论武装和思想建设，以标准化建设为抓手，着力提升基层党组织的组织力和战斗堡垒作用，以高素质专业化为目标，进一步加强林业干部队伍建设，加快实现林业现代化。

三　国有林场基本实现现代化评价指标体系分析

林业现代化是通过科学技术的渗透、工业部门的介入、现代要素的投入、市场机制的引入和服务体系的建立，依靠现代化工业装备林业，充分利用现代科学技术和手段，全社会广泛参与保护和培育森林资源，高效发挥森林的多种功能和多重价值，以满足人类日益增长的生态、经济和社会需求。林场是林业的主体，全国近5000个国有林场基本实现现代化之日，即是我国林业现代化实现之时。构建国有林场基本实现现代化评价体系，是贯彻党的十九大精神以及习近平生态文明思想的重要抓手，是推动林业高质量发展、建设林业产业现代化体系的内在要求，是加快国有林场基本实现现代化的具体举措，是"以评促改"优化林场发展环境的关键前提。

（一）构建国有林场基本实现现代化评价体系的基本思路

1. 构建国有林场基本实现现代化评价体系的总体思路

以十九大报告为指导，以习近平生态文明思想内涵包括和谐共生论、金山银山论、绿色发展论、统筹治理论、环保制度论等为理论支撑，结合国家林业和草原局等主管部门的发展要求，探索构建国有林场基本实现现代化评价体系，并为我国国有林场基本实现现代化提供参考，丰富林业生态文明建设知识体系、理论体系和话语体系。

2. 构建国有林场基本实现现代化评价体系的总体目标

建立简单易行、指向明确的评价指标体系，对国有林场林业现代化进程进行科学、客观的评价，促进国有林场改革深化，并为国有林场现代化提供借鉴，推动我国林业早日实现现代化。

3. 构建国有林场基本实现现代化评价体系的总体原则

坚持党中央以及国家林业和草原局关于林业现代化的总体要求与国有林场实际相结合的原则，立足国有林场实情、中国林业发展特色，对评价体系的设计采取普遍性和特殊性相结合的原则。既遵循国有林场自身发展的特点和实际情况，又遵循林业现代化的一般规律，科学设立评价目标、指标方法，发挥好评价指挥棒和风向标作用。

（二）构建国有林场基本实现现代化评价体系的方法

指标体系设计尊重林业现代化的客观规律和国有林场实际，对接借鉴国家林业和草原局指标，沿用通用指标表述，确保客观真实、科学管用，对指数的数据接口采取开放的原则，即考虑各地林场工作环境不同、类别不同等因素，对指数留有一定的开放性，可以随时添加必要的指标；评价方法采用多维视角线性评价，即在多维视角基础上，采取加权汇总进行计算。

（三）构建国有林场基本实现现代化评价指标的选择原则

1. 全面性与相关性原则

全面性原则要求现代化指数的指标体系构建应能全面反映林业现代化的总体情况。相关性原则要求联系现阶段发展形势和政策环境的要求，并注重指标之间的相互关联。

2. 数据可得性与量化可操作性原则

设计指标时，保证指标具有很强的实用性，同时也考虑现状，设置指标体系时要尽量采用可获得的指标，保证采集数据本身的真实性。

3. 科学性与层次性原则

在评价体系的指标选择上，进行层次性划分就是科学性的一个明确体现，指标体系由两个层次的指标构成，其中，下级指标构成上级指标。由此，根据层次的高低和评估重要性的大小组合成一个多要素的递阶结构。

因此，要求同一层次上的评估指标之间又必须相互独立，不能交叉重叠，否则很难进行比较。

（四）尽快创建国有林场基本实现现代化评价指标体系

通过对国有原山林场基本实现现代化发展历程、治理体系以及发达国家林业现代化发展过程的总结、分析，我们以十九大报告和习近平新时代中国特色社会主义思想为指导，以原山林场为例，从八个方面总结、概括了我国林业基本实现现代化的范围和重点，提出了评价国有林场基本实现现代化的基本思路、方法和评价指标选择的原则，制定了我国国有林场基本实现现代化的一般评价指标体系。

国有林场基本实现现代化，就是在党的领导下，坚持以人民为中心，实施生态优先，坚持以生态建设为主的林业发展战略，维护森林生态安全，通过改革创新破解发展难题，以绿色协调发展惠民，实现共建共治共享的发展格局。采取德尔菲法①，在征询林业主管部门、国有林场、科研部门专家学者意见的基础上，根据各指标在整个指标体系中的重要性和影响程度，对相关指标权数进行进一步的完善修订，形成国有林场基本实现现代化评价指标体系（见表8-1），包含林业生态、林业产业、生态文化及社会发展和坚持党的领导四个重要的方面。

表8-1　国有林场基本实现现代化评价指标体系

一级指标	二级指标	分值	说明
森林保护优先 15分	实施森林质量精准提升工程（森林抚育、林业投入状况、林地面积、森林覆盖率、林地利用率及森林生长率状况；林种、树种及林龄结构合理度状况；生物多样性及森林景观人文景观资源保护管理状况）	7	出现重大森林损失、破坏事故等扣减10分
	落实原山山脉大区域防火理念（体制机制建设及运行状况、硬件设施水平）	4	
	加强林业有害生物防控管理（森林病虫害及有害生物入侵及防治状况）	4	

---

① 德尔菲法，也称专家调查法，1946年由美国兰德公司创始实行。该方法是由企业组成一个专门的预测机构，其中包括若干专家和企业预测组织者，按照规定的程序，背靠背地征询专家对未来市场的意见或者判断，然后进行预测的方法。

续表

一级指标	二级指标	分值	说明
林业产业发展 15分	产业布局合理,实行独立法人运作(第一、二、三产业发展状况、林场发展产业经济收入状况、场区自然经济资源和人文景观资源开发利用状况、后续森林资源培育状况等)	8	
	坚持低碳发展,节约和环保并重(生态环境良好度状况等)	4	
	实现现代化的新战略、新创业(发展规划、科技创新体系、开放合作拓展空间)	3	
治理科学高效 15分	建立健全党委领导下的事业单位法人治理结构(现代管理体制、党团群工共建共管机制、林场民主管理制度、职工权益和社会保障制度等建设及执行状况,多种收入分配制度建设与执行状况,科技投入水平及林业科技贡献状况,林场专业技术人员、管理人员的比例及知识水平状况)	10	
	工作纪律制度健全完善,岗位职责明确,生产经营规范有序(造林经营、森林保护、资源管理、生态环境监测等森林资源和林业产业现代经营管理体制机制建设)	5	
基础设施完备 15分	民生与生产基础设施完备(林区道路密度及规格、质量状况,林区供电、供水、通信等基础设施建设状况,造林营林、产业生产经营等现代机械、技术设备配置使用状况等)	4	
	森林管护基础设施齐全(林场土地、林木、生态环境等管护基础设施状况,现代管护手段的采用,管护水平等)	4	
	信息化基础设施(为建成智慧林场进行的科技创新、林场管理工作的现代设施设备投入与运行状况)	7	
文化底蕴丰厚 10分	职工精神面貌健康(精神文明建设、业余文化生活丰富,无违法乱纪、信奉邪教等行为)	5	
	林场精神鲜明(得到全场广大职工的广泛认同和共同践行)	5	
职工生活富裕 10分	职工经济收入及社会福利待遇状况(职工经济收入及社会福利待遇高于林业行业平均水平,不低于当地社会平均水平)	5	
	职工及其家庭无就业、住房、教育、医疗、养老等困难(职工生活区及工作区建设、职工思想和科学文化教育状况、职工子女入学及家属就业状况、医疗养老等状况)	5	

续表

一级指标	二级指标	分值	说明
林场美丽和谐 10 分	场区环境美丽（建筑外观整洁有序，场区景区环境卫生整洁，绿化美化效果等）	3	发生群体性事件或安全生产事故等扣减 5 分
	场区各类关系和谐（干群关系融洽度、林场同乡村组织、村民群众的关系状况，场区的社会贡献如林场在经营区周边乡村林业生态建设、新农村建设中所起作用状况）	4	
	生产生活安全到位（林场及职工家庭安全教育，安全生产责任事故、治安状况等）	3	
全面从严治党 10 分	坚持党对林场一切工作的领导，基层组织健全	4	基层组织涣散、组织生活不健全引发重大责任缺失事故等扣减 5 分
	坚持开展党内政治生活	3	
	坚持反腐倡廉永远在路上	3	
总分		100	

本评价指标体系主要是以国有原山林场为例，对国有林场基本实现现代化的程度进行评价。指标总分值 100 分，结合国有林场自主打分以及外部专家打分等进行加权平均，各项得分相加，以 90 分为基本实现现代化的临界分值。综合评价值在 90 分以上时，这一阶段林场林产品附加值高、林业市场体系和林业制度完善、林业科技水平较高、拥有较高素质的林业人才队伍、森林覆盖率超过世界平均水平、林业生态工程建设形成多样化、网络化格局，并且产生明显的社会效益、经济效益和生态效益。

四　原山林场基本实现现代化评价

（一）唯物辩证法是指导评价的基本方法

人类认识的一般规律是从个别到一般、从具体到抽象。从认识个别到认识一般、从认识具体到认识抽象，是认识的一个飞跃。理论来源于实践，又服务于实践，并接受实践的检验。通过解剖原山林场发展历程，提炼出的《国有林场基本实现现代化评价指标体系》还必须再返回实践中。为此，我们以 2018 年 10 月 31 日为时间节点，运用《国有林场基本实现现代化评价指标体系》，对原山林场基本实现现代化情况进行了具体评价。

（二）原山林场基本实现现代化的评价结果

根据原山林场经济社会发展数据，我们按照评价指标体系，组织专家学者对原山林场基本实现现代化情况进行了测评，通过汇总整理分析，得出以下具体数据和评价结果（见表8-2）。

1. 森林保护优先

共15分，得14分，减1分。二级指标中，实施森林质量精准提升工程共7分，得6分，减1分；落实原山山脉大区域防火理念共4分，得4分；加强林业有害生物防控管理共4分，得4分。

2. 林业产业发展

共15分，得14分，减1分。二级指标中，产业布局合理、实行独立法人运作共8分，得8分；坚持低碳发展、节约和环保并重共4分，得4分；实现现代化的新战略、新创业共3分，得2分，减1分。

3. 治理科学高效

共15分，得14分，减1分。二级指标中，建立健全党委领导下的事业单位法人治理结构共10分，得9分，减1分；工作纪律制度健全完善、岗位职责明确、生产经营规范有序共5分，得5分。

4. 基础设施完备

共15分，得14分，减1分。二级指标中，民生与生产基础设施完备共4分，得4分；森林管护基础设施齐全共4分，得4分；信息化基础设施共7分，得6分，减1分。

5. 文化底蕴丰厚

共10分，得10分。二级指标中，职工精神面貌健康共5分，得5分；林场精神鲜明共5分，得5分。

6. 职工生活富裕

共10分，得9分，减1分。二级指标中，职工经济收入及社会福利待遇状况共5分，得4分，减1分；职工及其家庭无就业、住房、教育、医疗、养老等困难共5分，得5分。

7. 林场美丽和谐

共10分，得10分。二级指标中，场区环境美丽共3分，得3分；场区各类关系和谐共 4 分，得 4 分；生产生活安全到位共 3 分，得 3 分。

8. 全面从严治党

共 10 分，得 10 分。二级指标中，坚持党对林场一切工作的领导、基层组织健全共 4 分，得 4 分；坚持开展党内政治生活共 3 分，得 3 分；坚持反腐倡廉永远在路上共 3 分，得 3 分。

原山林场基本实现现代化综合评价总得分为 95 分，超过了 90 分基本实现现代化的临界分值，基本达到"基本实现现代化"的目标。

表 8 - 2　原山林场基本实现现代化的评价结果

一级指标	二级指标	应得分	实得分
森林保护优先 15 分	实施森林质量精准提升工程（森林抚育、林业投入状况、林地面积、森林覆盖率、林地利用率及森林生长率状况；林种、树种及林龄结构合理度状况；生物多样性及森林景观人文景观资源保护管理状况）	7	6
	落实原山山脉大区域防火理念（体制机制建设及运行状况、硬件设施水平）	4	4
	加强林业有害生物防控管理（森林病虫害及有害生物入侵及防治状况）	4	4
林业产业发展 15 分	产业布局合理，实行独立法人运作（第一、二、三产业发展状况、林场发展产业经济收入状况、场区自然经济资源和人文景观资源开发利用状况、后续森林资源培育状况等）	8	8
	坚持低碳发展，节约和环保并重（生态环境良好度状况等）	4	4
	实现现代化的新战略、新创业（发展规划、科技创新体系、开放合作拓展空间）	3	2
治理科学高效 15 分	建立健全党委领导下的事业单位法人治理结构（现代管理体制、党团群工共建共管机制、林场民主管理制度、职工权益和社会保障制度等建设及执行状况，多种收入分配制度建设与执行状况、科技投入水平及林业科技贡献状况、林场专业技术人员、管理人员的比例及知识水平状况）	10	9
	工作纪律制度健全完善，岗位职责明确，生产经营规范有序（造林经营、森林保护、资源管理、生态环境监测等森林资源和林业产业现代经营管理体制机制建设）	5	5

续表

一级指标	二级指标	应得分	实得分
基础设施完备 15分	民生与生产基础设施完备（林区道路密度及规格、质量状况，林区供电、供水、通信等基础设施建设状况，造林营林、产业生产经营等现代机械、技术设备配置使用状况等）	4	4
	森林管护基础设施齐全（林场土地、林木、生态环境等管护基础设施状况、现代管护手段的采用，管护水平等）	4	4
	信息化基础设施（为建成智慧林场进行的科技创新、林场管理工作的现代设施设备投入与运行状况）。	7	6
文化底蕴丰厚 10分	职工精神面貌健康（精神文明建设、业余文化生活丰富，无违法乱纪、信奉邪教等行为）	5	5
	林场精神鲜明（得到全场广大职工的广泛认同和共同践行）	5	5
职工生活富裕 10分	职工经济收入及社会福利待遇状况（职工经济收入及社会福利待遇高于林业行业平均水平，不低于当地社会平均水平）	5	4
	职工及其家庭无就业、住房、教育、医疗、养老等困难（职工生活区及工作区建设、职工思想和科学文化教育状况、职工子女入学及家属就业状况、医疗养老等状况）	5	5
林场美丽和谐 10分	场区环境美丽（建筑外观整洁有序，场区景区环境卫生整洁，绿化美化效果等）	3	3
	场区各类关系和谐（干群关系融洽度，林场同乡村组织、村民群众的关系状况，场区的社会贡献如林场在经营区周边乡村林业生态建设、新农村建设中所起作用状况）	4	4
	生产生活安全到位（林场及职工家庭安全教育，安全生产责任事故、治安状况等）	3	3
全面从严治党 10分	坚持党对林场一切工作的领导，基层组织健全	4	4
	坚持开展党内政治生活	3	3
	坚持反腐倡廉永远在路上	3	3
总分		100	95

（三）原山林场全面"基本实现现代化"指日可待

评价结果基本符合原山林场的实际，进一步验证了评价指标体系的科学性；同时，也可以看出原山林场在基本实现现代化的道路上取得了很大的成绩，但也存在不足。专家分析，原山林场提出的到 2020 年在全国国有林场中率先"基本实现现代化"的发展目标一定能够全面实现。

对照评价结果，原山林场要以习近平新时代中国特色社会主义思想为指导，牢固树立并切实贯彻创新、协调、绿色、开放、共享五大发展理念，增强"四个意识"，坚定"四个自信"，以建设美丽原山为总目标，以满足周边人民美好生活需要为总任务，坚持稳中求进工作总基调，认真践行新发展理念和"绿水青山就是金山银山"理念，按照推动高质量发展的要求，全面提升林业现代化建设水平。要紧盯基本实现现代化各发展目标，对照薄弱环节，重点在森林保护、林业产业、基础设施等方面寻找不足和弱点，采取切实措施，强化责任担当，举全场之力，集各方之智，勠力同心，再接再厉，共同推进新时代林业现代化建设，力争通过 1 年的奋斗，到 2020 年在全国国有林场中率先全面达到"基本实现现代化"目标。

第九章

把原山林场建设成为引领国有林场现代化的楷模

展望未来，原山继续坚持深化改革、深入发展、基本实现现代化建设，在绿色发展和森林质量精准提升、治理体系和治理能力现代化建设、弘扬艰苦奋斗精神和践行社会主义核心价值观等方面走在全国前列，把原山建设成为引领国有林场现代化的楷模。

一 绿色发展和森林质量精准提升走在全国前列

（一）林业科学技术推广应用名列前茅

林业科学技术推广应用作为林业科技创新体系的重要组成部分，是林业科技成果转化为现实生产力的桥梁和纽带。林业的发展和现代化建设要依靠科学技术，要实现增加森林资源、增加林业活力、提高林业生产力的总体目标，必须增加科技进步的因素。科技成果的推广应用是促进科技成果转化为现实生产力的关键环节。因此，在林场现代化建设中，林业科技开发、推广工作的任务是重大而紧迫的，是科技兴林的首要任务。

现代化国有林场拥有技术、人才和资源优势，是林业生态建设的主阵地，因此，在周边山区林区林业生态保护、建设中起到示范、引领和带动的作用，推广林业新技术、新品种、新材料等，将林业生产由外延式扩大再生产转变为内涵式扩大再生产。坚持科技兴林战略，加快推进国有林场现代化建设。加大科技投入，构建林业科技创新平台，积极与林业企业、科研院所和高等院校广泛开展林业技术合作，重点谋求关键技术的创新与突破。大力推广林业实用新技术、适生新品种、适宜新机械、适用新材料和先进经营管理方式，提高原山生态体系建设的水平。

把强化林业科学技术应用放在重要议事日程，提出明确要求，把林业科技进步贯穿于林业重点工程的始终，实行林业重点工程建设与林业技术推广同步设计、同步实施、同步验收。重点研发林木良种、瘠薄山地造林、森林经营技术、重大林业有害生物防治、资源与生态监测、林火管理与控制、植物区系研究等关键性技术。抓好森林资源数据管理和林业信息网络建设。制定林业重点工程科技支撑的技术标准，纳入工程检查验收考核指标体系。重视林业科学基础研究、应用研究和高新技术开发，提高林业科技创新能力。用足、用活淄博（原山）院士工作站功能作用，鼓励林业科研单位、大专院校和科技人员，深入生产第一线，通过创办科技型企业、建立科技示范点、开展科技承包和技术咨询等形式，加快科技成果转化。加强专业技术人员队伍建设，建立一支高科学技术素养的工匠队伍。对在林业科学研究、林业科技推广和新产品开发等方面有突出贡献的先进单位、先进个人给予奖励。

展望未来，原山林业科学技术推广应用在全国范围内名列前茅，要做好以下几个方面：第一，增强科技认识。科技创新已经成为推动转变发展方式的内生动力，从林业行业层面看，科技创新已经成为破解林业发展难题的关键举措。当前，我国林业发展正处于战略机遇期、黄金发展期，现代林业建设对科技的需求从来没有像今天这样紧迫，科技对现代林业发展的支撑引领作用从来没有像今天这样突出。要加大宣传力度，增强全场干部职工对科学技术的认知程度，提高对科学技术的学习热情。第二，增加科技投入。由于林业科技推广不同于其他行业，具有周期长、见效慢的特点，加上推广面较广，短时间难被接受。因此，林业科学技术推广应用需要完善的资金保障，保障新技术的研发及推广应用顺利开展。第三，建设科技推广队伍。要把推广应用工作做到位，必须建设一支高素质的林业科技工作人员队伍，将林业科技推广应用作为主要任务，不断进行科学研发及成熟技术运用，将林业工程建设迫切需要的成熟的科研成果快速应用到生产实践中，不断提高科技成果的推广应用率。

（二）森林抚育管理水平属于全国一流

森林抚育是调整中、幼龄林树种组成和密度、改善林分卫生状况、促进林木生长、科学培育森林资源、发挥森林多种功能、使森林资源得到可持续发展的一项重要措施。按照"三分造，七分管"的要求，继续加强对中、幼林的抚育管理。对新造幼林及时进行松土除草、培土踏穴、修枝定株、防治林业有害生物、补植造林等；对中、幼龄林加强森林抚育管理，及时采取修枝、抚育间伐等措施。同时采取封山护林措施，杜绝人为破坏，保障森林健康生长。

通过森林抚育管理手段，实现森林资源的科学经营，达到森林资源的近自然经营目的，在全国范围内处于一流地位。近自然森林经营，是一种顺应自然的计划和管理森林的模式，它基于从森林自然更新到稳定的顶级群落这样一个完整的森林发育演替过程来计划和设计各项经营活动，优化森林的结构和功能，永续利用与森林相关的各种自然力，不断优化森林经营过程，从而使受到人为干扰的森林逐步恢复到近自然状态的一种森林经营模式。加快低效林分更新改造，推进森林质量精准提升。按照国家林业局着力提升森林质量的要求，根据近自然育林理论，编制林场森林经营方案。实施森林质量精准提升工程，抓好森林抚育和退化生态林更新改造，不断提高森林质量，确保森林生态系统安全健康，不断增强森林生态系统抵御自然灾害的能力，不断提高森林的生态效益、社会效益。加强林木种苗培育和优化种苗树种结构，重点培育乡土树种，确保森林的适生性和稳定性，建立生态稳定和生物多样性丰富的森林结构。

通过各种措施使森林抚育管理水平居于全国一流地位。

（三）森林资源保护能力居于全国前列

1. 森林防火能力居于全国前列

一是提高森林防火综合指挥能力，实施科学扑救。加强森林防火信息指挥系统建设，建立功能完备的现代化森林防火指挥系统，实现森林火灾预防与扑救指挥的数字化、网络化和自动化，全面提升森林火灾的综合防控能力。完善森林防火通信和信息指挥系统建设。强化通信指挥系统建设，确保满足扑救重大以上森林火灾的指挥调度需要。完善由网络基础设施、应用系统、指挥调度系统构成的信息指挥系统，结合通信系统实现数据通信网络畅通，保证火场的音频、视频、图像等数据信息及时准确地向指挥机构传递。在森林火灾扑救中，坚持以人为本、科学扑救，提高组织指挥、扑火队伍和扑火装备专业化水平，提升空中灭火、以水灭火、机械化灭火能力。精心组织，科学指挥。加强防火装备配备，进一步完善森林消防专业队伍的装备配备，提升森林消防专业队装备机具化水平，实现森林消防专业队伍装备机械化和规范化，提升专业队伍快速机动和控制扑救火灾的能力。

二是坚持"防火就是防人"科学理念，完善森林防火监控预警。第一，防范胜于救灾，把森林火灾预防工作放在首要位置。加强森林防火宣传教育，提高周边居民森林防火意识。第二，加强预警监测，完善林火监控网络。完善瞭望监测网。根据人工瞭望、视频监控、红外雷达探火相结合，建立无人机巡航监控网络，实现林区瞭望监测全覆盖的目标要求。第三，加强护林队伍建设，创新森林资源管护机制。完善护林员、瞭望员队伍建设。配齐配强护林员、瞭望员队伍，实施 GPS 定位、视频监控、不定时督查等措施，加强督查管理，确保护林员在岗到位、尽职尽责。

三是加大科技投入，实施科技防火、科技扑火。充分发挥科技引领作用，积极开发、引进、推广先进实用的防扑火设备和技术。充分利用信息化手段，加强预警监测、森林防火通信和信息指挥能力建设，构建森林防火信息化体系，大幅提升森林防火信息感知、信息传输、信息处理和信息应用四种能力，不断提高森林防火科技含量。紧紧抓住当前科技发展为科学防火提供的良好机遇，将现代化科技成果推广应用到森林防火的各个环节中，努力为减轻森林火灾危害、保护森林资源安全、巩固生态建设成果、维护林区稳定发展提供有力的保障。

四是标本兼治，建立健全森林防火长效机制。全面加强森林防火基础设施和装备能力建设，突出森林防火应急道路、生物阻隔带等基础性、长远性工程建设。建设林区防火道路网。林区道路按照半小时抵达的标准，通过科学规划、合理布局，初步建成林区防火道路网，确保林场所有林片能够实现森林火灾扑救的及时快捷。对重点林区进行科学规划，构建与自然阻隔、道路阻隔为一体的林火阻隔网络。强化森林防火宣传教育和培训工作，通过报纸、广播电视、微信、警示牌等多种形式宣传森林防火知识。做好指挥员和管理人员的业务培训，熟练掌握科学指挥和安全避险等知识。加强森林防火队员防扑火技能培训和实战演练，全面提高队伍的战斗力。落实责任制度，加强队伍建设，健全经费保障机制，完善科学防火，加大依法治火，建立健全长效机制，坚持标本兼治，确保森林防火工作的可持续发展。

2. 林业有害生物防治能力居于全国前列

一是林业有害生物防治指挥体系建设。贯彻好落实上级关于重大林业有害生物防控的决策部署和工作安排，统筹好全场林业有害生物防控工作，指导和检查全场林业有害生物防控体系建设，与上级单位及周边区县单位建立完善信息共享、协作联动机制，督促检查全场林业有害生物防控各项工作，组织、协调和指挥开展林业有害生物预防、除治、控制、扑灭等工作。充分利用互联网、卫星导航定位等信息化手段，建设应急防治指挥系统，定期开展防治技能培训和操演，提高应急响应和处置能力，提升处置水平。

二是林业有害生物测报预警体系建设。每年定期维护和更新相关测报仪器、设备，加强对新设备、新技术的应用，加快新设备的更新换代，建立原山标准化监测点，新设备、新技术的运用在全国处于领先地位。加强对监测、防治人员的技术培训，全面提升原山的监测预警技术水平和能力，形成一支专业监测、防治技能的"工匠"队伍，准确掌握林业有害生物发生、发展动态，提高全场林业有害生物测报、防治水平。

三是林业有害生物检疫御灾体系建设。完善林业有害生物检疫御灾体系基础设施建设，建立一支专业检疫队伍，加强检疫技术培训，不断更新专职检疫人员知识结构，成为全面的林业有害生物防治检疫专业人才。充分利用林区护林防火检查站的平台，设立检疫点，加强对进入林区的苗木、木制品和林产品的检查和送检，严防外来性林业有害生物疫情传入林区。

四是林业有害生物防治减灾体系建设。层层落实林业有害生物防治责任，完善测报防治责任制度。坚持"预防为主，科学防治，依法治理，促进健康"的方针，对林业有害生物实行飞机防治与地面防治、专业队防治与群众防治相结合的治理方法，采取以生物防治为主，兼顾合理使用化学防治、饵木诱杀、灯光诱杀等综合治理措施。防治器械和技术上，力求多样、高效和安全，积极推广应用新技术和器械。建立科学高效的应急工作机制，组建专群结合的防治队伍，加强必要的应急设备和药剂储备，组织应急演练，切实做到灾害一旦发生，能够快速响应、积极应对、及时有效加以处置，把灾害控制在最小范围。

五是林业有害生物防治保障体系建设。多方筹措资金，加大林业有害生物储备物资库建设，增加必要的应急防治设备、药剂储备，进行新设备、新药剂的及时更新。对上争取，把林业有害生物普查、监测预报、植物检疫、疫情除治和防治基础设施建设等资金纳入财政预算，逐步加大资金投入。增强科技支撑，依托自身科技基础与科研院所、大学院校等开展合作，进行低毒低残留农药、生物农药、高效防治器械及其运用技术的开发、研究和推广，加强交流与合作，密切跟踪发展趋势，学习借鉴国际、国内先进技术和管理经验。大力开展防治减灾教育宣传和科普工作，形成联众联防的良好局面。

二　治理体系和治理能力现代化建设走在全国前列

（一）体制机制创新和内设机构科学化独树一帜

继续积极探索新形势下国有林场内部管理体制和运行机制，继续为国有林场可持续发展探索路子，建立定性定位清晰、管理科学高效、监管措施到位的新时期国有林场发展体制机制，继续为全国国有林场改革做出示范。坚持改革创新、优化体制机制。要立足原山发展实际，进一步深化改革，进一步创新创造，进一步优化体制机制，继续为国有林场改革发展探索新路子、总结新经验。持续解放思想，深入改革创新，在攻坚破难中抢占先机、赢得主动。继续推进"一场两制"，实行收支两条线管理，发展好一条"林场保生态、企业创效益、公园创品牌"的科学发展之路。

按照精简效能统一原则，进一步优化内部管理运作机制，提升管理运作效能。优化内设机构，要根据"精干高效"的原则，结合林场工作实际需要，科学合理设置林场机构。建立健全党委领导、党政工团齐抓共管体制机制；内设机构健全，岗位职责明确，运转协调有效，权力运行规范，监督制约到位；工作纪律制度健全完善、执行严格；培育文明场风、良好家风、淳朴民风，深入宣传道德模范、身边好人的典型事迹，弘扬真善美，传播正能量；各类资产管理安全，森林资源保护有力，生产经营规范有序。公益林日常管护引入市场机制，通过合同、委托等方式面向社会购买服务，建立生态林新的管理模式。进一步完善营林区的基础设施建设，所辖六大营林区全部建成标准化营林区。加强和改进营林区的管理，在保障生态林保护管理的基础上，积极鼓励营林区工作创新、制度创新，按照"一家人"理念，按照园林式单位标准，建设新型营林区。

（二）管理制度与时俱进助推治理能力水平提升

《管理制度汇编》为与时俱进助推治理能力水平提供基础。没有规矩，不成方圆。实现现代化国有林场，首先要实现治理能力现代化。提高治理能力，管理制度先行。原山的成功发展离不开严格的制度建设这一基础。通过长期的实践总结，林场围绕党员管理、人事管理、财务管理、项目管理等方方面面，形成了一整套行之有效的规章制度。原山重视制度建设，提出了"法制林场"的概念。抓人的思想，"法治林场从建章立制做起"，使林场整个"盘子"在越发展越大的前提下，各方面都保持了健康稳步的增长。为改革陈旧机制，林场定规矩、立章程、建制度，编纂了原山《管理制度汇编》，形成独具原山特色的制度管理体系，为建设法治林场提供了保障，增添了强劲动力和蓬勃活力。20年来，原山人始终把"遵规矩、守纪律、讲道德、有担当"挺在前面、刻在心上，按照科学化、制度化、规范化的路子向前迈进。这么多年来，原山邻里和睦、团结互助、事业发达，"原山人"成了正能量的代表。

自《管理制度汇编》1999年实行以来，根据新形势、新变化及新的管理要求，经过多次修订，对推进林场各项管理的科学化、规范化、制度化，实行依法治场、依制度治场发挥了重大积极作用。进入新时代后，按照新时代发展要求，将所有的行动规则、条条框框收录整理出来，对原有的管理制度进行进一步完善补充，为法治林场的科学运行提供了依据。要完成基本实现现代化林场的奋斗目标，没有一套严格的、有法律做支撑的制度为底线是不可能的。因此，要以新时代《管理制度汇编》为统领，坚持法治林场建设，推进治理体系和治理能力现代化。同时，在执行制度面前，还要强化制度的刚性约束，确保执行制度不折不扣、落到实处，要加强督导检查，确保管理制度落到实处，确保所有行为都在制度的范围内正常进行。同时，根据新时代、新发展、新要求，不断对《管理制度汇编》进行完善，保证其与时俱进，助推治理能力的水平提升。

（三）加强党的建设和党员队伍建设，提升组织力达到新高度

在加强管理、推进改革的进程中，原山始终注重文化建设，并将党建文化作为林场文化的核心，以发挥共产党员的先锋模范作用和基层党组织的战斗堡垒作用为基点，建成了一支坚强的党员干部队伍。在新时代发展中，继续加强党的建设和党员队伍建设、提升组织力，继续坚信"千难万难，相信党、依靠党就不难"，不断达到新高度。

坚持党对一切工作的领导、坚持全面从严治党是新时代坚持和发展中国特色社会主义的基本方略。在新时代社会主义现代化国有林场建设过程中，要进一步深入贯彻落实党的各项会议精神，深入学习文件方针政策，在党员干部中开展各项主题教育，加强政治、思想、组织、作风、纪律建设，打造过硬党支部、过硬党员这支先锋队。要加强干部队伍建设，从严加强干部管理监督，坚持正确用人导向，把遵规矩、守纪律、讲奉献、敢担当作为合格党员干部的标准。发挥党支部的主体作用，严格落实从严要求，严格落实党的组织生活基本制度，继续保持"有困难找支部，怎么干看党员"的良好氛围。要深化思想认识，全面落实新时代党的建设总要求，坚持和加强党的全面领导，坚持党要管党、全面从严治党，切实增强管党治党的政治责任，把抓好党建工作作为重中之重的工作，做到敢管敢治、严管严治、长管长治。加强党对一切工作的领导，增强政治意识、大局意识、核心意识、看齐意识，自觉维护以习近平同志为核心的党中央权威和集中统一领导，自觉在思想上政治上行动上同以习近平同志为核心的党中央保持高度一致。在场内要保持与场党委、场委会高度一致，坚决拥护场党委、场委会的决策部署，拥护组织，做到一切行动听指挥，每位党

员干部都要成为带领全场职工争当建设现代化林场的先锋战士。

以政治理论学习会、组织生活会、民主生活会为载体，带领党员学习新知识、新技术，通过丰富党员的学习活动，采取集中学习和自主学习相结合的方式，利用授课、座谈、参观的形式，因地制宜抓好党员学习教育。重点学习党的理论知识、政治法律等方面的知识，组织开展党员党性教育活动，努力提高基层党员的党性党纪观念和思想政治素质，建立一支素质过硬、作风优良、技术精湛的党员队伍。创新党建做法，坚持开展党员"五星级"管理和各支部每季度一次的"党性体检"活动，不断提高党的建设水平。全面完成过硬党支部和过硬党员建设任务，人人当标杆，发挥旗帜引领作用，使基层党支部成为战斗堡垒，全体党员成为名副其实的先锋队。要进一步深入开展政治纪律教育，认真学习和领会中央、省、市关于党风廉政建设的相关文件精神，加强党风党纪教育，增强政治意识、责任意识、忧患意识、廉政意识，加强党性修养，提高党员干部反腐倡廉意识，要求广大干部职工在思想上和行动上始终同党中央保持高度的一致。学习先进事迹，发扬党的光荣传统和优良作风，建设一支政治坚定、作风优良、纪律严明、恪尽职守、清正廉洁的干部队伍。重点加强党员干部队伍自身素质建设，着力提高综合素质，扎实开展作风整顿，深入贯彻落实首问负责、限时办结、责任追究"三项制度"。要认真抓好领导干部廉洁自律各项规定的贯彻落实，严禁领导干部利用职务上的便利，谋取不正当利益。

提升组织力，突出政治功能，把基层党组织建设成为坚强战斗堡垒，是党的十九大对组织建设提出的新任务、新要求，为提升组织力、全面加强党组织建设指明了方向，提供了遵循。提升组织力，首先要坚持政治功能定位，增强党组织的政治领导力。党的十九大报告指出，加强基层组织建设要以提升组织力为重点，突出政治功能，这为提升党的基层组织的组织力明确了工作方向和基本目标。新时代提升基层党组织的组织力，必须坚持政治功能定位，增强政治领导力。其次，严格执行组织制度，充分发挥党组织的合力。党的组织制度是保障党组织组织严密、纪律严明的重要制度。提升基层党组织的组织力，必须严格执行组织制度，以充分发挥党组织的合力。最后，要提升党员干部素质，增强党组织的执行能力。增强党员干部的政治素质，提升党员干部的综合能力，发挥党员干部的模范作用。通过各种措施，将原山组织力提升到新高度。

三　弘扬艰苦奋斗精神和践行社会主义核心价值观走在全国前列

（一）把艰苦奋斗作为客观规律带头在全党全社会践行

艰苦奋斗是中华民族的宝贵财富，国以艰苦奋斗而强，党以艰苦奋斗而兴，人以艰苦奋斗而立。艰苦奋斗是中华民族的传统美德，是中国共产党的光荣传统，艰苦创业使社会主义事业取得了伟大成就。在长期的艰苦奋斗过程中，原山人勇于开拓，敢想敢干，开辟了一条符合原山实际、引领行业发展的全新道路，实现了山绿、场活、业兴、人富的目标，实现了让"要饭林场"变成国有林场改革的样板，实现了从石漠荒山到绿水青山再到金山银山的转变。原山正是依靠艰苦奋斗发展到今天，艰苦奋斗是他们永远保持的传家宝。习近平总书记在十九大报告中告诫全党不忘初心、牢记使命。我们要不忘艰苦奋斗的初心，牢记绿化祖国的使命，弘扬艰苦奋斗精神，传承艰苦奋斗文化，要保持林场艰苦奋斗实践与做法，为新时代原山发展提供动力支持。同时要借助艰苦创业教育基地，将艰苦奋斗精神进一步总结推广，为社会提供正能量。

林场建场60年来，经过几代林场人的艰苦拼搏，正是依靠艰苦奋斗的精神，不断改革创新，昔日的荒山秃岭、"要饭林场"，如今实现了山绿、场活、业兴、人富，实现了经济、生态、社会效益的和谐统一，成功践行了习近平同志"绿水青山就是金山银山"的科学论断，成为全国知名的现代国有林场，被国家林业局树为全国林业战线的一面旗帜和国有林场改革发展的现实样板。林场艰苦创业精神具有丰富的时代内涵和巨大的精神感召力。要大力弘扬林场艰苦创业精神，将原山艰苦奋斗精神发扬光大，把艰苦奋斗作为客观规律带头在全党全社会践行，增强"四个意识"，坚定理想信念，牢记使命担当，坚持科学务实，实现绿色发展。

艰苦奋斗没有休止符，"艰苦创业永远在路上"。当前，我国正处于全面推进国有林场和国有林区改革的攻坚期，改革越深入越需要大力继承和发扬艰苦奋斗和艰苦创业的精神。通过原山艰苦奋斗精神，引导全场的党员、干部和职工认真贯彻落实习近平同志"绿水青山就是金山银山"的伟大论断，坚持信念、牢记宗旨，爱岗敬业、忠于职守，发扬原山人对党忠诚、勇于担当的政治品格，珍爱自然、和谐共生的生态理念，廉洁勤勉、奉献人民的职业操守，不忘初心、艰苦奋斗的优良作风。以更大的热情投身于伟大的事业中，以优异的成绩为建设生态文明和美丽中国做出新的更大贡献。

（二）把英雄模范人物的优秀品质作为社会主义核心价值观弘扬光大

英雄模范精神与社会主义核心价值观具有共同的文化基因、共同的精神特质和共同的价值诉求，它们具有内在的高度契合性。英雄模范的优秀品质是培育、践行社会主义核心价值观的有效实践载体和丰富精神资源，对于社会主义核心价值观具有重要的现实价值。英模人物及其先进事迹所反映的英模精神，都凝聚着可贵价值取向与道德理想，它们不仅在精神实质上内在地契合于社会主义核心价值观，在本质上彰显并弘扬社会主义核心价值观，也以其卓尔不群的个性品质、独树一帜的文化维度和溢彩华光的实践活动，丰富和发展社会主义核心价值观，不断深化其精神内涵与属性，持续拓展其理论外延与范畴。核心价值观是一个民族赖以维系的精神纽带，是一个国家共同的思想道德基础。如果没有共同的核心价值观，一个民族、一个国家就会魂无定所、行无依归。弘扬英雄模范人物的优秀品质，成为社会的道德标杆与价值坐标，可以传递向上和向善的力量，引领时代前进的方向。

2018 年 1 月 9 日，人力资源社会保障部、全国绿化委员会、国家林业局联合发文（人社部发〔2018〕6 号），授予孙建博"林业英雄"称号，对他"实现了绿水青山与金山银山的完美统一，成为全国林业系统的一面旗帜和国有林场改革发展的典范"的先进事迹给予充分肯定。

"林业英雄"精神是社会主义核心价值观的生动体现，是宝贵的精神财富。大力弘扬"林业英雄"精神，对于深入学习贯彻习近平生态文明思想，对于推动"两学一做"学习教育常态化制度化，对于深入开展"不忘初心，牢记使命"党性教育活动，对于推动林业系统形成崇尚先进、争做先锋的良好风气，都具有十分重要的意义和作用。要把英雄模范人物的优秀品质作为社会主义核心价值观弘扬光大，发挥"林业英雄"精神在林业战线的引领作用，永葆原山的旗帜地位，在全国林业战线中永立前列。

（三）凝练塑造原山文化，引领全社会正能量蓬勃发展

文化是凝聚职工的向心力。在发展中，林场注重以党建文化凝心聚力，创造了原山特色的林场文化，建场初期，原山干部职工牢记"百把镐头百把锹，一辆马车屋漏天"的艰苦创业精神，逐步形成了以"爱原山无私奉献、建原山勇挑重担"为核心的原山文化，引领广大职工艰苦奋斗消灭荒山；20 世纪 80～90 年代后期，由于经营管理不善，场办企业出现大面积亏损，一度陷入发展困境，在孙建博书记的带领下，形成了以"特别能吃苦，特别能战斗，特别能忍耐，特别能奉献"的艰苦创业为核心的原山文化，通过改革创新、转型发展、改善职工生活，实现了"山绿、场活、业兴、人富"的目标。进入新时期，以原山在"二次"创业中创造的"一家人一起干活、一起吃苦、一起过日子、一起奔小康、一起为国家做贡献"的"一家人"理念为核心的原山文化引领原山职工过上了现代新生活。

"一家人一起吃苦、一起干活、一起过日子、一起奔小康、一起为国家做贡献"的原山"一家人"理念，是原山 60 年来的文化积淀所形成的，实践着这个理念的原山人创造一个又一个奇迹。在新时代的发展中，要进一步完善"一家人"理念，人人要对"一家人"理念有更深层次的认识，逐渐积淀成原山"一家人"文化。没有"一家人"文化就不能形成一家人，形成了一家人才能总结出"一家人"文化。在新时代林场发展中，我们也要像党的十九大报告当中习近平总书记讲到的"像石榴籽那样紧紧抱在一起"，全场干部职工要团结一致，共同面对各种机遇与挑战。进一步发扬原山"一家人"文化，将"一家人"文化进一步升华，带领原山一家人创造更多更大的成就。

对原山"一家人"理念、"四个特别"精神、"爱心原山"品牌、"党员干部为事业干、为职工干，职工为自己干，大家一起为国家干"、原山

精神纪念日及原山精神誓词等原山文化进一步传承和弘扬光大，社会主义核心价值观得到全面贯彻。加强组织领导，健全组织机构，全面推进原山文化建设。定期对员工进行有关原山文化建设的学习与培训，充分利用各种会议、网络、微信、宣传喷绘的形式，广泛深入地宣传，提高员工的认识，凝聚共识，形成一个学习原山文化理念的氛围和传统，并作为自己的行动指南和自觉的行动，从而强化员工的原山文化理念和原山文化归属意识。规范项目文化管理，坚持以科学发展观为统领，在项目文化中形成一整套科学的、以人为本的管理方法和制度。用制度文化去约束和规范员工的行为，让挂在墙上和写在纸上的管理制度变成员工的自觉行为。同时对原山文化进一步凝练总结，进行推广宣传，引领全社会正能量蓬勃发展。

原山林场 60 年大事记

1957 年

12 月 18 日，根据《山东省人民委员会关于同意建立国营林场的批复》[（57）鲁林乙字第 4974 号] 文件的批复，淄博市国营林场在博山区西南部正式建立。其编制名额 47 名，场长配备县级干部，经费由省林业机构及事业经费内统一解决。

1958 年

1 月，淄博市国营林场组建，有行政干部 8 人、工人 11 人，另有下放干部 6 人。办公室设在博山大街 308 号院内。

1959 年

6 月 24 日，《山东淄博市人民委员会关于更换"淄博市国营林场"与"博山县鲁山林场"名称报告的批复》[（59）淄市办字第 437 号] 文件批复，淄博市国营林场更名为淄博市原山林场。

1961 年

12 月 19 日，《淄博市原山林厂生产管理条例》公布，在生产管理上实行在场部的统一领导下以工区为基础的场部、工区、班三级管理制度。

1963 年

7 月 2 日，《山东省人民委员会对原山、鲁山、淄川三个林场设计任务书的批复》[（63）鲁计思字 648 号] 批复原山林场建场规模总面积为3004 公顷，其中林业建设占地 2163 公顷，投资总额 123 万元。

1964 年

3 月，制定《林场劳动管理试行条例》，实行"四定四包一奖"（定地片、定人员、定投资、定工程质量，包任务、包收入、包工具修理、包公费用，完成四定四包后奖励）。

1973 年

9 月 17 日，在济南民航局、9644 部队及有关单位协助下，进行飞机喷洒农药 42 架次，灭松毛虫面积 673.3 公顷，至 20 日结束。

1974 年

5 月，林场开始在樵岭前林区紫草洼、西大峪松林内设置黑光灯诱杀松蛾，进行松毛虫综合防治试验，黑光灯总控制面积达 200 公顷。这是山东省第一块黑光灯诱杀松毛虫基地，也是利用物理方法防治松毛虫最大面积的试验研究基地。试验至 1976 年 11 月完成。

1979 年

10 月，在玉皇宫门前下侧建成二层办公楼，建筑面积 297.6 平方米。工作人员从此告别了在庙内办公的历史。

1984 年

5 月，在林场场部所在地凤凰山东麓建成三层办公楼，建筑面积 745.8 平方米。

1986 年

6 月，制定《原山林场管理制度细则》，并经职工代表大会通过。经场长尚玉文提议，大会确立了"团结、奋进、求实、创新"的原山精神。

10 月，林业部授予原山林场"全国林业企业整顿先进单位"称号。

1989 年

4 月，淄博鸟展馆在原山林场建成并对外开放。鸟展馆建筑面积 825 平方米，馆内陈列鸟纲标本 23 目、61 科、364 种，两栖、爬行类 6 目、21 科、53 种，兽类 28 种。著名书法家武中奇题写鸟展馆正门两侧对联："风定花犹落，鸟鸣山更幽"及"淄博鸟展馆"馆名。

1990 年

10 月，国家林业局授予原山林场"全国国营林场先进单位"荣誉称号。

1991 年

5 月，山东省财政厅等七厅、局授予原山林场"山东省农口'事改企' 达标先进单位" 称号。

1992 年

12 月 11 日，林业部《关于建立浮山等四处国家森林公园的批复》（林造批字〔1992〕222 号）批准建立原山国家森林公园。

1994 年

4 月 29 日，原山国家森林公园总体规划，由省林业厅、省城乡建委、省旅游局、省林业勘查设计院、山东农业大学、市林业局等单位的领导、专家、学者参加的评审会议审议通过。

1996 年

12 月 31 日，《中共淄博市林业局委员会关于孙建博等同志任免职务的通知》（淄林发〔1996〕22 号）任命孙建博为原山林场场长、党总支副书记，孔宝华为党总支书记。

1997 年

5 月 6 日，孙建博被国务院、中宣部、人事部、解放军总政治部和中残联授予"全国自强模范"荣誉称号，进京领奖，受到江泽民总书记的亲切接见，并合影留念。

7 月 24 日，淄博市经济委员会批准成立淄博原山集团有限公司。

1999 年

6 月 1 日，原山森林乐园建成开园，鸟语林奠基仪式举行。

2000 年

4 月 30 日，原山民俗风情园开园仪式、淄（博）博（山）线原山旅游号火车专列开通仪式举行。

2003 年

9 月 8 日，孙建博出席中国残联第四届全国代表大会，受到党和国家领导人的亲切接见。

2004 年

1 月 8 日，原山国家森林公园被国家旅游局评定为国家 AAAA 级旅游景区。

12 月 28 日，根据中共淄博市林业局党委《关于淄博市原山林场党总支改建为党委的通知》（淄林发〔2004〕32 号），经淄博市委组织部批准，中国共产党淄博市原山林场总支委员会改建为中国共产党淄博市原山林场委员会，原隶属关系不变。

2005 年

8月31日，新华社国内二编部将《山东原山林场闯出国内林场改革新路》一文送交国务院总理办公室。温家宝总理阅后做重要批示：山东原山林场的改革值得重视，国家林业局可派人调查研究，总结经验，供其他国有林场改革所借鉴。

2006 年

4月23日，原山林场场长孙建博被中华全国总工会授予"全国五一劳动奖章"，并赴济南参加颁奖仪式。

2007 年

1月1日，全国国有林场首部林场志——《原山林场志》出版发行，中国林场协会会长、原林业部副部长沈茂成作序。

7月6日，中国原山首届生态文化节开幕。国家林业局副局长祝列克，省政府特约咨询张昭福，淄博市委副书记、市长周清利，国家林业局发展计划与资金管理司司长姚昌恬，山东省林业局局长孙庆传，淄博市委常委、副市长周连华，国家林业局直属机关党委常务副书记张希武，国有林场和林木种苗工作总站站长郝燕湘，国家林业局植树造林司副司长多吉次仁，国有林场和林木种苗工作总站副站长胡春姿，国家林业局宣传办公室（政研会）秘书长柳维河，国家林业局森林防火预警监测信息中心副主任陈介平，国家林业局直属机关党委宣传部部长李凤波，国有林场和林木种苗工作总站林场处处长张耀恒，山东省林业局副巡视员吴庆刚，博山区委书记王树槐，等等领导以及全国100家国有林场场长、省内多家新闻媒体参加开幕式。

12月10日，原山林场副场长高玉红被人事部、国家林业局授予"全国林业系统劳动模范"荣誉称号。

2008 年

3月5日，淄博森林博物馆正式启用，原山林场机关科室迁入博物馆办公区办公。

11月11日，孙建博作为淄博市28.1万残疾人的唯一一名代表，出席中国残疾人联合会第五次全国代表大会，并当选中国肢残协会第五届委员会委员，与中残联主席张海迪，副主席、党组书记、理事长王新宪，副主席吕世明，副理事长程凯，等等合影留念。

2009 年

7 月 3 日，第四次全国自强模范暨扶残助残先进集体和先进个人表彰大会在北京举行。作为淄博市唯一一名代表，原山林场党委书记孙建博出席会议，上台领取了国务院残疾人工作委员会颁发的"全国扶残助残先进集体"奖牌，并受到中共中央总书记、国家主席、中央军委主席胡锦涛，国务院总理温家宝及政治局常委，等等领导的亲切会见。

2010 年

2 月 17 日，原山林场发明的"二轮森林防火专用摩托车"获得中华人民共和国国家知识产权局颁发的"实用新型专利证书"。

10 月 14 日，原山林场艰苦奋斗纪念馆落成典礼在薛家顶景区举行。全国政协副主席陈宗兴、全国政协常委李昌鉴、全国政协人口资源与环境委员会副主任王玉庆、中央纪委驻国家林业局纪检组组长陈述贤、山东省政协原副主席张敏、中国经济理事会常务副秘书长吴新国、山东省林业局局长贾崇福、淄博市政协主席岳长志、淄博市政协秘书长李先坤、博山区委书记王树槐、淄博市林业局局长孙来斌等领导出席，淄博市政府副市长刘有先主持，国家、省、市、区领导剪彩，并为 2005 年以来的先进人物和第四批道德模范颁奖。

2011 年

1 月 20 日，《人民日报》12 版刊发通讯《身残也要顶起一片天——记山东淄博原山林场场长孙建博》。同日，新华通讯社《国内动态清样》（第252 期）刊登《残疾人孙建博艰苦创业回报社会赢得赞誉》。1 月 21 日，中共中央政治局常委李长春在《国内动态清样》（第 252 期）上做批示：残疾人孙建博身残志坚，艰苦创业，事迹感人，可予报道。

1 月 20 日，由中宣部组织的新闻采访团到原山对"时代先锋"人物——孙建博进行集中采访，活动至 22 日结束。

2 月 14 日，中央电视台 1 套新闻联播播出"时代先锋"孙建博事迹。

4 月 18 日，经淄博市委专题会议研究，决定对原山林场、淄博颜山宾馆等4家单位进行国有资产整合。淄博颜山宾馆整建制并入原山林场，不再保留原有建制。

5月12日，如月湖湿地公园举行开园剪彩典礼，国家林业局副局长张建龙、山东省林业局局长贾崇福、淄博市政府副市长韩国祥、博山区委书记王树槐为如月湖开园共同触摸启动球。

7月1日，孙建博被中共中央组织部表彰为"全国优秀党务工作者"。

2012年

4月21日，原山林场荣膺中华全国总工会颁发的"全国五一劳动奖状"，高玉红代表原山出席淄博市庆祝"五一"国际劳动节大会，淄博市委书记、市人大常委会主任刘慧晏为其颁奖。

4月27日，国宝大熊猫"双儿"入住如月湖湿地公园，成为历史上落户淄博的第一只大熊猫。

6月18日，由国家林业局、中国残疾人联合会、国家广播电影电视总局电影管理局、中共淄博市委、市政府主办，华夏电影发行有限责任公司、星立洋（北京）文化发展有限公司、淄博青禾文化传播有限公司承办的"完美人生首映新闻发布会"在北京人民大会堂举行。国家新闻出版广电总局电影局副局长张宏森主持，国家林业局局长赵树丛、国家新闻出版广电总局副局长张丕民、淄博市委副书记周连华在首映式上致辞。

6月28日，中共中央组织部授予原山林场党委"全国创先争优先进基层党组织"称号。

10月10日，由国家新闻出版广电总局电影局主办的"颂歌 迎接党的十八大国产重点影片推介典礼"在北京全国政协礼堂举行，《完美人生》被定为重点献礼片，高玉红出席典礼仪式。

10月20日，"喜迎十八大 淄博市创建国家森林城市启动 淄博市原山林场二十亿投资项目奠基仪式"，在原山如月湖湿地公园举行，国家林业局局长、党组书记赵树丛，山东省政府副省长王随莲，淄博市委书记周清利，等等领导出席，淄博市委副书记、代市长徐景颜致辞，仪式由淄博市委副书记周连华主持。

2013年

1月14日，"纪念国防部命名雷锋班50周年"历任班长走进原山活动在原山大会堂举行。雷锋班第一、二、四、五、二十三任班长张兴吉、庞春学、曲建文、杨东顺、薛步瑞分别进行演讲，淄博市委宣传部副部长、市文明办主任张守君，共青团淄博市委书记马召芹，博山区委宣传部副部长、区文明办主任李安臣，等等出席活动。

1 月，孙建博出席山东省十二届人大一次会议第三次全体会议，当选为十二届全国人大代表。

4 月，孙建博被中国绿色发展高层论坛组委会、联合国环境规划署评为"中国十佳绿色新闻人物"。

4 月 24 日，原山 4567 艺术馆开馆。同日，"原山国家森林公园创建 AAAAA 级旅游景区启动仪式"在原山大会堂举行。启动仪式后，还举行了"原山杯"纪念全国国有林场创建 60 周年征文颁奖典礼。

6 月 7 日，原山林场首次使用直升机防治林业有害生物，至 9 日结束，有效防治了松阿扁叶蜂。

6 月 14 日，"学雷锋·在行动 全国道德模范与身边好人（山东淄博）现场交流活动"在原山大会堂举行，高玉红当选"敬业奉献"中国好人。

6 月 19~21 日，孙建博出席山东省残联第六届主席团第一次会议，并当选省残联第六届主席团副主席、省肢残人协会主席，将作为淄博市唯一一名代表出席中国残联第六次全国代表大会。

9 月，原山林场办公室副主任曹钢撰写的《孙建博：和梦想一起飞》一文荣获由全国政协人口资源环境委员会、全国绿化委员会、国家林业局、国家广播电影电视总局、中华全国新闻工作者协会和中国绿化基金会联合举办的第五届关注森林——梁希新闻奖二等奖。

9 月 17~19 日，孙建博进京出席中国残疾人联合会第六次全国代表大会，当选为中国肢体残疾人协会副主席，受到中残联主席张海迪、理事长鲁勇的亲切接见。

9 月 25 日，原山创建国家 AAAAA 级旅游景区新闻发布会暨原山合作项目签约仪式，与北京林业大学、吉林省林业厅、蛟河林业实验区管理局及八陡镇政府分别签署战略合作协议，并为"美丽原山"知识大奖赛获奖人员颁奖。世界华人艺术家联合会原山创作基地于当日揭牌。

10 月 9 日，国家林业局正式批复山东原山国家森林公园总体规划，原山携手 7 个景区争创国家 AAAAA 级旅游景区跨出了关键一步。

10 月 21 日，山东省林业厅《关于公布 2013 年度山东省林业龙头企业名单的通知》（鲁林产字〔2013〕418 号），授予原山集团 2013 年度 "山东省林业龙头企业" 称号。

11 月 1 日，孙建博应国家林业局直属机关邀请，到北京参加 "绿色大讲堂——生态文明，道德先行" 专题报告会，受到国家林业局局长赵树丛等领导的接见，并为国家林业局直属机关做了题为《让绿色原山闪耀道德光芒》的报告。

12 月 16～28 日，根据国家林业局安排，应广西壮族自治区林业厅、广东省林业厅和海南省林业厅邀请，孙建博先后赴桂、粤、琼进行国有林场工作调研，与广西、广东、海南的 4 家国有林场签订战略合作意向书，就进一步理顺国有林场体制等 10 个方面问题形成调研报告。同时，"爱心原山" 团队做孙建博先进事迹报告 3 场，在当地林业干部职工中引起强烈反响。

2014 年

2 月 9 日，博山区 2013 年度综合表彰大会在原山大会堂举行。高玉红被评为博山区 "优秀企业家"，原山集团被评为博山区 "2013 年度优秀企业" "2013 年度纳税大户" "2013 年度财政贡献奖" "2013 年度科技创新、企业挂牌奖"（"原山及图" 被认定为山东省著名商标、翰墨文化传播股份有限公司在齐鲁股权交易中心挂牌），如月湖湿地公园扩建项目被评为博山区 "2013 年度优秀重点工程"，原山林场被评为博山区 "2013 年度支持地方经济发展先进单位"。

3 月 3 日，由原山集团牵头成立的 "爱心原山" 雷锋私家车队正式启动。淄博市委宣传部副部长、文明办主任于康梅，共青团淄博市委副书记焦翠平，淄博市文明办农建科科长崔连星，博山区委宣传部副部长、文明办主任程涛出席启动仪式。

3 月 4 日，中央电视台《焦点访谈》"问计两会：代表议题 情系你我" 就无障碍出行问题采访孙建博。

4 月 26 日，由国家林业局主办的 "全国国有林场党的群众路线教育培训基地" 揭牌仪式在原山党的群众路线教育馆举行，全国 160 多家国有林场场长参加，国家林业局机关党委常务副书记高红电和国家林业局场圃总站副总站长刘春延为基地揭牌。同日，全国国有林场思想政治工作研究会成立国有林场分会，并达成《原山共识》。

5 月 15～17 日，孙建博赴京参加第五次全国自强模范暨助残先进集体和个人表彰大会，受到中共中央总书记、国家主席、中央军委主席习近平等党和国家领导人接见。

8 月 5 日，2014 年北方—西部地区国有林场年会暨国有林场场外造林现场会在山西五台林局召开，王延成代表原山参加，与五台林局、繁峙县人民政府实施的场外合作造林项目举行揭碑仪式。

9 月 26 日，中国北方种苗花卉研发中心暨淄博院士工作站在如月湖湿地公园揭牌。中国林科院党组书记叶智、院士蒋有绪，山东省林业厅厅长刘均刚，中国绿色时报党委书记、总编辑厉建柱，北京林业大学党委副书记方国良，国家林业局场圃总站副总站长刘春延，淄博市副市长邵珠东，博山区委书记许冰，等等出席。

11 月 4～5 日，根据国家林业局和省政府安排部署，由山东省林业厅副厅长吴庆刚、山东省林业厅国有林场管理站站长汤天明和副站长李萍、国有林场管理科科长付德刚组成的调研组，到原山林场进行国有林场改革调研，总结和提炼原山林场在明确国有林场公益属性、理顺管理体制、创新经营机制、强化森林资源保护管理、加强政策支持保障等方面的好做法和典型经验。淄博市政府副市长李灿玉、淄博市林业局局长于秀栋和副局长程荣臣、博山区区长任书升等陪同。

12 月 2 日，山东省委常委、组织部部长高晓兵到原山调研，听取原山林场工作情况汇报，并实地考察原山林场艰苦奋斗纪念馆。

12 月 17 日，原山林场举行"打造区域防火屏障 保障森林生态安全原山对上争取 100 万元防火物资为周边村镇配备完善防火物资仪式"，向博山区辖下 6 个镇办赠送了 600 台套、价值 100 万元的防火物资和装备，全力构建区域型森林防火屏障。

12 月 27 日，场党委、场委会、场纪委、场工会、场团委联合印发《关于设立原山精神纪念日并开展誓词宣誓活动的决定》，正式确定将 12 月 31 日设立为"原山精神纪念日"，同时发布了"原山精神誓词"。

2015 年

4 月 13 日，原山绿地花园绿化工程有限公司被国家住房和城乡建设部批准为"城市园林绿化一级资质企业"，成为淄博市仅有的三家一级资质企业之一。

4 月 13 ~ 14 日，国家林业局管理干部学院第十四期全国国有林场场长培训班在原山林场举办，来自国家林业局有关司局和全国 10 个省、市、区的 120 家国有林场的负责人齐聚原山，学习并推广原山通过率先改革不断打造发展新优势的典型经验，听取孙建博《贯彻国有林场改革方案 实现林场人同步奔康目标》的事迹报告。

5 月 4 日，由原山集团和博山区红十字会联合开展的"'爱心原山'红十字造血干细胞捐献志愿队血样采集启动仪式"在原山大会堂举行，博山区政府副区长、区红十字会会长段迎春和区红十字会副会长徐美虹出席，来自"爱心原山"团队的 150 多名青年志愿者加入志愿队。

5 月 19 日，由淄博市旅游局、博山区政府主办，博山区旅游局、原山国家森林公园、鲁山国家森林公园共同承办的"中国旅游日——'淄博生态文化游'山东省 20 万人游淄博 启动仪式"在如月湖湿地公园举行。当天，约 6 万名游客游览原山国家森林公园、鲁山国家森林公园、如月湖湿地公园和白石洞景区。

8 月 18 ~ 20 日，全省国有林场场长、森林公园主任培训班在原山举办，国家林业局、省林业厅领导和来自全省近 260 名国有林场场长、森林公园主任参加，落实中发〔2015〕6 号文件精神，学习淄博市原山林场率先改革打造发展新优势的典型经验。

10 月 10 日，原山国家森林公园被国家林业局、中国绿色时报、《森林与人类》杂志授予首批"中国森林氧吧"。

12 月 26 日，由国家林业局森林公安局、山东省森林公安局支持，淄博市林业局、博山区政府主办的"国家林业局大区域防火试点——淄博市原山山脉大区域防火签约仪式"在原山林场举行，与林区周边 3 个林业局、9 个镇办和 53 个行政村共同签订防火责任状，并为其配备 1000 台套的防火物资、装备，共同打造淄博原山山脉"大区域"森林防火屏障。

12 月 31 日，原山精神纪念日庆祝大会在原山大会堂召开。

2016 年

1 月 21 日，国家林业局直属机关党委下发《关于将山东原山艰苦创业教育基地设为"国家林业局党员干部教育基地"的批复》（林机党〔2016〕3 号），山东原山艰苦创业教育基地设为"国家林业局党员干部教育基地"。

7 月 1 日，山东原山艰苦创业纪念馆正式开馆。同日，"弘扬原山艰苦创业精神 凝神聚力推动绿色发展座谈会"在纪念馆会议室举行，国家林业局党组成员陈述贤、山东省委组织部巡视员刘永巨、省林业厅厅长刘均刚、淄博市委副书记于海田、市林业局局长于秀栋、博山区委书记许冰等领导参加。座谈会结束后，与会领导一同参观了山东原山艰苦创业纪念馆。

7 月 30 日，"原山国家森林公园创建国家 5A 级景区规划评审会"召开。来自山东省旅游发展委员会、山东省林业厅、山东师范大学、山东财经大学、济南市园林研究所、淄博市旅游局、淄博市林业局等单位的专家组成评审委员会，审阅规划成果，《原山国家森林公园创建国家 5A 级旅游景区提升规划》通过评审。

8 月 12 日，由市文明办、团市委、市林业局、市残联主办，区政府、原山集团承办的"爱心原山"第二批雷锋私家车队授牌仪式暨"你出行我服务 体验无障碍"活动在山东原山艰苦创业教育基地举行。淄博市残联副理事长于波致辞，并与出席领导共同为第二批"爱心原山"雷锋私家车队授牌。

9 月 2 日，淄博市委书记、市人大常委会主任王浩到山东原山艰苦创业教育基地调研。

10 月 19 日，山东省委常委、组织部部长杨东奇一行由淄博市委常委、组织部部长高庆波，博山区区长任书升，等等陪同，到山东原山艰苦创业教育基地视察。

11 月 9 日，国家林业局党校现场教学基地授牌仪式、全国国有林场改革纪录片《生态树》开机仪式在山东原山艰苦创业教育基地举行。国家林业局党组成员、副局长张永利为"山东原山艰苦创业纪念馆"授牌"国家林业局党校现场教学基地"，博山区委书记许冰、原山林场党委书记孙建博接受授牌。

12 月 12 日，原山国家森林公园被国家人力资源和社会保障部、国家旅游局授予"全国旅游系统先进集体"称号。

12 月 12 日，"淄博市军地联合和大区域森林防火签约仪式"在原山林场举行。国家森林防火指挥部办公室副主任柳学军、扑救处副处长王岩，山东省森林公安局局长刘得、森林消防支队长李全民，淄博市副市长王可杰，市林业局局长于秀栋，驻淄部队参谋长许文庆，博山区区长任书升，原山林场党委书记孙建博，全市森林防火相关单位共 500 余人参加，仪式由淄博市政府副秘书长王锡良主持，柳学军向原山山脉大区域防火队授旗。

12 月 31 日，原山林场（原山集团）全面深化改革 20 周年纪念大会在原山大会堂召开。

2017 年

2 月 17~18 日，人民网摄制组专访第十二届全国人大代表、原山林场党委书记孙建博，拍摄两会微纪录片《履职》。

3 月 17 日，由中共中央党校出版社、山东原山艰苦创业教育基地主办的"学习习近平总书记系列重要讲话精神暨山东原山艰苦创业教育基地党员干部培训教材出版座谈会"在北京举行，中央党校常务副校长何毅亭、副校长赵长茂，中国残疾人联合会副主席吕世明，国家林业局副局长李树铭，中央党校副教育长韩庆祥、党建部副主任张志明，中国肢残人协会常务副主席兼秘书长王建军，国家林业局场圃总站总站长杨超，山东省委党校常务副校长徐闻，中央党校出版社原社长兼总编辑李援朝，山东省委党校原常务副校长李新泰，省干部学院院长朱英坤，省残联副理事长张志超，省林业厅副厅长马福义，淄博市委副书记于海田，山东省委党校资产管理处长王茂玉、教授张书林，淄博市委党校党委书记王亚黎，市委组织部副部长王学刚，市林业局局长于秀栋，市残联理事长刘平，市林业局副局长程荣臣，博山区委副书记崔克辉、区委组织部部长杨发磊，中央党校出版社副社长崔宪涛、副巡视员李新生，原山林场党委书记孙建博、场长高玉红参加座谈会。

4 月 13 日，山东广播电视台与淄博市原山林场战略合作签约仪式在济南举行，山东广播电视台党委副书记周盛阔和原山林场党委书记孙建博代表双方签订战略合作协议书。

5 月 10 日，全国绿化委员会、国家林业局发文《关于开展向山东省淄博市原山林场学习活动的决定》（林场发〔2017〕41 号）。

5 月 19 日，"2017 中国旅游日山东主会场启动仪式"在原山如月湖景区举行，山东省旅游发展委员会、淄博市人民政府、淄博市旅游发展委员会、博山区人民政府等单位领导，来自省内外的 70 余家媒体记者，共约 800 人参加启动仪式。

6 月 9 日，淄博市委淄博市人民政府发文《关于开展向原山林场学习活动的决定》（淄委〔2017〕87 号）。

6 月 14 日，博山区委博山区人民政府发文《关于深入组织开展向原山林场学习活动的通知》（博委〔2017〕48 号）。

6 月 19 日，党委书记孙建博荣获"2016 年度中国残疾人事业十大新闻人物"称号，并赴京领奖。

7 月 4 日，山东电视台《山东新闻联播》播出新闻《原山林场：迎难而上 勇立国有林场改革潮头》，对原山林场加快改革创新步伐，打造自身发展优势，实现原山事业大发展、大裂变的成功经验进行深入报道。

7 月 13 日，"中共山东省委党校现场教学基地揭牌仪式"在山东原山艰苦创业教育基地举行。山东省委党校副校长魏恩政、孙建昌，中国林科院热林中心党委书记田祖为，淄博市委党校党委书记王亚黎，市委组织部副部长、市远教中心主任王学刚，市委党校副校长王伟，博山区委副书记崔克辉，区委常委、组织部部长杨发磊，区委党校党委书记李富修，原山林场党委书记孙建博及来自省委党校、市区相关部门的负责同志出席揭牌仪式，仪式由淄博市林业局党委书记祁连山主持。

8 月 14 日，山东省委书记刘家义到原山林场调研。

10 月 13 日，山东省林业厅党组下发《关于认真贯彻落实刘家义同志重要讲话 深入学习原山林场创业精神的通知》（鲁林党发〔2017〕56 号）。

12 月 14 日，国家林业局局长张建龙、总经济师张鸿文、计财司司长闫振、森林公安局局长王海忠一行，在山东省副省长于国安、省政府副秘书长张积军、省林业厅党组书记崔建海的陪同下到原山林场视察，淄博市委书记、市人大常委会主任周连华，市委常委、秘书长尚龙江，副市长王可杰，市林业局局长祁连山，博山区委书记刘忠远，原山林场党委书记孙建博、场长高玉红陪同相关活动。

12月29日，淄博市原山林场被山东省精神文明建设委员会命名表彰为"2017年度省级文明单位"。

2018年

1月9日，人力资源社会保障部、全国绿化委员会、国家林业局授予孙建博"林业英雄"称号。

1月31日，党委书记孙建博在山东省第十三届人民代表大会第一次会议上当选为第十三届全国人大代表。

4月26日，人民日报、光明日报、经济日报、中央电视台、新华社山东分社等中央新闻媒体走进原山林场，对33年如一日，让荒山变成绿水青山，再让绿水青山变成金山银山的淄博市原山林场党委书记孙建博，进行了集中采访报道。

5月，山东原山艰苦创业教育基地入选中央国家机关党校首批12家党性教育基地。

6月27日，由中国林业职工思想政治工作研究会主办，山东原山艰苦创业教育基地承办的"纪念改革开放四十周年 发扬艰苦奋斗优良传统 实现伟大复兴中国梦——新时代原山精神研讨会"在北京人民大会堂山东厅举行，会议特别邀请了"感动中国十大人物"杨善洲、"时代楷模"朱彦夫、共和国第一位"林业英雄"马永顺3位先模人物的后代，共和国第二位"林业英雄"余锦柱、共和国第三位"林业英雄"孙建博2位先模人物本人和后代参加；中共中央党校、国家林业和草原局、中国残疾人联合会、中国农林水利气象工会、中共中央党校出版社、中国林业老科协、中国林场协会、中国林业职工思想政治研究会、北京林业大学、国家林业局管理干部学院、山东省委宣传部、山东省委党校、山东省林业厅、山东省残联、淄博市人民政府、淄博市委组织部、淄博市林业局、淄博市残联、淄博市园林管理局、博山区委等单位的相关领导出席会议。5位先模人物后代依次发言，中共中央党校教授白占群、中国残疾人联合会第六届执行理事会理事张伟、国家林业和草原局保护司司长杨超、山东省委党校副校长魏恩政分别讲话。淄博市副市长王可杰为山东原山艰苦创业教育基地特聘顾问杨继平、姚昌恬、宋维明、王建子、吴庆刚颁发聘书，国家林业和草原局副局长彭有冬做总结讲话。

7 月 18 日，山东省残联第六届主席团第六次全体会议召开，孙建博同志当选为省残联第七届委员会副主席和省肢协主席，被推荐为出席中残联七次代表大会正式代表。

8 月 24 日，由淄博市委宣传部、市委讲师团组建的"淄博市'中国梦·新时代'百姓宣讲团"走进原山报告会在原山大会堂举行，部分场级领导、干部职工参加。

8 月 30 日，淄博市原山林场"情系寿光灾区'爱心原山'在行动捐款仪式"在山东原山艰苦创业教育基地举行。

9 月 11 日，中共淄博市委印发《关于进一步开展向孙建博同志学习活动的决定》（淄委〔2018〕124 号）。

9 月 14 ~ 16 日，中国残疾人联合会第七次全国代表大会在北京召开，山东省残联副主席、省肢残人协会主席、原山林场党委书记孙建博参加会议，并当选为中国残疾人联合会第七届主席团委员，中国肢残人协会第七届委员会副主席。

9 月 30 日，大熊猫彤彤正式入住原山如月湖湿地公园。

9 月，由中国林业职工思想政治工作研究会、淄博市原山林场联合主编的《聚焦全国林业英雄——孙建博》一书正式出版发行，共 4 个章节、15 万字。

10 月 20 ~ 21 日，场长高玉红赴海南省三亚市参加第二届中国森林康养与乡村振兴战略论坛暨全国森林康养基地建设经验交流会，会上原山被授予"第四批全国森林康养基地试点建设单位"。

11 月 13 日，"伟大的变革——庆祝改革开放 40 周年大型展览"在北京国家博物馆开幕，原山林场职工孙婷婷被中宣部借调到北京担任第一、第二展区讲解工作。

11 月 22 日，中央党校第 45 期中青班课题组人员到山东原山艰苦创业教育基地参观考察。

12 月 6 日，山东省委副书记、省长龚正以普通党员的身份到原山艰苦创业教育基地参加所在党支部主题党日活动，与支部党员一起进行党性教育学习，并视察了原山生态林建设，提出焦裕禄精神、原山精神激励着我们每一名共产党员不忘初心、牢记使命、永远奋斗。

12月，山东省庆祝改革开放40周年40个感动山东人物和40件最具影响力事件揭晓。原山林场党委书记孙建博入选感动山东人物；原山林场被树立为全国改革样板入选最具影响力事件。

改革开放以来国家级媒体对原山林场的
重点报道

原山作为全国林业战线的一面旗帜和国有林场改革的现实样板,在资源保护、林场改革、职工安置等方面做出了大量的工作,积累了很多宝贵的经验。原山的改革成就以及艰苦创业精神得到了社会的广泛认可,《人民日报》《光明日报》《经济日报》《中国绿色时报》等重要报纸对原山的改革发展做了报道,对原山的改革发展成就予以肯定,对原山的成功经验进行推广。

原山:一个国有林场的转型样本

2014 年 8 月 26 日《半月谈》杂志第 16 期

近年来,地处鲁中山区的山东省淄博市原山林场,依托自身资源与区位优势,通过实施股份制改造,激活全场员工参与创新发展的激情,由 18 年前连续 13 个月发不出工资、负债 4000 多万元,发展至目前固定资产 10 亿元、年收入 5 亿元的现代企业集团。在经济产业蓬勃发展的同时,原山林场更好地保护和扩大了林场资源,为国有林场改革发展树起一面旗帜。

原山林场 1957 年建场,但真正实现大发展,是实施林业产业化 17 年来的事。"老一辈务林人建起这片生态林,付出了太多的心血。"原山林场党委书记孙建博说,站在他们的肩膀上,原山林场靠科学发展,创造了林场事业的春天。

　　1996 年之前，和全国大多数林场一样，原山林场经营困难，不得不靠借贷款上项目、发工资，因此背负了 4000 多万元的债务，一度陷入发展绝境。尤其是 1000 多名职工怎么妥善安置，成了原山林场所面临的最棘手问题。按照国有生态林每 500 亩配置 1 名管护人员的标准，原山林场只能保留 100 名编制。剩下的 900 多人，包括 300 多名离退休人员怎么安置？

　　要摆脱困境，深化林场改革，发展林业产业是唯一的出路。

　　1996 年 12 月新班子上任之后，果断实施了股份制改造，成立多个股份制公司，原山林场也逐渐发展成集生态林业、生态农业、旅游业、旅游地产和文化产业五大板块于一体的企业集团，且没有一分钱的银行贷款，不仅妥善安置了富余人员，还为社会提供了近千个工作岗位。通过资源整合和资本运作，原山林场旗下的翰墨文化传播股份有限公司已经在齐鲁股权挂牌上市，在全国率先走出了一条国有林场融资上市的路子。

　　去年以来，在国家和省林业系统及淄博市的大力支持下，原山林场利用市场化手段，以生态资源为本，把多年来整合到林场的破产企业资产打包重组，对外招商合作，投资 20 亿元启动了 6 个项目，包括与北京林业大学建设北方种苗花卉研发基地，与中国残联建设金色年华颐养中心等。随着这些项目的实施，原山的改革创新又向前迈出了一大步。2013 年，淄博市委市政府和博山区委区政府把 5 个林业景点交给原山管理。7 个景点组成一个"大原山"，共同打造国家 5A 级景区。

　　随着原山林场品牌影响的扩大，原山林场实施了跨省联合发展，与山西省五台山林管局合作实施 10 万亩大造林项目，与吉林省蛟河林业实验区管理局合作成立了山东蛟原林业产业股份有限公司。同时，原山还与吉林省林业厅签订了东北虎园建设、国有林场场长委托培训等项目，在资源优势互补的基础上，积极谋求共同发展。

　　"改革发展的成果要惠及全场职工。"孙建博说，公司的职工都是股东，股份基本平均，每年按效益进行分红。2013 年，有 4 个公司达到了分红标准，分红收入占职工平均年收入的一半。

　　去年 10 月 12 日，在林场职工代表大会上表决通过的 9 项议案中，有 7 项涉及分房、增资、年休假、购车补助等改善职工生活事宜。

　　退休老党员黄立志在林场工作了 30 多年，头 9 年住在林场的庙里，后来搬进"五七干校"的平房，现住在宽敞明亮的楼房里。他和老伴每月退休工资加起来 8000 元，每月花销 2000 元足够，除了接济两个孩子买房月供 4000 多元，再有余钱老两口就一起出去旅游。"没有林场的改革发展，我们享受不到这样的幸福生活。"黄立志说。

在今天的原山林场，无论是离退休职工，还是在职在岗职工，大家打心底里认同一句话：原山人就是"一家人"。只有原山这个"大家"发展好了，每个人的"小家"才能真正幸福。湖南大石林场到原山挂职的副场长侯德山感慨地说，走在林场的每一个角落，接触每一位原山人，他们身上所表现出的主人翁意识都很强，仿佛所有人都是在全身心投入自家的事业。

按照原山林场 2014 年制定的发展规划，原山将加快国有林场内部股份制改造，到 2016 年实现森林资源面积增加 50%、职工工资增长 40%、在齐鲁股权交易中心挂牌上市企业增至 5 家、首家国有林场银行在原山揭牌开业、提前 4 年实现全面建成道德林场、小康林场的目标。其中，规划建设的金色年华颐养中心，一期工程建有 1000 个床位，将打造成省内首家星级养老中心，林场所有退下来的职工可自愿住到养老院里。

一场两制　国有林场改革在原山起航

陈永生

2016 年 10 月 21 日 《中国绿色时报》

刚刚过去的"十一"黄金周，淄博生态文化游再次引爆全市旅游市场。原山、如月湖、白石洞等景区停车场一位难求，山东原山艰苦创业教育基地成为省内红色旅游的亮点和热点，原山林场旗下的各处宾馆天天爆满。而且，这种巨大的辐射作用正在周边的景点、酒店、购物点和乡村旅游中分蘖、裂变。

有人说，原山的成功源于良好的自然环境；有人说，原山成为全国林业的一面旗帜是因为矢志改革。《中国绿色时报》记者在原山采访，却听到了一种全新的提法：一场两制。

生态优先：既长叶子，也长"票子"

"如果国有林场改革内部管理体制解决不好，就会影响林场的保护和发展。林业产业发展壮大要实行企业管理，而森林的培育和保护则必须要按公益事业单位来管理，这是中央文件对公益一类生态林场的要求。生态保护和发展林业产业关系相当密切，具体到一个林场来说，我的主张就是：一场两制。不论是发展企业还是保护森林，企业、事业一定要分开，但一定要由林场统一来管。原山林场的改革走在了前面，值得借鉴和学习。"原林业部副部长、中国林场协会名誉会长沈茂成在国有林场场级干部挂职10周年座谈会上说。

继全国100多位国有林场挂职场长汇聚原山，座谈交流国有林场改革难点后，山东省国有林场场长改革专题培训班等又紧锣密鼓地在原山拉开帷幕。今年3月，国家林业局、山东省委省政府正式批准了山东省的国有林场改革方案。全省国有林场改革步伐由此加快，各市的改革方案也将陆续出台。

全省、全国的国有林场场长纷纷走进原山，因为原山林场在2015年中央6号文件下发之前就率先改革，成功摆脱困境，创造了典型经验。

本轮改革之前，我国共有4855家国有林场，绝大多数为事业单位企业化管理甚至为企业，体制不顺、活力不够、基础不牢，严重制约其生存和发展，更难以担负起建设生态文明、全面建成小康社会的时代使命。

国有林场必须改革。改革的路子千万条，"生态"二字不能动摇。中央6号文件为国有林场改革定了"生态优先"的调子。生态优先，国家全面限伐，树不能砍了，还要让林场职工2020年同步实现小康，目标如何实现？在原山人看来，保生态与保民生不可分割，可以走以副养林、以林养林的路子。

原山在保护森林资源的同时，大力发展森林旅游和林业产业，二者实现了双赢。1996年原山营林面积40588亩，2015年发展到44025.9亩，其间净增3437.9亩。同期，活立木蓄积量由80683立方米增加到197443立方米，净增116760立方米；森林覆盖率则由82.39%提高到94.4%。林区不仅实现了20年零火警，还在全国率先建立了大区域防火体系，连续两年为周边 67 个自然村赠送防火物资 1600 台套。

林业产业的大发展，不仅改善了职工生活，还保证了在林区道路、防火设施建设等方面每年都有源源不断的资金投入。

既让森林长叶子，又让林场"生票子"，原山放大了林业产业格局。

一场两制：身份有别，待遇一致

改革的关键是人。

改革后，原山林场最多只能配置 368 人。剩下的人员怎么办？谁是事业编制，谁是企业身份？

从 1997 年开始，原山林场按照定岗定职定责的原则，成立了原山集团股份制国有公司，国有集团归国资办管理，形成了林场保生态、集团创效益、公园创品牌的格局，努力发展五大产业，安排林场富余人员，同时解决职工家属、子女就业问题。现在，原山约 2/3 是事业编制，今后事业编人员只减不增。到 2020 年，通过"用时间换空间"，事业编制人员自然减到文件规定目标。届时，随着事业的发展，集团有望为社会增加近千人的就业岗位。

记者问原山的一名一线职工：改革要求事企分开，如果都要事业编怎么办？这位工作人员自信地笑了：不会的，在原山，不管是事业编制，还是企业身份，都是"一家人"待遇。原山早已实行了"一场两制"，职工们相信，《方案》出台后，改革只会对职工越来越有利。

到原山参观考察后的人大致有两种声音：一种人恍然大悟，原来林场应该这样干，这是一个正道道；另一种人则连连叹息，原山林场独具优势，其他林场学不了、干不成。

不是干不成，关键是守着摊子要政策，还是甩开膀子谋发展？原山选择了不等不靠，选择了自救和发展，不管事业编制还是企业身份，先干起来再说。

不忘初心：永续改革，转型闯关

山东原山艰苦创业教育基地正式运行以来，短短 3 个月的时间，已经累计接待了包括中组部县级干部培训班在内的学习、考察团 500 多个 3 万人次，教学大楼、道路等配套服务设施将于年底完成。原山林场党委书记孙建博说："当初没想过打造什么样板，就是给全场职工树立一面镜子，任何时候都不能忘记林场人的初心是什么。"

为了在保护生态的基础上为社会创造更多价值，原山人一刻都不曾懈怠。

按照市委、市政府"一个定位""三个着力"和"六个干"的总体要求，原山从保护、产业、民生等方面确定了"六个新突破"目标。"十一"期间，景区创业大道、迎宾大门等项目建设依旧热火朝天。原山集团投资 10 亿元的系列工程即将动工，其中包括建设全国首个陶琉文化会展中心和全省首家地下 3 层的景区停车场，并配套建设 5A 级游客接待中心，整体建设将于 2017 年底全部完成。同时，按照原山"十三五"规划要求，还将投资 5 亿元建设原山星级养老中心，努力打造省内养老示范基地。

改革永远在路上。孙建博说："不管怎么改，原山人创新、发展、实干、奉献的精神永远不能变。越改森林保护越到位，越改产业发展越好，越改职工生活越幸福。"

党建文化作为林场文化核心

李慧

2017 年 5 月 2 日 《光明日报》

走进山东原山林场，森林茂密，环境优美，每年来这里游览休憩的参观者达百万人。如今，在原山林场石炭坞营林区，一座占地 5000 余平方米的艰苦创业纪念馆拔地而起，吸引着来自山东和各地党员干部的目光。作为全国第一家系统展现国有林场艰苦创业、改革发展的大型展馆，原山艰苦创业纪念馆成为山东党员干部的重要教育基地和国家林业局党校现场教学基地。

走进这座展馆，原山林场艰苦奋斗的历程清晰地呈现在人们面前。建场之初，整个原山群山裸露，满目荒芜。近 20 年来，原山林场人凭着"千难万难，相信党、依靠党就不难"的坚定理想信念，以党建带动林场改革发展，在全国 4855 个国有林场中率先实现了山绿、场活、业兴、人富的发展目标，成为全国国有林场改革的标杆。

"在加强管理、推进改革的进程中，原山始终注重文化建设，并将党建文化作为林场文化的核心，以发挥共产党员的先锋模范作用和基层党组织的战斗堡垒作用为基点，建成了一支坚强的党员干部队伍。"原山林场党委书记孙建博说，在党建工作中，我们充分发挥党支部、党小组的战斗堡垒作用，通过"两学一做"学习教育，增强了全场党员的政治意识、大局意识、核心意识和看齐意识，全体党员在思想上有了大的提升，建立起原山"一家人"理念，把"遵规矩、守纪律、有担当"作为基本要求来遵循。

为在职工思想道德建设中发挥党员的带动作用，原山林场还开展了"双联"进千家活动，用 120 多名党员架起了全场 1000 多个家庭的桥梁。"原山要想走出困境、获得发展关键在党，全场 182 名党员人人都应当是旗帜和标杆。"孙建博介绍，在基层党建中，林场在全场党员中实行"五星级"管理，群众评星，荣誉定星，使干部职工学有榜样，赶有目标，争有标杆。

针对多年积累下来的体制不顺、机制不活等问题，原山林场解放思想，大胆变革，打破干部终身制，让能者上、庸者下，制定在职职工岗位责任制工资分配办法；推行职工竞争上岗制度，在下属企业实行股份、租赁、承包等经营模式，变"死钱"为"活钱"；组建集生态林业、生态旅游、餐饮服务、旅游地产和文化产业五大板块于一体的企业集团，使原山林场逐渐走出发展的困境。

"原山林场是党的基层组织建设的一面旗帜，艰苦创业精神是推动淄博转型发展、走在前列的宝贵财富。"山东淄博市委书记、市人大常委会主任王浩说。

"原山林场这部创业史的价值不仅体现在经济效益上，更体现在生态效益和精神价值上。"中共中央党校副校长赵长茂指出，原山林场通过党建凝聚事业发展的力量，以艰苦创业精神支撑改革和创新的探索，为各地推进国有林场改革、做好基层党建工作树立了新的样板。

山东淄博原山林场：不砍一棵树　照样能致富

徐锦庚　潘俊强

2017 年 12 月 25 日《人民日报》

"苍茫的云海里有座大山，她的名字叫原山。风吹清波接祥云，绿树芳草碧连天……金山银山在哪里？就在绿水青山间。"

汽车在山东省淄博市博山区一片茂密森林中穿行，风中传来一首悠扬的歌。哦，原山林场到了。

进入林场场部，一位挂拐小个子迎上来，是林场党委书记孙建博。"这是我们的新场歌，灵感来自党的十九大精神！"孙建博一脸自豪。聆听十九大报告时，听到"必须树立和践行绿水青山就是金山银山的理念"，他灵光一闪，一口气创作了这首《绿水青山歌》，然后请朋友谱上曲。

灵感虽属偶发，底蕴却很深厚。60 年苦干实干，原山林场从一个小山头扩展为 6 个营林区，给石漠荒山披上绿装，森林覆盖率由不足 2% 升至 94%，森林面积达 4.4 万亩。

孙建博刚与班子成员敲定林场发展的新目标。"十九大提出坚定走生产发展、生活富裕、生态良好的文明发展道路。我们要把十九大精神融入林场二次创业。"他拿起一本厚厚的目标书，"新征程已经开启，咱林场可不能落后哩！"

从场部的窗子望出去，满目皆是郁郁葱葱的侧柏。"习近平总书记在十九大报告中说，像对待生命一样对待生态环境。这话说到我们的心坎上。"孙建博感慨地说，"这一带尽是石头山，山陡土薄水缺，只有耐干旱瘠薄的侧柏成活率高。凿石窝，撬石缝，背土上山，原山职工每种活一棵树都要脱层皮，把每一棵树都看得像生命一样珍贵。"电闪雷鸣阴雨天，别人往家跑，原山林场职工往山上跑，只为多栽一棵、多活一棵。

林场副场长王延成要去巡山，我们也跟着去。林荫掩映，山道蜿蜒。"以前可没有上山的路，是一代代原山人踩踏出来的。"

凤凰山山巅的瞭望塔上，护林员韩茂忠手握望远镜极目远眺，漫山遍野的侧柏随风摇摆。韩茂忠说，塔以前叫颜灵塔，现在称望海楼。

"这里离海远着呢，为啥叫这名？"我们疑惑。

"眼前这绿油油的，不就是一片绿海嘛！"韩茂忠神情自豪，"守好这片林海，就保住了我们的金饭碗。"

在原山艰苦创业纪念馆，巧遇一个考察团来取经。现如今，原山林场总资产已达10亿元，拥有职工1070人，集生态林业、旅游服务、绿化等多产业于一体，成为全国国有林场的一面旗帜，有100多家林场派人来挂职学习。学啥？孙建博概括为一句话，"就学不砍一棵树，林场咋致富。"

"都说靠山吃山，我们20年没有砍过一棵树。"王延成向客人介绍，"我们换了一种吃法，不再走种树砍树卖树的老路，而是背靠大树，发展森林旅游、绿化等副业。"

话说得轻松，往事却不堪回首。20年前，事业单位改企和限伐政策，4000多万元的欠债，压得他们喘不过气来，职工连续13个月没领工资。

就在这当口，孙建博接下烂摊子。他筹措500多万元，领着职工们相继建起酒厂、食品厂、森林乐园、苗木基地。几年后，林场发展大变样，为职工补发了工资，报销了医药费，还清全部借贷款，人心重新聚拢。

"最初决定发展森林旅游时，很多人反对。"王延成说，"不仅职工们不赞成，上级部门也不认可，说原山只是个小山头，除了满山的树，没有任何名胜古迹，旅游优势不足。"

孙建博耐心解释：这满山的树，就是最大的优势，咱们不能端着金饭碗要饭吃。

1999年6月1日，山东省第一家森林乐园开园，游客纷至沓来。当年，适逢旅游黄金周火爆，原山人捡了"大馅饼"。现在，原山国家森林公园已是4A级景区，每年接待游客几百万人。

令我们吃惊的是，林场竟有两只憨态可掬的大熊猫。"在全国林业系统中，我们是第一家有资格引进大熊猫的林场。"王延成说。

就在我们采访时，孙建博刚谈成一笔大买卖：向一家国有林场预订所有的树苗。电话那头，声音高起八度："我干场长这么多年，还从来没见过这么大手笔的！"

孙建博介绍，原山林场的苗木生意"买全国、卖全国"，"十九大报告提出推进绿色发展，我们现在要把苗木产业做大做强。"

告别原山林场时，回眸远望，漫山遍野的侧柏随风摇曳，仿佛在为原山人点头赞许。

山东省淄博市原山林场：六十载种出"绿色银行"

王金虎

2018 年 1 月 14 日《经济日报》

冬日的山东省淄博市原山林场，寒气逼人。天刚放亮，记者跟随全副武装的原山林场专业防火队副队长贾玄璞，上山开展防火隔离带作业。山路颠簸，1 个多小时才到石炭坞营林区。贾玄璞拿起 20 多斤重的风力灭火机，带领队员们烧打出一条宽阔、黝黑的隔离带，"每年冬季，我们都会烧出 60 多公里的防火带，这等于给 4 万多亩林区加上了一道'防火墙'"。

"这片青山来之不易，林场人把它们视为自己的孩子。"原山林场党委书记孙建博说，原山山脉属于石漠化荒坡，土质稀薄，石灰质岩层漏水性强。1957 年，原山林场初建时，山石裸露、植被稀疏，森林覆盖率不足2％。为让荒山披上绿装，林场人在石坡上凿坑种树。为防止水土流失，提高树苗成活率，这里的树坑大多呈品字形排列，从远处看去，山坡上的树坑像鱼鳞一样，原山人管这叫"鱼鳞坑"造林。遇到天旱，上百号林场职工在林坡上排成"之"字形，马拉人扛，从悬崖上取水滴灌。"下雨天别人往家跑，我们却往山上赶。"林场退休职工段新安回忆说，那时造林有"三不栽"：不下雨不栽、不下透地不栽、不连阴天不栽。

为确保林区"长治久安"，原山林场建设了山东省内最高水准的防火监控系统，建成了山东省第一支摩托化、现代化专业防火队伍，率先在全国实现了原山山脉大区域防火体系。60 年来，正是凭着那股愚公之志，原山人艰苦创业，造一片、护一片、活一片、绿一片，硬是在穷山恶水间把森林覆盖率从 2％提升到 94.4％，成为鲁中地区不可或缺的生态屏障。如今，原山森林植被的水源涵养能力比 60 年前提高了 40 倍，淄博的母亲河孝妇河实现常年奔流。

然而，原山人虽育下千顷林，却要面对苦涩的现实。进入上世纪 80 年代，原山林场作为首批"事改企"试点单位，昔日的种树人被迫走出林场，在市场中求生存、求发展。但由于经营不善、观念滞后等诸多原因，至 1996 年底，累计负债 4009 万元，职工 13 个月发不出工资。

给秃岭披上了绿装，自己咋就摘不掉穷帽子、拔不掉穷根？如何才能让绿水青山真正变成金山银山？1996 年 12 月，孙建博临危受命。"天上不会掉馅饼，不奋斗、不改革，绿水青山就永远不会变成金山银山。改革的路子千万条，'生态'二字不动摇！"孙建博掰着手指头给职工算细账：一棵树砍掉运下山，每棵只能卖几元钱；如果把树苗移植到城市绿化中，每棵要卖几百元甚至几千元；而如果把"死树变活树"，发展生态旅游产业，这一片几代人栽种的林子就能可持续地变成大把的"票子"，让森林成为"绿色银行"。

依托原山独特的自然环境优势，原山林场组建了集生态林业、生态旅游、餐饮服务、旅游和文化产业 5 大板块于一体的集团企业。紧扣"森林生态"这个主题，原山林场又相继建成了山东省第一家鸟语林、第一家民俗风情园、第一家山体滑草场，成为国家 4A 级旅游景区、国家级重点风景名胜区、全国森林文化教育基地等，每年接待游客近百万人次，旅游综合收入近 4000 万元。为实现以林养林，他们又成立园林绿化公司，在多个城市承担城市公园、湿地公园和道路绿化的项目，年收入过亿元。与此同时，原山林场还先后接管代管了淄博市园艺场、淄博市实验苗圃、淄博林业培训中心等多家经营困难的事业单位，累计妥善安置 1000 多名员工，为社会间接提供就业岗位 3000 多个。

一系列改革措施，为原山林场的发展增添了强劲动力和蓬勃活力，职工年均收入水涨船高，由 1996 年底的 5130 元提高到 2017 年的 6.4 万元，原山林场在全国率先走出了一条保护和培育森林资源、实施林业产业化发展的新路，实现了从荒山秃岭到绿水青山再到金山银山的美丽嬗变，成为全国林业系统的一面旗帜和国有林场改革发展的典范，呈现出山绿、场活、业兴、人富、林强的良好发展势头。

孙建博告诉记者，如今，原山又站在新的起点上，新时代需要新气象新作为，"原山要想实现新作为，就比以往任何时候都更加需要秉持艰苦奋斗、艰苦创业精神。原山改革永远在路上，艰苦创业没有休止符。我们提出了'二次创业'的口号，继续践行'绿水青山就是金山银山'的理念，规划到 2020 年基本实现现代化林场的奋斗目标，做大、做强生态绿化产业、林下经济产业，发展互联网产业，力争实现绿化产业产值再翻番"。

愿做原山一棵松

——记"林业英雄"、山东淄博市原山林场党委书记孙建博

常 钦

2018 年 5 月 27 日《人民日报》

他创新"三三一"工作制、造林成活激励机制，让石头山里长出森林；他带领林场职工不断拓展绿色生态产业，将林场周边村民纳入林业产业链，绿起来还要富起来……他就是山东省淄博市原山林场党委书记孙建博。近日，记者来到原山林场，采访了这位新中国成立以来的第三位"林业英雄"。

"绿起来是林业人的使命"

经过几代林场工人的努力，730 种植物在这里扎根，上百种鸟类在这里安家落户。

走在原山林场羊肠小道上，满眼是绿，低头一瞧，树根就裸露在不足 10 厘米厚的土层上面，像是白色石灰岩之间"插"着一棵棵树。"这林子是在石头缝里长大的！"孙建博说，原山山脉大多是石灰岩地质地貌，地表多数是裸岩，生态脆弱。如果处理不当，就会陷入山穷水枯、林衰土瘦的恶性循环。

"林场刚建成那时，山头都是光秃秃的。"今年 75 岁的原山林场退休职工段新安回忆，林场新职工的第一堂课就是学栽树，在石坡上凿坑种树，从悬崖上取水滴灌。遇上干旱年份，还要在陡坡上排成之字形，100 多号人手拉手接力往山上传水。

"下雨天，别人往家里跑，我们往山上跑。"段新安当年跟着工友趁着雨季，左肩扛着镢头，右肩扛着树苗上山，就在这片石头缝中挖坑、填土、浇水。"多栽树多活树，让大山早点绿起来！"

"绿起来是林场人的使命。"孙建博说，以前林场植树缺乏机制保障，

年年栽树不见成林。他在场部机关创新实行"三三一"工作制,即三天办公、三天造林绿化、一天休息。把宜林地分段编号,每人承包一块,包期3年,验收成活率达到85%以上年底发奖金。有了激励机制,新植树木成活率一下提升到了90%以上。

孙建博说,经过几代林场工人的努力,昔日的荒山秃岭变得郁郁葱葱,森林覆盖率从2%提升到94.4%。730种植物在这里扎根,上百种鸟类在这里安家落户。原山林场好生态改善了小气候,这里的年降雨量比附近城市和平原高15%以上,且呈逐年增长态势。"原山森林植被的水源涵养能力比60年前提高了40倍,近5万亩森林就是一座巨大的绿色水库和森林氧吧。"

三分造林七分管。"山不仅要绿起来还得守得住。"孙建博说,"这片林子长起来不容易,就像拉扯小孩一样,树小的时候怕长不活,活了又怕放牧的牛羊给吃了,如今最大的威胁就是火灾。"

为此,林场每年有上千万元的资金投入到森林防火和生态管护中。原山林场还组建了山东省第一支专业防火队,在全国率先装上雷达探火系统,连续为周边镇、村(社区)配备灭火机等物资2000多台套,提供相应的技术和人员培训。到今年,原山林区内已经实现21年零森林火灾。

"不仅要保护好森林资源,还要创造更多财富"

森林生态是个宝库,只要把森林管护好、发展好,就会不断裂变出庞大的生态产业来。

山绿了,人却依然是穷的,原山林场还多了个"要饭林场"的称呼。上世纪80年代,原山林场被确定为"事改企"首批试点,"断奶"让职工生产生活一度难以为继。原山人不得不走向市场"找饭吃",奶牛场、冰糕厂、印刷厂等一批与林业无关的项目纷纷上马。到1996年,多数企业因经营不善亏损破产,林场陷入困境。

累计负债4009万元,职工13个月领不到工资,126家有名有姓的债主轮流上门讨债……这是1996年12月31日孙建博走马上任原山林场场长时面临的"烂摊子"。

"正常人都管理不好,孙建博一个残疾人能管好?"当时,从党员干部到职工群众不乏这样悲观的声音。孙建博幼年因病致残，走路要靠拐棍。"林场找不到出路，心中的焦虑真比自己身体伤残的痛苦还大！"孙建博说，"靠要饭过日子，只会越来越穷，必须闯出一条新路来！"

孙建博拄着拐杖、拖着一条病腿几乎走遍了原山的沟沟岭岭，他敏锐地发现，位于城市近郊的原山林场是发展森林休闲旅游的绝佳场所。"让绿色赶走贫困，绿色才会永不褪色。"孙建博认为，绿起来与富起来绝不是对立的，我们既要绿又要富，不仅要保护好森林资源，还要创造更多财富。

1999 年 6 月 1 日，山东省第一家森林乐园在原山林场开业。仅用一年时间，原山森林乐园便收回了所有的投资成本。在这之后，民俗风情园、鸟语林、滑草场也陆续建立起来，原山林场改变以门票收入为主的经营模式，转变为以餐饮、住宿、娱乐为主的多元化经营模式。今年"五一"小长假，原山成了淄博市民乃至山东省旅游爱好者的热门目的地。

"森林生态是个宝库，只要我们把森林管护好、发展好，就会不断裂变出庞大的生态产业来。如今，原山林场正不断拓展绿色生态产业。"副场长王延成说："我们现在不仅在林场种树护林，还把绿色带到了城市。"原山林场成立绿化工程有限公司，公司从单一的道路绿化，逐渐向厂区绿化、校园绿化、广场绿化、高速路绿化拓展，每年承接工程资金规模上亿元。

目前，原山林场实现了由经营景点到经营品牌的跨越，拥有一处森林公园、一处湿地公园、一处国家级风景名胜区、两个旅游度假区和五家星级宾馆。产业大发展，让原山林场成了"绿富美"。

"乡村振兴，生态振兴尤为重要"

不少职工家庭两代甚至三代人都是原山育林人、护林人，艰苦创业精神代代相传。

"孙书记身体不太方便，但信念坚定，自强不息，付出了常人几倍的努力，带领原山林场取得了巨大的发展成绩。这是一个共产党人的担当！"王延成说，孙建博 20 年来代管了 4 家濒临倒闭的事业单位，使近千名职工得到了妥善安置，累计为社会提供就业岗位近万个。

"林业英雄不是给我个人的，这是给全体林业人的荣誉称号。"孙建博说，从第一个林业英雄马永顺再到第二个林业英雄余锦柱，生态蓝图接力到了我们新时代林业人手里，要一代接着一代画，一茬接着一茬干。

在原山的如月湖湿地公园，群山环抱之中，有一座红色古朴的建筑很是显眼。这是原山林场艰苦奋斗纪念馆。纪念馆以大量珍贵的图片、实物资料，讲述了原山建场 60 多年来在资源保护、深化改革等方面的发展历程。

"事业是大家共同干起来的，每一个林场人都可以在纪念馆里对号入座。"纪念馆讲解员"80 后"刘芳是"林三代"。"原山林场是我们的大家庭，我们在不断学习，创新工作。"刘芳说，现在很多外乡年轻人被"原山人"的标签吸引，每年招聘都很火爆。

孙建博说，原山林场能有今天，靠的是艰苦创业这个法宝，第一代林场人每人植树超过 10 万棵，现在有不少职工家庭两代甚至三代人都是原山育林人、护林人。原山林场在实践中形成了"一家人"理念：一家人一起吃苦、一起干活、一起过日子、一起奔小康、一起为国家做贡献。林场职工年均收入由 1996 年底的 5130 元提高到 2017 年的 6.4 万元。

孙建博对于个人发展，看得很淡。曾有一位旅游公司老板开出百万元年薪想挖走孙建博，他也多次有过到省直部门任职的机会，但他都婉言谢绝了。"我愿变成原山一棵松，把自己的一切都奉献给原山。"在孙建博看来，原山林场要做的还有很多。

如今，孙建博正谋划乡村振兴战略大背景下原山林场发展的新篇章。"乡村振兴，生态振兴尤为重要。"孙建博说，让乡村生态宜居、确保乡村振兴的底色，这方面原山林场要走在前列。

根据他的设想，原山林场将做大做强生态绿化产业、林下经济产业，发展"互联网＋产业"，到 2020 年基本实现现代化林场的奋斗目标，力争实现绿色产业产值再翻番。

"你看地图上林场周围 67 个自然村，我们要带它们加入林业产业链一起奔小康。"孙建博说，他准备发起成立林业合作社，带动周边村民一起发展，近期先在 5 个村子进行试点。

全国人大代表孙建博历年提出的
重要建议、议案*

孙建博书记作为十二届、十三届全国人大代表，履职六年来，他始终带着任务当代表，带着责任履职尽责，带着使命为人民代言，持之以恒地践行着"做一名人民满意的人大代表"的承诺，经常深入基层调研，完成了一件又一件重大改革的课题，向全国人大提出的议案、建议涉及林业、残疾人、生态保护、民生发展等各方面社会热点、难点问题。孙建博书记提交的 200 余项建议和议案，都得到全国人大和有关部委的高度重视，并得到了认真答复，许多已经通过国家立法或文件的形式得到了落实。

关于实现残疾人收入倍增共同奔小康的建议

（十二届全国人大一次会议）

中共十八大提出到 2020 年实现城乡居民收入比 2010 年翻一番，确保实现全面建成小康社会宏伟目标。温家宝总理在本次政府工作报告中也强调，要"以保障和改善民生为重点，全面提高人民物质文化生活水平"。这些目标的提出，对于生活普遍贫困的残疾人来说，无疑是改变生活状况、提高生活质量的重要机遇。

残疾人目前实现收入倍增和小康还面临许多困难和障碍。去年，全国

---

* 出版时个别字词、标点符号有改动。

人大常委会在全国范围内进行了《残疾人保障法》执法检查，发现以下三个问题尤为突出：

（一）残疾人总体生活水平与社会平均水平差距较大。残疾人人均收入仅为全国平均收入的 60% 左右，普遍面临收入低、支出高的生活困境，40% 多的农村残疾人生活在贫困线以下。根据残疾人来信来访情况统计，生活贫困是最突出的问题。

（二）未能实现充分就业是导致残疾人生活贫困的主要原因。我国法律规定用人单位应当按照在职职工总数的 1.5% 安排残疾人就业，但用人单位不依法按比例安排残疾人就业现象十分普遍，导致城镇残疾人总体就业率低、失业率高，缺少稳定的经济收入来源。农村残疾人普遍缺少生产资料，难以获得资金和技术扶持，多数残疾人生活贫困。

（三）残疾人社会保障政策未能全面落实是残疾人生活贫困的又一重要原因。全国有 1031 万残疾人依靠国家低保维持生活，但目前低保标准偏低，难以保障残疾人的基本生活，个别地方甚至还未实现应保尽保。国家规定重度残疾人参加新农合、新农保和城镇居民养老保险的优惠政策在有些地方也未得到全面落实，残疾人参保比例明显低于全国平均水平，且筹资水平和缴费档次过低。国家关于根据情况给予不能自理残疾人护理补贴的规定，在多数地方也没有得到执行。

上述问题的存在，严重制约了残疾人的收入增加和小康的实现。2011 年残疾人小康实现程度为 63.1%，比国家统计局发布的全国小康实现程度低 17 个百分点。

为此，建议：

（一）实现就业是提高残疾人经济收入的根本途径。就业是残疾人实现收入倍增的前提。依法按比例安排残疾人就业是所有用人单位的法定义务，用人单位不能以缴纳残疾人就业保障金替代安排残疾人就业；国家机关、事业单位和国有企业应当认真研究确定适合残疾人就业的工作岗位，通过岗位预留、定向招录等方式安排残疾人就业，带动社会用人单位积极安排残疾人。有关部门对残疾人要开展就业培训，使残疾人能有一技之长，为就业创造条件。对农村残疾人扶持应当注重实效，要根据农村残疾人生产经营的具体情况，在资金支持、技术培训、生产资料提供等方面采取切实可行的扶助措施。

（二）建立残疾人津贴制度是缩小收入差距的有效保障。建立残疾人津贴制度，直接提高残疾人收入，有助于缩减收入差距，改善残疾人的生活，使残疾人普遍受益。随着经济的快速发展，我国财政收入逐年稳步增长，2012 年全国公共财政收入已达 117210 亿元，保证了建立残疾人津贴制度的可行性。

（三）完善社会保障制度是提高残疾人基本生活水平的重要依托。各级政府应当采取有效措施，确保残疾人实现应保尽保，重度残疾人可以单独、全额享受低保。落实城乡社会保险重度残疾人参保费用由政府财政代缴政策，并进一步扩大该政策的覆盖范围，使非重度残疾人也可以享受相应政策优惠。有关部门应尽快出台建立残疾人护理补贴制度的统一指导意见，督促各地普遍建立残疾人护理补贴制度，切实减轻重度残疾人的家庭负担。

残疾人普遍实现小康是我国全面建成小康社会的重要内容，残疾人普遍实现收入翻番是我国全面建成小康社会的重要条件。各级政府应当根据残疾人的具体情况采取有针对性的措施，使有就业能力的残疾人实现经济收入的倍增，使丧失劳动能力的残疾人实现社会保障水平的倍增，从而使所有残疾人都能分享经济社会发展带来的成果，实现小康。

关于保障城市农民工带薪休假权利的议案

（十二届全国人大一次会议）

一 案由

1 月 28 日，国务院办公厅公布的《国民旅游休闲纲要》提出"到 2020 年基本落实职工带薪年休假制度"，有计划、有步骤地满足国民休闲的需求。然而，如何保障城市农民工带薪休假的权利，让他们与企业职工享受同样的休息权，对于确保城市农民工合法权益、解决农村留守儿童和空巢老人情感缺失问题、促进城乡社会和谐都有着十分重要的意义。

二 案据

（一）实行城市农民工带薪休假的法律依据。1994 年颁布实施的《劳动法》即规定，只要工作年限满一年，用人单位就应提供带薪休假，休假期间，职工应享受到与正常工作期间相同的工资收入。2008 年实施的《职工带薪休假条例》再次细化了带薪休假权，规定用人单位如果"剥夺"职工带薪假期，须付双倍"罚金"。根据对沿海某大型企业的调查，有超过 50% 的农民工是符合带薪休假权的。重庆市已率先启动国有企业在聘农民工带薪休假制度。

（二）我国城市农民工带薪休假情况的现状。目前，我们对于带薪休假的审视还浮在行政层面上，劳动者有享受带薪休假的权利，但没有相关实施细则。《纲要》制定的目标，是通过立法层面"强制"企业执行带薪休假制度，但仍需时间和过程。2012 年底某社会调查中心进行的调查显示，有 50.4% 的受访者直言单位不实行带薪休假，而城市农民工则一致认为由于劳资双方不对等，带薪休假离现实太远。

（三）实行城市农民工带薪休假的社会意义。我国义务教育阶段的留守儿童高达 2200 万。据西部某劳务输出大省的一份县域调查显示 70% 的打工者每年回家不足 3 次，由于对留守儿童监护不力、情感需求得不到满足，许多孩子造成心理失衡、道德缺失，变得厌学、辍学，甚至走上了青少年犯罪道路。中国人民大学人口和发展研究中心的研究显示，进入初中阶段的留守儿童，在校率仅为 88%。而 2011 年初，另一份针对 60 岁以上空巢老人的调查报告则显示，28.6% 的空巢老人生病时无人看护，疾病看护严重缺失，心里孤独难受，精神压力大，情感慰藉较为贫乏。这些问题，已经成为影响社会和谐的热点和难点。保障城市农民工带薪休假权，在一定程度上有助于矛盾的解决和全面小康社会的构建。

三　方案

一是制定执行城市农民工带薪休假的相关法律法规，加强对具体落实的监督检查，对拒不执行的企业法人依法追究责任。

二是考虑到地区经济发展不平衡、企业所有制不同等因素的制约，可选择部分沿海发达城市进行试点，有步骤地推进城市农民工带薪休假制度。

三是加强宣传，提高社会的认知度。针对带薪休假权问题，对城市农民工提供必要的法律援助。

关于扩大国有林场森林补贴范围提高国有公益林补偿标准的建议

（十二届全国人大一次会议）

从 2013 年开始，国家提高了集体、个人公益林的补偿标准，由每亩每年补助 10 元提高到 15 元，而国有公益林的补偿标准不变，依然是每亩每年补助 5 元，这根本不能满足当前国有公益林管护的实际需要，严重影响了国有公益林生态效益的发挥。

（一）同样都是公益林，补偿标准不一样，严重影响国有公益林生态效益的发挥。我国国有森林资源十分珍贵，国有林地面积占全国林地面积的比重不到 40%，特别是国有林场的林地面积仅占全国林地面积的 18%。但是国有林场森林资源质量较高，是我国森林资源最精华的部分之一，是国家直接掌控的重要战略资源和公共资源，也是林业可持续发展的根基和国家宏观调控的基础。提高国有公益林的补偿标准，能够切实发挥生态效益补偿基金的效果。

（二）国有林场的公益林在生态建设中的作用更为明显。国有林场大多分布在人为活动少、贫困落后的远山、高山、风沙线和水土流失严重区域，处于生态建设最前沿，自然地理条件恶劣，生态区位极为重要。国有林场是我国林业和生态建设的骨干和中坚力量，是维护我国生态安全的最底线。一是在生态重要和生态脆弱区分布数量多，国有林场分布在长江、黄河、珠江等大江大河中上游、主要湖泊水库、风沙前沿、石质山区、国防边境、黄土高原区以及整个西部地区的有 3900 多处，其中，分布在全国 57 个大型水库周围的有 223 个，沙漠和风沙前沿的有 503 个。其经营管护的森林面积约占该区域森林总面积的 40%，构成了区域生态屏障的基本骨架，对涵养水源、保持水土、防风固沙具有重要作用；二是生态公益林的重要组成部分，国有林场的公益林面积为 6.45 亿亩，占国有林场林地面积的 78%。其中，实施生态效益补偿的国有林场有 2465 个，国家级公益林面积达 4.05 亿亩，占全国国家级公益林的 21%，占国有林场林地总面积的 49%；三是重点生态工程的重要组成部分，国有林场纳入国家天然林资源保护工程的有 1310 个，占国有林场总数的 29%，纳入三北等防护林工程的有 1582 个，占 35%。

（三）国有公益林补助标准不适应当前国有公益林管护的实际需要。新中国成立以来，国有林场累计人工造林保存面积达 1.5 亿亩，封山育林 1 亿多亩，抚育改造天然疏残林 2.7 亿亩。目前，全国国有林场已发展到 4855 处，现有职工总人数 75 万人，经营总面积 9.68 亿亩，其中林业用地面积 8.52 亿亩，森林面积 6.72 亿亩，森林蓄积量 23.4 亿立方米，为维护我国生态安全、培育后备森林资源和促进经济社会发展做出了突出贡献，是建设生态文明的重要载体、促进绿色发展的重要基地。但是长期以来，国家对国有林场实行了"事业单位企业化管理"的体制，国有林场逐渐形成了"不城不乡、不工不农、不事不企"的局面。特别是进入新世纪、实施以生态建设为主的林业发展战略以来，这种体制越来越不适应形势发展的需要，国有林场在为生态建设做出巨大贡献的同时，自身却陷入了发展困境。2001 年国家开展森林生态效益补助资金试点以来，累计有 4.05 亿亩国有林场林地被划为国家公益林，实行每亩每年补助 5 元的标准。但随着社会经济的发展及物价水平的快速增长，公益林补偿标准过低的问题越来越突出，特别是国有公益林的补助标准始终维持 5 元的标准，已很难适应当前国有公益林管护的实际需要。

为此，建议：

由财政部牵头，将国有公益林补偿标准提高到与集体、个人公益林补偿标准一致的水平，并将国有林场经营管理的公益林全部纳入森林生态效益补偿基金范围，逐步稳定国有林场公益林保护资金渠道，促进国有公益林生态效益的发挥。

关于尽快将山东省博山矿区纳入国家独立工矿区扶持政策支持城市的建议

（十二届全国人大一次会议）

山东省淄博市博山区是全国 128 个独立工矿区中 74 个煤炭工矿区之

一。作为一个依托资源开发而兴起的老工矿区和淄博矿区的重要组成部分，博山因矿设区，因矿而兴。建国初期，博山有桃花峪、黑山、新博、夏家庄、西河五大矿区，上世纪 80 年代，煤井数量达到 80 多家。新中国建立 60 多年来，煤炭、陶土、铝土、焦宝石、石灰石等矿产资源累计开采量达到 2 亿多吨，是全省乃至全国重要的矿产资源生产基地。历史最高峰，各种矿产资源年开采量达 600 多万吨（其中，煤炭年开采量 500 万吨），采掘业工人 6.1 万人。由于博山矿产资源丰富且开发利用历史悠久，以采掘、陶琉和机械制造业为主的工业经济起步较早，直到上世纪 90 年代初，博山都是推动省、市工业化进程的重要力量，是山东省典型的老工业区，为淄博市乃至全省经济社会发展做出了巨大贡献。

但随着主要矿产资源的枯竭以及受经济转型、体制转轨等影响，上世纪 90 年代中后期，老工矿区特有的产业、社会、资源等方面的突出问题集中爆发，全区经济社会发展陷入困境，发展压力巨大，成为一个典型的资源枯竭型城市，接续替代产业发展缓慢、转型困难大，破产倒闭企业的历史债务、职工欠保等问题仍然突出。一些体制性问题和实际困难依靠博山区乃至淄博市自身力量难以解决，迫切需要国家政策支持。

针对博山等矿区在转型发展中的实际困难曾向全国人大提交建议，国家发改委非常重视，对十二届全国人大二次会议第 2463 号、9697 号建议进行了认真答复。考虑到博山矿区的实际困难，为支持博山矿区等独立工矿区转型发展，国家发改委会同财政部研究，中央财政自 2014 年起，对博山矿区参照执行了国家资源枯竭型城市转移支付政策，2014 年已下达博山矿区中央财政转移支付资金 5168 万元，对博山矿区改善社会民生、发展接续替代产业、恢复治理生态环境及基础设施建设等方面发挥了一定作用。但是从总体来看，与矿区整体转型和矿区人民需求还有较大差距。

为此，建议：

国家发改委抓紧启动独立工矿区新的试点工作，早日研究编制《全国独立工矿区改造搬迁规划》，尽快扩大独立工矿区改造搬迁工程实施范围，将博山等符合条件的矿区及早纳入国家独立工矿区扶持政策支持城市，并将其作为国家第二批独立工矿区改造搬迁试点单位，给予相关政策资金支持，以促进博山矿区加快转型，实现经济社会可持续发展。

关于以林业部门为基础构建国家公园
管理体制的建议

（十二届全国人大二次会议）

　　十八届三中全会指出要建立国家公园体制。国家公园是指国家为保护一个或多个典型生态系统的完整性，为生态旅游、科学研究和环境教育提供场所而划定的需要特殊保护、管理和利用的自然区域。国家公园制度是一种资源保护与开发利用实现双赢的先进管理模式，是让生态环境与旅游消费达到共存的国际惯例和普遍适用的规律。建立国家公园的目的就在于保护生态系统的完整性。强化对资源的有效保护和合理利用是国家公园体制建立的根本出发点。

　　国家公园不同于自然保护区。建设国家公园体制，首先需完善国家公园从建立到管理的相关法律法规体系；其次，国家公园有各种类型，如森林、地质遗产等，要立法保护好各类国家公园的生态功能，维持其原有特征；最后，要打破地方垄断，保证公平性，让每个人都能公平享用这一自然资源。

　　采用先进的国家公园制度管理重要的自然与历史性旅游资源，不仅是世界各国的普遍做法，而且已在我国初露锋芒。国家公园不仅仅是个名称，其背后蕴涵的是一种对自然与文化区域进行可持续发展与保护的最优化的管理体制。国家公园体制的基本定位是，借鉴国际先进经验，通过国家公园体制来保护基本生态功能、重要生态系统以及特殊物种和景观。党的十八届三中全会提出我国国家公园体制建设，将在法律层面对生态环境保护起到重大促进和引领作用，也将通过法律形式向全社会传递一个共识：要欣赏、使用但不能破坏生态系统，大家都要来保护生态环境。对于特定生态系统、物种和景观，都应建立国家公园体制。在这方面，中国与发达国家相比有很大差距，由国家政府部门在全国范围内统一管理的"国家公园"从 2008 年才刚刚起步。2008 年 10 月 8 日，中国环境保护部和国家旅游局已批准建设中国第一个国家公园试点单位——黑龙江汤旺河国家公园。通过构建国家公园管理体制，最终将国家公园建设成为国家的重要资产和人类的重要遗产。

我国的国家公园建设才刚刚起步，国家公园管理体制的建立尚不完善。鉴于用于建设国家公园的主要资源（例如森林、湿地、防沙治沙、野生动植物保护等）由林业部门管理，建议：以林业部门为基础构建国家公园管理体制，建立一种资源保护与开发利用实现双赢的先进管理模式的国家公园制度，让生态环境与旅游消费达到共存的国际惯例和普遍适用的规律。

关于国地税合并的建议

（十二届全国人大三次会议）

1994 年实行分税制以来，国税、地税分设对中央与地方财政关系的改善产生了积极意义，在明晰中央和地方财权、调动地方政府理财的积极性、促进国民经济的健康发展方面起到了积极作用。但随着时间的推移，矛盾和问题也日益凸显：一是增加了税收成本，绝大多数企业存在两个税务机构交叉管理的问题，需要同时跑两个税务机关交税，接受两个税务机关的检查，增加了企业负担。二是税收执法尺度掌握不一致，同样的行业和企业，税收征管方式、方法国地税部门也不尽相同，造成企业税收负担不同，不利于公平竞争。三是效率低下，机构臃肿，人浮于事，给纳税人额外增加了不必要的工作量。

据了解，目前，全国已有多个地区实行了国地税联合办税，特别是"分税制"改革后，上海仍沿袭了国地税不分家的格局，多年来，上海在税种方面划分向来清楚，在全国一直是一个良好的典型。从他们的成功经验可以总结出国地税合并的几个优势：一是机构精简，办事效率高。二是方便纳税人。企业不需要同时跑两个地方交税，不需要接受两个税务机关的检查，不会接受两个税务机关的培训。三是能保持税收政策的一致性。四是给地方经济社会发展营造了更加优良的发展环境。

在我国推进"依法治国"的今天，"依法治税"也已经成为各级税务机关的奋斗目标。国地税两套机构的合并，对于降低行政成本、提高工作效率，都将起到积极的作用，也是广大纳税人的热切期盼。

对此，建议：

中央以"营改增"试点为契机，尽快启动国地税合并工作，建立起科学、符合经济规律、与国际税法接轨的新机制，成立符合市场经济需要和人民期待的崭新征税机构，国税、地税的不同职能变为新机构一块牌子下内部业务的分工，尽可能减少税收管理环节，简化税收管理手续，精兵简政，进一步整合税收管理资源。

关于在各基层检察院设立生态功能检察室的建议

（十二届全国人大四次会议）

"绿水青山就是金山银山""让良好的生态环境成为最普惠的民生福祉"是习近平总书记对生态文明建设的全新发展理念。2014年以来，最高人民检察院曹建明检察长多次强调，加强对生态环境的司法保护是检察机关坚持司法为民的重要职责，并提出要探索建立生态环境保护类案专门办理机制。

与普通刑事犯罪相比，生态环境领域犯罪专业性与技术性强、作案手段隐蔽，造成的直接损失和间接损失较难量化。在调研中发现，山东省博山区是一个历史悠久的工矿区，传统的矿业、陶瓷琉璃、化工产业在为新中国建设做出巨大贡献的同时，也成为当地转型发展的重点和难点。近年来，博山区委区政府加快传统产业的转型升级和环境整治，生态环境质量持续改善，森林覆盖率达到53%。然而由于中小企业布局分散和部分企业经营者环保意识淡薄，放火失火、滥伐林木和非法排污现象时有发生，对生态环境资源造成了严重破坏。针对这种情况，2015年，博山区人民检察院在林区一线设立了生态环境检察室，充分发挥检察机关轻微刑事案件起诉职能、发挥协查职务犯罪职能、发挥行政执法监督职能，依法打击危害生态犯罪，为当地生态建设营造了公平正义的法治环境。

因此，建议：

检察机关可依据当地的生态环境状况和打击犯罪的现实需要，在基层检察院设立生态功能检察室，通过设立生态检察室，不断健全生态环境保护内部协作机制，建立生态环境保护外部联动机制，建立检察室工作常态化履职机制，有效延伸检察机关对生态环境保护的服务触角，贴近生态环境保护的一线开展法律监督。

关于因地制宜科学推进国有林场改革的建议

（十二届全国人大五次会议）

2015年2月8日，中共中央、国务院印发了《国有林场改革方案》，这在我国林业发展史上具有里程碑意义，标志着国有林场改革上升为党中央、国务院高度重视的重大国家战略和全面深化改革的重大国家举措，标志着党中央、国务院站在中华民族永续发展、推进生态文明建设的战略高度，吹响了国有林场改革的集结号，开启了国有林场改革发展新征程。截至目前，在国家林业局的坚强领导下，国有林场改革取得重大阶段性进展，全国31个省级方案已全部通过审批，改革已进入落实省级实施方案的实质性攻坚阶段。应当说，国家制定的改革方案非常完整，各省制定的实施方案也非常落地。

国有林场改革势在必行、迫在眉睫，同时，受地理条件、历史沿革、南北差异等问题的制约，又是一项纷繁复杂的系统工程，需要在进行通盘规划的前提下，充分考虑林场间的差异化，科学有序地推进国有林场改革。绝对不能搞一级抄一级的照搬照抄和盲目的"一刀切"，导致改革不落地。这也是中发〔2015〕6号文件中所明确要求的。

因此，建议：

一、国有林场的改革不同于一般性的事业单位改革，各地不能照搬一般性事业单位改革的做法。不仅要解决好定员定编、人员分流、长期债务等问题，更要立足长远，保障国有林场和生态资源的长期可持续发展。

二、国有林场改革要因地制宜、科学布局、循序渐进，尤其是到了市、县这一级，不能搞"一刀切"，不能追求一步到位。应当在充分调研的基础上，根据各地国有林场发展实际，采取"一市一策"，甚至"一场一策"，不能挫伤国有林场的改革积极性。

三、要鼓励国有林场大力发展林业产业，实施"一场两制"。这既是国有林场发展的现实需要，更是为中国林业在国民经济建设中赢得话语权的有力保障。实行全额拨款后，如果只是简单粗暴地把森林公园、苗木培育、林产品加工等项目经营权收走，不仅会严重挫伤林场的内部积极性，而且不利于统筹管理。因为发展这些项目，离开了林子是形不成产业的，只能是依靠创新管理办法，实施"一场两制"。

关于多层次构建养老服务体系的建议

（十二届全国人大五次会议）

当前，我国人口老龄化问题日趋严重，截至 2015 年，60 岁以上人口已达 2.2 亿，预计到 2025 年全国将达到 3 亿，正式步入老龄化社会。伴随着人口老龄化和社会就业压力的加大，养老问题已经是炙手可热的社会化问题。近年来，随着我国老龄化速度的加快，各类养老院如雨后春笋般地涌现，在一定程度上缓解了养老的社会压力，然而，备受传统老人所推崇的公办养老机构却面临着"一床难求"的窘境，尤其是部分一线城市的公办养老机构，老人要想入住必须排队几年甚至十几年。然而，与之相对应的是，民营养老机构床位空置率居高不下。与此同时，公办养老机构长期存在职能定位不明确、管理体制僵化、服务效率低下、资源分配与利用不均衡等突出问题，养老机构逐步民营化已经成为大势所趋。

因此，建议：

一、在托养所建设中，各级民政部门要积极牵头，在规划、税务、工商等方面争取优惠政策，为它们打造良好的成长环境。

二、积极采取"公建民营"的运作方式，鼓励政府投资、新建、改建、购置养老服务设施，新建居民区按规定配建并交给民政机构的养老设施，采取"公建民营"等形式，进行社会化运作。

三、实行"公建民营"的养老机构，保留公益职能，在优先保障有入住需求的养老服务保障对象基础上，空置床位全部向失能或高龄老年人开放，确保继续履行公益职能。

总之，全面建成居家为基础、社区为依托、机构为补充、医养相结合的多层次养老服务体系。

关于在依法进行环保督察过程中坚决避免
"一刀切"的建议

（十二届全国人大五次会议）

目前，中央环保督察工作已经在各地轰轰烈烈地展开，并且已经取得了不错的效果。许多政府、企业和老百姓都认识到，打好大气污染防治的攻坚战，既是政治任务、民心工程，更是促进企业转型升级、实现清洁生产的助推器。然而，调研中也发现：有的地方为了迎接环保督查组的到来，不管企业是否达标，采取一律关停的办法，而且只有关的时间，没有开的时间，这种运动式、"一刀切"的做法不仅过于简单、粗暴、省事，而且严重损害了守法企业的利益，挫伤了当地经济发展的积极性。既是一种懒政行为，更是一种严重的不作为、滥作为。日前，环保部政策法规司司长别涛就在例行新闻发布会上表示：严格的环保执法，可以使企业去掉侥幸心理，但同时也要让守法企业不吃亏。一方面要反对部分地方平时疏于监管，使违法企业长期存在，污染环境；另一方面是反对部分地方平时不作为，到了环保督察检查巡查的时候，采取简单、粗暴的方法，片面处理发展与环保的关系，这是严重的不负责任，也是滥作为。

近日，环保部等七个部门将联合行动，对全国 446 个国家级自然保护区进行排查，这一部署及时而必要，是深得民心的。同时，鉴于各地在迎接环保督察过程中发生的上述错误问题，我们也要深刻反思：为什么会有无机构、无编制、无规划、无资金的自然保护区存在？必须深究产生这些问题的深层次原因。

因此，建议：

在环保督察过程中，首先要严格按照《中华人民共和国自然保护区条例》进行规范的达标验收。对于省级以下的自然保护区可参照《中华人民共和国自然保护区条例》，地方上没有出台相应管理条例、章程的，应当先出台相应的管理条例、章程，再进行达标验收，必须要做到有法可依，有章可循。在实际的环保督察过程中要遵循实事求是的原则，对照条例和章程，对于不符合要求的自然保护区（特别是省级以下的自然保护区）能整改的依法进行整改，对于无机构、无编制、无规划、无资金等确实达不到自然保护区要求和无条件整改的，要坚决予以取缔。必须本着实事求是的原则，坚决遏制"一刀切"和一关了之。要通过逐步建立以林业和国有林场为基础的森林生态保护体制，在发展、实干中真正实现"绿水青山就是金山银山"的伟大论断。

关于切实加快推进国有林场改革的建议

（十三届全国人大一次会议）

中发6号文件印发两年多来，在党中央国务院的高度重视下，在各部委的大力支持下，由国家林业局牵头认真贯彻中央的决策部署，强化沟通协调、督促指导，国有林场改革取得决定性进展。

一　国有林场改革取得决定性进展

（一）77%的国有林场基本完成改革。目前，北京、天津等26个省（区、市）完成了市县改革方案审批，占全国的83.8%，3643个国有林场基本完成了改革任务，占全国4855个国有林场的75%。

（二）改革配套政策顺利出台并逐步落实。中央改革补助政策已落实，总额160亿元的补助资金已安排133.8亿元。银监会、财政部、国家林业局出台了金融债务化解意见，总额约116亿元的金融债务有望化解。人社部、国家林业局出台了国有林场岗位设置指导意见，优化了国有林场岗位结构设置。财政部、国家林业局出台了国有林场（苗圃）财务制度，规范了国有林场财务管理。交通部制定了《国有林场林区道路建设方案（征求意见稿）》（2018－2020年），已完成征求各省交通厅和有关部委意见，拟与国家发改委、财政部和国家林业局联合印发。国有林场管护点用房建设试点，已在内蒙古、江西和广西3省展开，中央财政投入1.8亿元，这是推进国有林场基础设施建设的重大突破。

（三）改革成效明显显现。通过国有林场改革，初步建立了保护培育森林资源、着力改善生态和民生、建立资源监管制度、增强林场发展活力的新体制。一是国有林场属性实现合理界定，完成改革的3776个林场中

3618 个定为公益性事业单位，占 95.8%。二是职工生产生活条件明显改善，改造完成国有林场职工危旧房 54.4 万户，完成改革的林场职工平均工资达 4.5 万元左右，比改革前提高了 80% 左右，基本养老、医疗保险实现全覆盖，富余职工得到妥善安置。三是资源保护监管力度明显加大，全国国有林场全面停止了天然林商业性采伐，每年减少天然林消耗 556 万立方米，占国有林场年采伐量的 50%；山西、广东、湖北等省区采取立法、林地落界确权、出台监管办法、强化国有林场管理机构建设等措施加强了森林资源监管。四是林场发展活力明显增强，北京、浙江、广东、宁夏等省（区、市）初步建立了以岗位绩效为主的收入分配制度和以聘用制为主的新型用人制度，调动了职工积极性。国有林场造林抚育和森林管护等环节初步建立了社会化购买服务的机制。

二 存在的主要问题

（一）改革总体进展不平衡。内蒙古、黑龙江、四川、云南、甘肃 5 省区没有完成市县改革方案审批。河北、江苏虽然已完成市县改革方案审批，编制核定、职工社保等问题还没有落实。

（二）改革政策支持不到位。截至目前，内蒙古、辽宁、黑龙江、江苏、贵州、云南、陕西、甘肃、青海、宁夏、新疆 11 个省区未安排省级财政改革补助资金。河北、江西等试点地区有的存在改革只核编、财政预算没到位的情况。内蒙古、江苏、甘肃等省反映养老保险企业转事业衔接难度大，制约了改革进度。

（三）改革任务落实不全面。当前，大部分省区的改革举措局限于"定性、定编、定经费"等方面，绩效机制创新、森林资源监管制度、森林资源培育、基础设施和法律制度建设等任务在有的省区还没有摆上重要议事日程。

（四）中央改革补助有缺口。据初步统计，福建、江西、湖南、广东等省在推进改革过程中，由于出现人员漏报情况，中央补助出现缺口。

（五）地方财政保障能力不足。国有林场大多位于"老、少、边、穷"地区，发展条件差，经济欠发达，地方基本上是"吃饭财政"，以转移支付为主。在内蒙古、江西、广西、四川、贵州、甘肃等省区的部分地区和辽宁、湖南等省区的个别地区，改革后林场定性公益事业单位需纳入财政预算，由于地方财力所限，致使财政供养能力不足，存在较大资金缺口。

（六）国有林场基础设施成为改善林场民生的短板。当前，国有林场危旧管护站点用房、林场内的断头路、简易路、低等级路等防火和专用道路，成为制约林场改革和民生改善的硬件障碍。

因此，建议：

一是进一步加大督查督导。对市县改革方案审批慢、省级支持政策不到位的省区展开督查，确保完成市县改革方案审批并实施；严格评估验收，在各省区自验自评基础上，国家国有林场林区改革工作小组组成改革联合验收组，开展验收评估，准确客观评价改革成效。

二是支持解决改革资金缺口。建议按中央改革补助标准，给黑龙江、福建、江西、湖南、广东等省追加中央改革补助。

三是加大中央财政对贫困省区财政转移力度。国有林场改革后，大部分林场定为公益性事业单位，从原自收自支转为全额或差额保障，增加了地方财政负担。建议利用3–5年时间，将位于贫困地区的国有林场重点考虑，中央加大财政转移力度，支持国有林场发展，解决林场已定性、定编、未纳入财政预算的问题。

四是加大国有林场道路、管护用房等基础设施建设支持力度。建议国家发展改革委安排中央基本建设投资，加强国有林场防火道路建设。将连通国有林场分场的道路定性为社会公共服务属性道路。在总结内蒙古、江西和广西管护点用房建设试点工作基础上，在全国铺开管护点用房建设。

五是落实中央6号文件要求，解决编制核定难、职工社保衔接难的问题。建议中央编办为地方科学核定林场事业编制加强指导，打破行政区域界限，以省为单位统筹使用、调剂核定编制，确保事业编制落实到位。建议人社部加强指导，允许地方实事求是地、合情合理地设置补缴时间节点，特别是社保欠费、企业社保转事业社保，出台支持改革的优惠政策，减轻地方社保补缴负费和交纳滞纳金的财政压力，确保职工社保落实到位。

关于杜绝交叉组建任命森林公园、自然保护区、风景名胜区的建议

（十三届全国人大一次会议）

根据《森林公园管理办法》规定，森林公园是指森林景观优美，自然景观和人文景物集中，具有一定规模，可供人们游览、休息或进行科学、文化、教育活动的场所。根据《中华人民共和国自然保护区条例》规定，自然保护区是指对有代表性的自然生态系统、珍稀濒危野生动植物物种的天然集中分布区、有特殊意义的自然遗迹等保护对象所在的陆地、陆地水体或者海域，依法划出一定面积予以特殊保护和管理的区域。根据《风景名胜区管理条例》规定，风景名胜区是指具有观赏、文化或者科学价值，自然景观、人文景观比较集中，环境优美，可供人们游览或者进行科学、文化活动的区域。由于国家有关规定中，森林公园、自然保护区、风景名胜区划分标准有重合的地方，因此，造成当前森林公园、自然保护区、风景名胜区范围交叉存在的现象。

长期以来，我国对森林公园、自然保护区、风景名胜区实行综合管理和分部门管理相结合的管理体制，森林公园、自然保护区、风景名胜区交叉重叠，分别归口于林业、环保、旅游、风景名胜区管理局（办）等多个部门，在实际管理中牵扯着不同领域、不同的利益主体，多头管理、碎片化管理的问题非常严重。虽然它们侧重点和规划范围有所区别，但是管理范围基本上是重叠的，既不利于生态保护，又不利于可持续发展。而且这一现象绝非个例，几乎每一个景区都存在交叉管理、相互掣肘的问题。例如，媒体就曾报道过江西庐山景区分辖为 3 个部门、四级政府管辖、"一山六治"的尴尬局面。

当前，森林公园、自然保护区、风景名胜区管理的开发保护工作主旨并不尽相同，相互间还存在掣制。例如，自然保护区的生态资源保护与森林公园的旅游开发间存在一定的冲突，不利于各自职能的正常展开。

因此，建议：

一、杜绝交叉组建任命森林公园、自然保护区、风景名胜区，根据实

际情况，单一命名组建，不重复交叉组建，保证管理机构的职能正常开展，保障生态资源的充分保护。

二、已交叉组建的森林公园、自然保护区、风景名胜区按照实际情况，选择最适合的单一管理牌子，不适合当前发展需要的机构牌子建议予以撤销。

关于加快修改《残疾人保障法》的建议

（十三届全国人大一次会议）

《中华人民共和国残疾人保障法》是为了维护残疾人的合法权益、发展残疾人事业、保障残疾人平等地充分参与社会生活、共享社会物质文化成果，根据宪法而制定的法规。于 2008 年 4 月 24 日修订通过，自 2008 年 7 月 1 日起施行。

据中国残联的数字显示，中国约有 9000 万残疾人，其中农村残疾人占全国残疾人总数的 70%，但农村残疾人的保障不足，很多地方提供的设施非常有限。对残疾人的工作我们正在不断延伸，如果法律和政策法规上更具操作性，将更有助于这项事业的发展，可以使更多的残疾人受益。

2008 年修订的《残疾人保障法》颁布已经十年，各地陆续出台了相关措施，对于更好地执行法律是一个有益补充。《残疾人保障法》应当对涉及残疾人权益保障的各个事项做出细致规定，使其具有可操作性。例如，残疾人保障事业的经费来源与额度、残疾人医疗条件和标准、残疾人的具体就业保障措施、残疾人受教育权益的具体实现、社会组织如何参与残疾人保障关怀事业等。

《残疾人保障法》中使用了"国家""国务院""地方各级人民政府""有关部门"等概念，但没有将具体事务落实到具体部门，由此导致各个部门的权责不够明晰，也使得法律的实施没有具体责任部门去承接，难以"落地开花"。在适当的时机再次启动残疾人保障法的修改工作，使之更加先进、科学和细化，从而增强其可执行性和可操作性，可以更好地起到对残疾人士的全方位保障作用。

因此，建议：

加快修改《残疾人保障法》。

应当通过完善相关政策法规，将涉及残障人士权益保护的各个部门的具体权责都明确加以规定。例如，可以规定由民政主管部门负责残疾人权益保护纲要的全面规划；卫生主管部门负责残疾人的鉴定、医疗保健等工作；教育主管部门具体负责残疾人的教育权利保障、特殊教育资源分配、残疾人学校师资培养；劳动主管部门负责残疾人就业和劳动权益保障；建筑主管部门负责规划公共道路、公共建筑设施、住宅等无障碍通行设施，等等。此外，还要规定地方政府应当就上述各中央部门的规定制定具体执行细则。只有强化法律的可执行性，才能使各部委、地方政府尽快明晰权责，不至于出现互相推诿的现象。

关于给每一位有劳动能力的残疾人安排就业岗位的建议

（十三届全国人大一次会议）

据调查，我国目前尚有 858 万有劳动能力、达到就业年龄的残疾人没有实现就业，而且每年还将新增残疾人劳动力 30 万人左右，这部分有劳动能力的残疾人由于多种原因没有安排合适的就业岗位。《中华人民共和国残疾人保障法》第四章第三十条规定，国家保障残疾人劳动的权利。各级人民政府应当对残疾人劳动就业统筹规划，为残疾人创造劳动就业条件。《残疾人就业条例》第一章第二条中规定，县级以上人民政府应当将残疾人就业纳入国民经济和社会发展规划，并制定优惠政策和具体扶持保护措施，为残疾人就业创造条件。

关于给每一位有劳动能力的残疾人安排就业岗位，对于实现残疾人的人生价值、促进社会进步都有着积极意义。残疾人如果不能就业，其政治权利、生存权利等都受到极大影响，因此劳动就业是残疾人自食其力、实现自我价值的主渠道，也是每一位有劳动能力残疾人的最大愿望。残疾人既有给社会带来负担的一面，更有为社会发展做出贡献的一面。在倡导文明、追求和谐的今天，不能把残疾人作为社会的包袱拒之门外，而应作为社会大家庭的一员，应与健全人一样共享物质文明、精神文明建设的新成果。残疾人与健全人一样，享有法律赋予的平等就业和参与社会生活的权利。广大残疾人都希望通过就业来实现自己的人生价值，他们不愿成为社会的负担，期待着自食其力，为国家、社会做出应有贡献。给每一位有劳动能力的残疾人安排就业岗位，可以实现残疾人的劳动权利，对于调动残疾人建设社会主义的积极性、发挥残疾人聪明才智、发展社会生产力、促进新时代建设都有重要的意义，也是残疾人真正走向社会、实现人生价值的根本途径。所以，这不仅是公平原则的体现，也是我们中华民族传统美德的体现。

因此，建议：

一、有关部门完善残疾人就业政策，通过有效的方式，增加适合残疾人工作的岗位，给每一位有劳动能力的残疾人安排就业岗位。

二、制定完善给每一位有劳动能力的残疾人安排就业岗位的保障机制，由政府牵头，协同各职能部门，确保各项工作的落实。

关于加快省以下"放管服"政策落实的建议

（十三届全国人大一次会议）

党的十八大以来，简政放权始终是改革发展的一个高频词。2015 年 5 月 12 日，李克强总理在全国推进简政放权放管结合职能转变工作电视电话会议上的讲话中首次提出"当前和今后一个时期，深化行政体制改革、转变政府职能总的要求是：简政放权、放管结合、优化服务协同推进，即'放、管、服'三管齐下"。2016 年政府工作报告进一步提出"推动简政放权、放管结合、优化服务改革向纵深发展"。2017 年政府工作报告中指出，"持续推进简政放权、放管结合、优化服务改革"。

"放管服"改革是推进政府管理改革的重要内容，是推动经济社会持续健康发展的战略举措。新形势下，推进"放管服"改革也成为我国经济管理体制改革的重要内容和抓手，是国家宏观调控的关键性工具，是推动供给侧结构性改革的重要手段。十八大以来，按照党中央、国务院的部署，我国"放管服"改革不断向纵深推进，推出了一系列改革创新举措，在减少行政审批事项、改革商事制度、优化政府服务、消减职业资格、实行减税降费、清理审批中介、放开政府定价、压缩专项转移支付、推行清单管理、加强事中事后监管等方面均取得了突破性进展。正如人民日报中一篇文章中提到的"几年来，多地区多部门从破除审批关卡到打破证明围城，从减少公章旅行到结束公文长征，简政放权改革用政府自身一时的痛换取人民长远的'利'，以权力'减法'、服务加法激发市场乘法，有效降低了各类制度性交易成本，以看得见摸得着的成效增进了人民群众的改革获得感"。

当前，"放管服"政策虽然取得了巨大的成就，但"放管服"政策在许多地区仅仅停留在省一级单位，许多省以下单位"放管服"政策落实并不尽人意，部分地区部门出现揽权不下放、接权不落实、用权不合规、公开不及时、监管不尽责、服务不到位等问题。"放管服"政策只是停留在上面，基层单位还是落实不到位。

因此，建议：

一、加快省以下"放管服"政策落实，制定出台相关政策措施，加大基层落实力度，确保"放管服"政策取得更大成效。

二、把对基层"放管服"政策落实工作纳入重点督查事项，对工作不到位效果不明显的限期整改，确保各项工作落到实处。

关于推动全面从严治党向基层延伸的建议

（十三届全国人大一次会议）

十九大报告指出，党的基层组织是确保党的路线方针政策和决策部署贯彻落实的基础，也是保持党的先进性、提高党的执政能力的基本保障。习近平总书记在十八届中央纪委六次全会上强调，"推动全面从严治党向基层延伸"，充分体现了党中央对治国理政宏观大势的深刻洞察、对管党治党规律的科学把握。同时，总书记在十九大报告中指出，"要以提升组织力为重点，突出政治功能，把企业、农村、机关、学校、科研院所、街道社区、社会组织等基层党组织建设成为宣传党的主张、贯彻党的决定、领导基层治理、团结动员群众、推动改革发展的坚强战斗堡垒"。这是党中央对党的基层建的新部属、新目标、新定位、新举措，为全面加强基层党组织建设指明了方向，增添了动力，我们要认真贯彻落实。

强有力的党组织是我们党从胜利走向胜利的一大法宝，我们党历来十分重视党的基层组织建设，把不断提升基层党组织的战斗力作为加强党的建设的一项重要内容。只有把基层党组织深深地植根于社会基层和广大人民群众之中，才能把党的正确主张变成群众的自觉行动，才能组织引导广大群众听党话、跟党走。实践证明，党的基层组织建设强不强，事关党的路线、方针、政策能不能不折不扣地贯彻下去，落实落地，事关一个单位、部门的战斗力和执行力。当前，基层组织建设薄弱、"两个责任"压得不实、小官贪腐等问题依然存在，前些年，个别地区政治生态之所以出现污染，很大的一个原因就是基层党组织涣散，基层党组织失去了对党员干部的教育管理。相反，哪里的基层党组织班子强、政治功能发挥得好、具有战斗力，哪里的工作就会开展得有声有色。

调研中发现，山东省淄博市国税局党组深刻领会、准确把握十九大精神实质和总局全面从严治党要求，以上率下层层压实责任，完善机制凝聚内外合力，初步构建起"纵合横通强党建"的工作格局，为高质量推进新时代税收现代化提供坚强保障。淄博市原山林场一度负债4009万元、职工13个月发不出工资。面对发展中的各种困难和矛盾，新上任的林场党委一班人始终坚信，千难万难，相信党、依靠党就不难。作为共产党人，必须勇于担当，对党最好的报答，就是让职工过上更好的日子，让社会更加和谐、稳定。原山要想走出困境、获得发展，关键在于党的领导。通过全场党员的战斗堡垒作用，全场上下形成了"有困难找支部，怎么干看党员"干事创业浓厚氛围。不仅使原山逐渐摆脱困境，率先走出了一条保护和培育森林资源、实施林业产业化发展的新路，实现了从荒山秃岭到绿水青山再到金山银山的美丽嬗变，而且按照组织的要求，先后接管、代管了淄博市园艺场、市实验苗圃、林业培训中心和市委接待处下属颜山宾馆4家困难单位，使职工得到了妥善安置。成为全国林业战线的一面旗帜和全国国有林场改革发展的典范。被授予"全国创先争优先进基层党组织"等荣誉称号。

因此，建议：

一、党务工作者是党的工作具体开展的组织者和实施者。加强基层单位党务工作者的综合教育培训，提升基层党务工作者的工作能力和业务素质，把加强党务工作者业务培训纳入常态化、制度化范畴，不断夯实基层党务工作者队伍建设。

二、各级纪检监察机关要定期对基层党组织建设开展督查检查，对履行职责不力的坚决进行问责，倒逼基层党组织主动履行党建职责，推动"两个责任"落实落细落小。

三、要注意发现总结推广宣传基层党组织在工作中的典型经验和创新做法，如山东淄博市原山林场、淄博临淄雪宫街道办事处等开展的基层党员党性体检活动，山东潍坊开展的党校教育全覆盖，福建宁德开展的"五抓五促"、加强一线脱贫核心力量，等等。

后　记

党的十九大报告指出，从二〇二〇年到二〇三五年，在全面建成小康社会的基础上，再奋斗十五年，基本实现社会主义现代化。原山林场认真学习贯彻习近平新时代中国特色社会主义思想，在学懂、弄通、做实上下功夫，把党的十九大报告关于基本实现现代化的丰富内涵与国有林场的实际紧密结合，率先提出了国有林场提前"基本实现现代化"的奋斗目标。

中国社科院中国社会科学评价研究院组成专题项目组，对原山林场"基本实现现代化"进行了调研并对项目进行了总体策划。分析总结原山林场率先基本实现林业现代化的工作目标、评价指标体系、治理体系和治理能力现代化、与国外林业现代化对标等做法和经验，对我国近5000个国有林场实施林业现代化发展战略、大力推进生态文明建设具有一定的借鉴意义。

本书由国家林业和草原局总经济师、中国林业经济学会理事长张鸿文，中国工程院院士尹伟伦，中国社会科学评价研究院研究员李传章、张青松，中国林业科学研究院博士蒋业恒，北京林业大学经济管理学院院长陈建成，中国林业经济学会副会长兼秘书长王前进等撰写。张群、史晓琳等学者参与了调研和部分文字撰写及修改工作，原山林场的部分同志参与了本书的材料搜集、整理等工作。国家林业和草原局、中国林业科学研究院、北京林业大学经济管理学院、原山林场等单位的相关领导给予了大力支持，在此表示衷心的感谢。由于水平所限，错误和不足在所难免，请大家批评指正。

编　者

2018 年 11 月 22 日

图书在版编目（CIP）数据

国有林场基本实现现代化：原山林场评估报告／中国社会科学评价研究院，中国林业经济学会编著. -- 北京：社会科学文献出版社，2019.1
（机构评估）
ISBN 978 - 7 - 5201 - 4070 - 6

Ⅰ.①国…　Ⅱ.①中…②中…　Ⅲ.①国营林场 - 现代化建设 - 研究报告 - 中国　Ⅳ.①F326.2

中国版本图书馆 CIP 数据核字（2018）第 292147 号

机构评估

国有林场基本实现现代化
——原山林场评估报告

编　　著／中国社会科学评价研究院　中国林业经济学会

出 版 人／谢寿光
项目统筹／史晓琳
责任编辑／李延玲　崔彦茹　杨　杨

出　　版／社会科学文献出版社·国际出版分社（010）59367142
　　　　　地址：北京市北三环中路甲 29 号院华龙大厦　邮编：100029
　　　　　网址：www.ssap.com.cn
发　　行／市场营销中心（010）59367081　59367083
印　　装／三河市尚艺印装有限公司

规　　格／开本：787mm×1092mm　1/16
　　　　　印张：18.5　插页：0.75　字数：283 千字
版　　次／2019 年 1 月第 1 版　2019 年 1 月第 1 次印刷
书　　号／ISBN 978 - 7 - 5201 - 4070 - 6
定　　价／98.00 元

本书如有印装质量问题，请与读者服务中心（010 - 59367028）联系

▲ 版权所有 翻印必究